V&R

E. Onker

Annelise Heigl-Evers
Jürgen Ott (Hg.)

Die psychoanalytisch-
interaktionelle Methode

Theorie und Praxis

Vandenhoeck & Ruprecht
Göttingen · Zürich

Die Deutsche Bibliothek – CIP-Einheitsaufnahme

Die psychoanalytisch-interaktionelle Methode:
Theorie und Praxis / Annelise Heigl-Evers;
Jürgen Ott (Hg.). – Göttingen; Zürich:
Vandenhoeck & Ruprecht, 1994
ISBN 3-525-45782-0
NE: Heigl-Evers, Annelise [Hrsg.]

© 1994, Vandenhoeck & Ruprecht, Göttingen
Das Werk einschließlich alle seiner Teile ist urheberrechtlich
geschützt. Jede Verwertung außerhalb der engen Grenzen
des Urheberrechtsgesetzes ist ohne Zustimmung des
Verlages unzulässig und strafbar. Das gilt insbesondere für
Vervielfältigungen, Übersetzungen, Mikroverfilmungen und
die Einspeicherung und Verarbeitung in elektronischen Systemen.
Gesamtherstellung: Hubert & Co., Göttingen
Printed in Germany

Inhalt

ANNELISE HEIGL-EVERS und JÜRGEN OTT
Vorwort 7

ANNELISE HEIGL-EVERS und JÜRGEN OTT
Zur Einführung in die psychoanalytisch-interaktionelle
Therapie 9

I. Theorie

BERND NITZSCHKE
Die entwicklungsbedingt strukturelle Ich-Störung.
Anmerkungen zum Begriff und zum Konzept 35

ANNELISE HEIGL-EVERS und BERND NITZSCHKE
Das analytische Prinzip »Deutung« und das
interaktionelle Prinzip »Antwort« 53

ULRICH STREECK
Über eine Art, in therapeutischer Interaktion zu reden.
Zum antwortenden Modus in der psychoanalytisch-
interaktionellen Therapie 109

II. Praxis

FRANZ S. HEIGL und GERHARD REISTER
Die Indikation zur psychoanalytisch-interaktionellen
Psychotherapie 131

GERHARD REISTER und FRANZ S. HEIGL
Vorbereitung und Einleitung des therapeutischen Prozesses
in der interaktionellen Therapie 150

ANNELISE HEIGL-EVERS, ULRICH ROSIN und FRANZ S. HEIGL
Psychoanalytisch-interaktionelle Annäherung an
Patienten mit strukturellen Störungen 170

ULRICH SACHSSE
Klinische Erfahrungen mit verschiedenen
Interventionsmodi bei der psychoanalytisch-
interaktionellen Therapie 211

ANNELISE HEIGL-EVERS, FRANZ S. HEIGL und JÜRGEN OTT
Zur Theorie und Praxis der psychoanalytisch-
interaktionellen Gruppentherapie 226

Die Autorinnen und Autoren 265

Vorwort

Gegenstand des vorliegenden Buches ist die psychoanalytisch-interaktionelle Therapie als eine der neueren Modifikationen einer im Wandel begriffenen Psychoanalyse. Die Entwicklung dieser Therapiemethode reicht zurück bis in die frühen siebziger Jahre. Als regionale Zentren für die Beschäftigung mit dieser Vorgehensweise dürfen Göttingen unter Einschluß von Tiefenbrunn und Düsseldorf genannt werden. An der Psychoanalyse orientierte Psychotherapeuten aus diesen Regionen, die sich seit langem mit der psychoanalytisch-interaktionellen Methode beschäftigen, haben Beiträge zu diesem Buch geschrieben.

In den zurückliegenden Jahren hat die psychoanalytisch-interaktionelle Methode zunehmendes Interesse gefunden. Das mag in erster Linie daran liegen, daß die Krankheiten und Störungen, bei denen diese Vorgehensweise indiziert ist, deutlich zugenommen haben oder im Versorgungsbereich von Psychotherapie und Psychoanalyse zunehmend in Erscheinung treten. Ein Bedarf zeichnet sich deutlich auch im Versorgungsbereich von Abhängigkeit und Sucht ab, in der psychotherapeutischen Rehabilitation, der Rehabilitation von seelisch Behinderten, von Psychosekranken in der Postremission wie auch in der Behandlung schwergestörter Jugendlicher. So hoffen wir, daß diese Beiträge interessierte Leser unter ärztlichen und psychologischen Psychotherapeuten, unter Sozialtherapeuten, Sozialpädagogen und Sozialarbeitern, unter Lehrern, Erziehern und sonstigen Therapeuten und Pflegekräften finden werden.

Für hilfreiche Unterstützung bei der Entstehung des Bandes möchten wir außer den beteiligten Autoren Frau Adelheid Schultz, Frau Christiane Reinhardt, Frau Gerda Meßy und Frau Irene Rönnefahrt herzlich danken.

Annelise Heigl-Evers
Jürgen Ott

Annelise Heigl-Evers und Jürgen Ott

Zur Einführung in die psychoanalytisch-interaktionelle Therapie

Im folgenden soll der Gegenstand dieses Bandes, die psychoanalytisch-interaktionelle Methode, skizzenhaft dargestellt werden. Dabei wollen wir mit einer kurzen Retrospektive in die Historie psychoanalytischer Therapie beginnen.

Die Psychoanalyse in ihrer quasi kanonisierten Form, wie sie über lange Zeit die Weiterbildung an den psychoanalytischen Instituten bestimmte, hat gelegentlich verdeckt, hat nicht in Erscheinung treten lassen, was sich an modifizierten Ansätzen entwickelt hatte, die sich, auf psychoanalytischen Grundannahmen basierend, in neue Richtungen und auf neue Ziele hin entfalteten. Dies zeichnete sich schon früh in den Versuchen um neue Betrachtungsweisen und Zugangswege ab, wie sie von den Angehörigen der sogenannten Ungarischen Schule der Psychoanalyse unter dem Einfluß von SANDOR FERENCZI erprobt wurden, wobei zwar nicht eine ausgesprochene Polarisierung angestrebt wurde, aber doch eine deutliche Abgrenzung zu der von FREUD selbst dominierten Wiener Schule nicht zu übersehen war. Es kam in diesem Fall nicht zur Abspaltung, jedoch zu einer nachdrücklichen wechselseitigen Abgrenzung. Besonders prägnante Persönlichkeiten in der Gruppe um FERENCZI waren, um nur einige zu nennen, MELANIE KLEIN, MICHAEL und ALICE BALINT, FRANZ ALEXANDER; sie waren umgeben von einem Hauch von Dissidententum, so vor allem FRANZ ALEXANDER, dessen therapeutische Modifikationen, fußend auf dem Konzept der ›*corrective emotional experience*‹, von den Psychoanalytikern strenger Observanz als abtrünnig eingeordnet wurden. Betont wurde innerhalb der Ungarischen Schule die Therapeut-Patient-Beziehung. Auf dieser Linie wurde aus der Ein-Personen-Psychologie FREUDS, von MICHAEL BALINT postuliert, eine Zwei-Personen-Psychologie. Ferner ging es um eine aktive Gestaltung dieser

Beziehung, wie sie von ALEXANDER als bewußt gegen das Verhalten der Eltern des Patienten abgegrenzte Reaktionen empfohlen wurde. Auch die stärkere Beachtung der Gegenübertragung und ihre Einbeziehung in den therapeutischen Prozeß, wie sie vor allem von PAULA HEIMANN erarbeitet wurde, vollzog sich in diesem geistigen Raum.

Von der Ungarischen Schule wurde das interaktionelle Element stärker beachtet und in der Therapie zur Wirkung gebracht, verstanden als Nährboden einer heilenden Veränderung des Patienten. In der klassischen Psychoanalyse Wiener Provenienz hingegen war die Vorstellung bestimmend, daß der Patient nur bei Minimalisierung des Einflusses des Therapeuten als Person zu seiner eigentlichen Gestalt finden könne.

Es wird kein Zufall gewesen sein, daß eine stärkere Beachtung von Beziehung und Interaktion die Aufmerksamkeit der betreffenden Psychoanalytiker vor allem auf Patienten lenkte, in deren psychopathologischer Verarbeitung der Andere, das Außenobjekt, sehr viel stärker einbezogen war als bei den Neurosen mit ihrer überwiegend durch die Strukturen der Innenwelt regulierten Psychopathologie. So waren MELANIE KLEIN und nach ihr WINNICOTT therapeutisch vorwiegend um Kinder bemüht. ALEXANDER beschäftigte sich vornehmlich mit psychosomatisch Kranken, und KOHUT, wie ALEXANDER dem Chicagoer Psychoanalytischen Institut angehörend, konzentrierte sich auf narzißtische Persönlichkeitsstörungen. Sie alle sahen in der Art und Weise ihres therapeutischen Handelns keine Abweichung von der Psychoanalyse FREUDS; ihr Verständnis von Psychoanalyse manifestierte sich in eben diesem Handeln. Die stärker an FREUD orientierten Analytiker trennten dagegen sehr viel schärfer eine Psychoanalyse im eigentlichen oder engeren Sinne des Wortes von ihren bei bestimmten Erkrankungen unvermeidbaren Modifikationen, das »reine Gold« von den »Kupferlegierungen« (s.d. FREUD 1918). Dabei bedeutete Reinheit des psychoanalytischen Goldes vor allem Reinheit von suggestiven Elementen.

Jedwede Therapie, die im Bereich medizinischer Versorgung, in der Behandlung von Kranken eingesetzt wird, vollzieht sich in einem Interaktionsprozeß zwischen dem oder den Behandelnden und dem Patienten; das gilt im besonderen Maße für die Psychotherapie. In diesem Prozeß werden die eingesetzten therapeutischen Mittel hinsichtlich ihrer Wirkung auf den Patienten und auf den Verlauf seiner Krankheit immer wieder getestet, handle es sich um die Verabreichung von Arzneimitteln, um Eingriffe in den Organismus mit chirurgischen Mitteln, um rehabilitative Übungen oder handle es sich um psychologische Einflußnahmen, um psychotherapeutische Interventionen. Diese sowohl in Reihenuntersuchungen wie aber vor allem in der Behandlung des einzelnen immer wieder erfolgende Testung ist integrierender Bestandteil jeder Krankenbehandlung, die sich auf wissenschaftliche Grundlagen beruft und eine verantwortliche und seriöse Einstellung gegenüber dem Kranken und der Krankheit für sich in Anspruch nimmt. Dadurch wird ein Prozeß der Veränderung gefördert, wobei die Veränderung in der Ablösung von eingeführten Heilmitteln durch neuere, wirkungsvollere liegen kann, in der Zurücknahme von Heilmitteln wegen zunächst nicht erkannter schädlicher Nebenwirkungen, in der Reduktion von Dosierungen, in der Verwendung mehrdimensionaler oder kombinierter Heilmaßnahmen oder ähnlichem. Und so gehört eine ständige Verlaufsüberprüfung durch Testung der therapeutischen Interventionen beim Einsatz von Psychotherapie zu den Verpflichtungen der hier geübten Praxis.

So wurde auch im Niedersächsischen Landeskrankenhaus Tiefenbrunn, Fachklinik für psychogene und psychosomatische Erkrankungen, verfahren, als dort gegen Ende der fünfziger und in den sechziger Jahren zunehmend Patienten mit schwereren und schwersten psychogenen Krankheiten behandelt wurden. Die nosologische Orientierung in dieser Institution erfolgte damals an der Neurosenlehre SCHULTZ-HENCKES in Verbindung mit der Krankheitslehre der Psychoanalyse SIGMUND FREUDS (SCHULTZ-HENCKE 1951). Die therapeutischen Methoden waren die einer mit Interpretation und Deutung arbeitenden analytischen Psychotherapie, gleichfalls orientiert an SCHULTZ-HENCKE, aber auch ausdrücklich an den technischen Schriften SIGMUND FREUDS (FREUD 1912a, 1912b, 1913, 1918, 1937). Diese Methoden wurden im Einzelsetting, aber auch zunehmend in der zu jener Zeit eingeführten analytischen Gruppenpsychotherapie (HEIGL-EVERS 1972) angewandt, in Kombination mit den anderen schon damals verwandten therapeutischen Maßnahmen einer stationären (Ganztags-)Psychotherapie (HEIGL u. NEUN 1981). Couch-Setting, Abstinenz, Neutralität, psychoanalytische Grundregel und Deutung wurden vor allem auch dann eingesetzt, wenn aus der

Klinik entlassene Patienten bei den Tiefenbrunner Therapeuten im Anschluß eine längere ambulante analytische Psychotherapie durchführten.

Bei der Testung der therapeutischen Interventionen, vornehmlich Deutungen, ergab sich, daß diese bei Patienten mit bestimmten Störungen oder mit Störungen eines höheren Schweregrades entweder unwirksam blieben oder ganz offensichtlich negative Wirkungen zeigten. Unwirksam blieben Deutungen häufig bei Patienten mit psychosomatischen Erkrankungen. Zu Symptomintensivierungen, zu regressiver Stagnation, ja zu Exazerbationen in Richtung Suizid oder auch psychotischen Reaktionen kam es bei Patienten mit eher diffusen Symptomen wie schweren Ängsten, intensiven dysphorischen und auch depressiven Verstimmungen, mit erheblich einschränkenden Kontaktstörungen, mit starken Beeinträchtigungen der Lern- und Arbeitsfähigkeit. In dem Maße, in dem deutende Interventionen die »Testung« von seiten der Patienten nicht bestanden, erschien es erforderlich, ja dringend notwendig, andere Interventionen zu finden und diesen Patienten anzubieten, sie in der therapeutischen Interaktion zu erproben. Veränderungsbedürftig erschienen aufgrund ihrer negativen Wirkungen auch die Rahmenbedingungen, so das Couch-Setting mit der Herausnahme des Therapeuten aus dem Blickfeld des Patienten. Der unsichtbare, in seiner Personalität nur sehr eingeschränkt wahrnehmbare Therapeut ging dem Patienten häufig verloren, er gewann keine personalen Züge, wurde etwa zu einer »Analysenmaschine«. Auch die Einhaltung von Abstinenz und Neutralität erwies sich in der Praxis bei manchen Patienten als unzuträglich, unangebracht, wenn nicht schädigend. So geriet eine Patientin im Ablauf einer ambulanten deutenden Psychotherapie in eine anhaltende Regression derart, daß sie schließlich das Bett nur noch verließ, um zu den vereinbarten Behandlungsstunden zu fahren, dabei aber ihren Pyjama nicht mit ihrer Tageskleidung vertauschte, sondern nur einen Trainingsanzug darüberzog, »um die Wärme, die sich zwischen Haut und Pyjama angesammelt hatte, nicht zu verlieren«.

In Auseinandersetzung mit Therapiemethoden, speziell mit Gruppenmethoden, die in der zweiten Hälfte der sechziger Jahre, vorwiegend aus den USA kommend, in der Bundesrepublik diskutiert und erprobt wurden, entwickelten sich aus den Erfahrungen mit vielfältigen Interaktionsprozessen (Encounter-Gruppen, sensitivity training, Psychodrama, Themenzentrierte Interaktion u.a.) allmählich Modifikationen der analytischen Gruppenpsychotherapie ebenso wie der analytischen Einzelbehandlung. Das führte zur Einführung eines für die Therapie bestimmter Störungen wichtigen Prinzips, des Prinzips der ›Antwort‹, welches nun das Prinzip ›Deutung‹ ergänzte. Aus der Couchlage wurde ein Gegenübersitzen; die Einstellungen von Abstinenz, Neutralität und Anonymität wurden relativiert. Die therapeutischen Grundeinstellungen orientierten sich an dem von WINNICOTT (1958) beschriebenen ›*holding*‹ und dem von BION (1962) postulierten ›*containing*‹; daraus entwickelten sich später die Einstellungen der Präsenz, des Respekts und der Akzeptanz.

In den frühen sechziger Jahren kam es zu lebhaften Diskussionen über die Gegenübertragung und die damals dazu vorliegenden Konzepte, wie sie vor allem aus der Schule MELANIE KLEINS von Autoren wie PAULA HEIMANN (1950, 1959/60), RACKER (1957) und WINNICOTT vorgelegt worden waren (HEIGL 1959, 1966). Besonders intensiv beschäftigte sich FRANZ HEIGL mit den Phänomenen und Konzepten der Gegenübertragung und ihrer therapeutischen Handhabung, die zu einer Art ›interaktioneller Wende‹ in der in Göttingen und Tiefenbrunn geübten Praxis der analytischen Psychotherapie führte. In der Auseinandersetzung mit ALEXANDER (1948) wurden Interventionsformen erprobt, die auf alternierenden Einstellungen gegenüber denen der Eltern des Patienten basierten (HEIGL 1958).

Rezipiert wurden von FRANZ HEIGL (1964) auch die Konzepte KAREN HORNEYS (1951) und ERICH FROMMS (1942) zu den charakterlichen Verarbeitungen der Neurose als Ausdruck von Weltbewältigungsversuchen. Diese ließen sich nicht mehr ausschließlich auf die Genese der frühen Sozialisation reduzieren, sondern hatten als spätere Entwicklungen zu gelten, die im Dienst der Anpassung, abzielend auf Weltbewältigung und Lebensmeisterung, standen. SCHULTZ-HENCKE hatte ähnliche Positionen zu den Folgeerscheinungen der neurotischen Gehemmtheit entwickelt, die er mit den Luftwurzeln des tropischen Mangrove-Baumes verglich, die den Baum auch dann noch am Leben erhalten konnten, wenn der Stamm selbst (die pathogene Frühgenese) mit Hilfe der Psychoanalyse durchtrennt worden war.

In der Auseinandersetzung mit den schwereren psychogenen Störungen, die sich zunehmend deutlicher von den »klassischen«

Neurosen abhoben, verstärkte sich das Bedürfnis, über die Ätiopathogenese dieser Störungen, über diagnostische und differentialdiagnostische Zuordnungen, über Indikation und Differentialindikation neu entstandener Therapieangebote nachzudenken (KOHUT 1971, 1977; BLANCK u. BLANCK 1974, 1979; KERNBERG 1975, 1976; FÜRSTENAU 1977; CREMERIUS 1979; ROHDE-DACHSER 1983).

Für die diagnostische Erschließung psychogener Erkrankungen, für die Abgrenzung konfliktneurotischer gegen strukturelle Störungen sind verschiedene Zugangswege beschrieben worden (FREUD, NAGERA u. FREUD 1965; BLANCK u. BLANCK 1979; KERNBERG 1976; FÜRSTENAU 1977; HEIGL 1972; ROHDE-DACHSER 1983). Für uns hat es sich in der klinischen Praxis bewährt, von der Beobachtung und Erschließung der dominanten Objektbeziehungen eines Patienten auszugehen, uns an einer Dichotomie zu orientieren zwischen Patienten, deren Erleben von apersonalen Objektbeziehungen dominiert wird, und solchen, deren Erleben von Ganzobjekten und personalen Beziehungsmustern bestimmt ist. Die Entwicklung personaler Objektbeziehungen setzt voraus, daß über Prozesse der Triangulierung (der frühen und der ödipalen) ein drittes Objekt zugelassen wurde (ABELIN 1986; BUCHHOLZ 1990; ERMANN 1989; ROTMANN 1978). Die Einbeziehung eines dritten Objekts, in der Regel des Vaters, in der frühkindlichen und kindlichen Entwicklung bedeutet den Erwerb eines Referenzpunktes außerhalb der primär-dyadischen Beziehung zwischen Mutter und Kind, wobei diese Beziehung erst durch das Hinzukommen des dritten Objekts personalen Charakter gewinnt, personale Züge annimmt. Durch das Hinzutreten des dritten Objekts, das die beiden ersten Objekte (Kind und Mutter) auf seine Weise erlebt, betrachtet, mit ihnen umgeht, wird die Fähigkeit zu kritischer Reflexion über die eigene Person und über die der anderen geweckt und gefördert; die Eigen- und Fremdwahrnehmung wird entsprechend realistischer. Durch die so entstehende Möglichkeit des kritischen Vergleichs werden bestehende Vollkommenheitsvorstellungen relativiert. Das Erleben eigener Unvollkommenheit und Unvollständigkeit ebenso wie der Unvollkommenheit und Unvollständigkeit des Anderen führt erst zum Erleben von Ergänzungsbedürftigkeit, die sich in der ödipalen Phase als Wunsch nach Ergänzung durch den gegengeschlechtigen Anderen ausdrückt und die Entwicklung der Geschlechtsidentität fördert. Der Andere wird zunehmend als *Anderer*, wird in seiner Alterität begriffen und so erst zu einem interessanten Gegenüber.

In den Beziehungen zu den frühen und späteren Anderen entstehen immer wieder unvermeidbare Unverträglichkeiten. Sind personale Beziehungen entstanden, dann entwickeln sich aus den Unvereinbarkeiten Konflikte, die verinnerlicht werden, wobei sie in ihrer inneren Verarbeitung die Qualität ›unbewußt‹ annehmen können. Aus der Spannung zwischen den Konfliktkomponenten können sich Kompromisse entwickeln, die sich der klinischen Beurteilung als eher gesund oder eher pathologisch darbieten. Eine Erscheinungsform solcher Kompromisse ist das klinische Symptom. Konflikte und Kompromisse sind triadische Konstellationen.

Die Entwicklung personaler Konflikte ist verbunden mit einer Differenzierung der Struktur des Ich in seinen vielfältigen Funktionen ebenso wie mit der Entwicklung eines autonomen, depersonifizierten Überichs. Während sich eine Neurose – sei es eine Psychoneurose, eine Symptomneurose oder eine Charakterneurose – um einen unbewußten, pathogen gewordenen inneren Konflikt organisiert, ist das psychopathologische Grundmuster der zweiten großen Störungsgruppe, die heute zunehmend die Psychotherapie und damit auch die psychoanalytische Therapie beschäftigt, von anderer Art: Betrachtet man diese Störungen unter dem Aspekt der dominanten Objekt-Beziehungsmuster, so finden sich Beziehungsformen, die durch Teilobjekte dominiert werden; personale, triangulierte Beziehungen sind wenig oder überhaupt nicht zustandegekommen. Die dominierenden apersonalen oder Teilobjekt-Beziehungen schränken den Einsatz bestimmter differenzierter Ich-Funktionen ein, weil diese Beziehungen sonst in Frage gestellt würden. Das Ich bleibt daher mehr oder weniger funktionsschwach; entsprechend leidet auch die Entwicklung von Autonomie als einer der Voraussetzungen für die Identitätsbildung. In jenen Entwicklungsphasen, in denen im Wechsel von Separation und Wiederannäherung Autonomie und die Fähigkeit, Nähe- und Distanzbedürfnisse angemessen zu steuern, entstehen, kommt es zu Störungen. Es überwiegen Nähebedürfnisse, die in extremer Ausbildung zu passivem Angewiesensein und hilfloser Abhängigkeit führen, oder es überwiegen Distanzbedürfnisse, die sich in extremer Form in Isolierung,

Autarkie und Selbstherrlichkeit darstellen. Abgespalten und überdeckt von den jeweils dominanten Bedürfnissen, sei es nach extremer Nähe oder nach extremer Distanz, bestehen die jeweils entgegengesetzten Bedürfnisse fort; sie werden gleichfalls gelebt, ohne daß sich die Betreffenden dessen bewußt wären. Das Erleben von Unvereinbarkeiten gilt auch für andere konträre Bedürfnisse, so für die nach Bindung und nach Abstoßung: Bindung erfordert dann ein ›nur gutes‹ (Teil-)Objekt; Abstoßung gilt einem ›nur bösen‹; gut und böse sind dann niemals gleichzeitig in *einem* Objekt zu finden, bleiben voneinander abgespalten, unvereinbar. Unvereinbar bleiben auch Anteile der Repräsentanzen des Selbst: Dominante, überzogen positive, ins Grandiose gesteigerte Anteile bleiben abgespalten von extrem negativen, entwerteten Anteilen; oder es dominieren umgekehrt entwertete Anteile des Selbst gegenüber einer abgespaltenen Grandiosität.

Demnach läßt sich sagen, daß die als präödipal-, als früh-, als basal- oder auch als strukturell-gestört bezeichneten Kranken nicht konfliktfähig sind; sie sind weder fähig, die Entstehung innerer Konflikte zuzulassen, die dazugehörigen Spannungen zu tolerieren und Kompromisse zu bilden, die mehr oder weniger tragfähig oder auch problematisch sein können, – noch sind sie fähig, interpersonelle Konflikte in der sozialen Kommunikation zuzulassen und sie kompromißhaft zu verarbeiten.

Infolge dieser Unfähigkeit, Unverträglichkeiten über die Bildung von Konflikten auszutragen und kompromißhaft miteinander zu versöhnen, kommt es bei diesen Kranken – treten solche Unverträglichkeiten in interpersonellen Beziehungen auf – zu nachtragenden Einstellungen mit den entsprechenden Affekten wie Bitterkeit, Grimm, Groll und Hader. Diese Affekte sind in ihren Handlungsanteilen durch Rachetendenzen bestimmt, die in der Regel von ihrem Träger als voll berechtigt erlebt werden, das heißt ich-synton sind.

Die Repräsentanzen, die aus primären Außenwahrnehmungen gebildeten inneren Bilder von den Objekten, sind bei so gestörten Patienten oft nicht voneinander abgegrenzt, haben keine klaren Konturen, werden nicht in dreidimensionaler Plastizität erlebt. Eben das führt zur Apersonalität der Beziehungen. Häufig sind auch die Repräsentanzen des Selbst auf der einen Seite und der Objekte auf der anderen Seite nicht klar voneinander geschieden; Objektrepräsentanzen werden dann in die Repräsentanz des

Selbst einbezogen, werden als Teil des eigenen Selbst erlebt, und sie werden, instrumentalisiert, in die inneren Regulierungen einbezogen.

Da das Über-Ich seine Ausformung und Differenzierung vor allem in den triangulären Konflikten der ödipalen Phase mit ihren inzestuösen und parentizidalen Impulsen erfährt, ist bei den im prätriadischen Erlebensbereich verbleibenden Kranken auch die Ausbildung dieser Struktur in der Regel unzureichend, mangelhaft. Es dominieren präödipale, frühe und entsprechend archaische Vorformen des Regulators von Normen, Ideal- und Werte-Bildungen, eben des Über-Ich. Häufig ist die Identifizierung mit dem Angreifer in ihrer aktiv-sadistischen (A. FREUD 1936) wie auch in ihrer passiv-masochistischen (FERENCZI 1932) Form zu beobachten oder auch das von frühen, als böse und destruktiv erlebten Introjekten genährte Prinzip einer unnachsichtig-grausamen Strafverfolgung, die sowohl dem Selbst wie einem Objekt gelten kann. Ebenso wird der Mechanismus der Normen-Imitation, also einer bloßen Übernahme von Normen bestimmter idealisierter Teilobjekte, eingesetzt; es bleibt bei einer reinen Nachahmung der Normen und Werte anderer, in der Regel idealisierter Objekte (HEIGL-EVERS, HEIGL u. OTT 1993, S. 19).

Die dominanten Teilobjekt-Beziehungen in ihren verschiedenen Ausformungen haben deswegen für die psychophysische Regulation eine besondere Bedeutung, weil infolge mangelhaft gebliebener Abgrenzung der Repräsentanzen des Selbst und der Objekte ein ausreichender Transfer der zunächst vom Objekt (Außenobjekt) übernommenen Regulierungsfunktionen an das Selbst bzw. an dessen Repräsentanz nicht oder nicht ausreichend stattgefunden hat (s. BLANCK u. BLANCK 1979). Wichtige Regulierungen – so die des Reizschutzes, der Herstellung diffusen Wohlbefindens sowie eines positiven Selbstwertgefühls, der Befriedigung von präödipalen Triebbedürfnissen wie auch der Herstellung jeweils gewünschter Nähe oder Distanz – bleiben in der Phantasie dieser Kranken weiterhin an Objekte, genauer an Teilobjekte, gebunden. Solche Teilobjekte werden durch Außenobjekte, durch reale Personen substituiert; die Funktionen, die Regulierungen, die den inneren, den phantasierten Teilobjekt-Repräsentanzen zugeordnet sind, verbleiben auch bei deren Substituten in der äußeren ›Welt der Objekte‹. Die Konkretisierung dieser Funktionen und Regulierungen durch die Substitute ist im Erleben der betreffenden Kranken eine nicht zu hinterfragende Selbstverständlichkeit. Wird diesen Erwartungen von seiten der Außen-Substitute nicht entsprochen, dann sind die naturgemäß sehr niedrigen Schwellen der Frustrationstoleranz schnell überschritten. Bei narzißtischer Persönlichkeitsstörung wird das idealisierte Objekt in das Selbst der Betreffenden gleichsam eingeschmolzen und damit instrumentalisiert; die Vollständigkeit, die Vollkommenheit, die Grandiosität der Selbstrepräsentanz wird so zu erhalten versucht. Oder es wird an das soziale Substitut des frühen idealisierten mütterlichen Objekts (Schlüsselfigur) die Erwartung gerichtet, daß es die (narzißtische) Qualität diffusen Wohlbefindens unter anderem durch Übernahme der Reizschutzfunktion zu erzeugen habe; das gilt speziell für psychosomatische Störungen. Bei Abhängigkeits- und Suchtkranken wird ein solches Objekt, falls es versagt oder verlorengeht, durch einen Suchtstoff ersetzt. Bei Borderline-Störungen werden Außenobjekte zu Substituten von ›nur guten‹ Teilobjekten, von denen entsprechend ›nur Gutes‹ erwartet wird, während andere Außenobjekte ›nur böse‹ Teilobjekte substituieren, die mit heftiger Aggressivität behandelt und verfolgt werden. Es kann auch geschehen, daß ein und dasselbe Außenobjekt zeitweilig als ›nur gut‹ oder aber als ›nur böse‹ erlebt wird.

Bei den sozialen Substituten kann aufgrund struktureller Gegebenheiten die Bereitschaft bestehen, auf solche Erwartungen einzugehen. Freilich kommt es dann häufig, weil diese Erwartungen nur sehr begrenzt erfüllbar sind, früher oder später zum Versagen oder auch zu aktiver Verweigerung; dies wird von den Kranken als gravierende Enttäuschung, Verletzung und/oder Kränkung erlebt. Beziehungen, die durch solche Substituierungen beeinflußt sind, fallen auf durch Stereotypien, rigide Rituale und Wiederholungsphänomene wie die Wiederholung primitiver Inszenierungen. Sie sind als solche wenig produktiv und noch weniger kreativ, sie weisen häufig eine gewisse Dauerhaftigkeit auf, vermutlich wegen eines einseitigen oder auch beidseitigen Angewiesenseins.

Auf jeden Fall ist auch zu bedenken, daß die Persönlichkeit eines Kranken nicht nur durch dessen psychische Pathologie bestimmt wird, sondern daß er zum Beispiel über angeborene Begabungen verfügt oder über Fähigkeiten, die er trotz seiner seelischen Störung oder, manchmal auch durch diese gefördert, erwerben konnte. Dies wird unter anderem durch die Pathographien geistig oder künstlerisch hoch begabter Menschen belegt (zum Beispiel Munch, Hölderlin, Schumann, Baudelaire, van Gogh, Schliemann oder Kafka).

Ferner ist die Überlegung interessant, wie weit die Krankheitsgruppe der strukturell gestörten Patienten, auch unter dem Einfluß gesellschaftlicher Faktoren, zugenommen hat. Es legt sich bei oberflächlicher Betrachtung nahe, in der gegebenen sozioökonomischen und soziokulturellen Verfassung des Kollektivs, dem sie angehören, Elemente zu erkennen, die zum Beispiel eine Entwicklung narzißtischer Störungen ebenso wie die einer aggressiven Radikalität, wie sie sich zum Beispiel in den Borderline-Strukturen ausdrückt, begünstigen. Dem wäre unter sozialwissenschaftlichen Aspekten nachzugehen.

Für die differenzierende Diagnostik und die prognostische Einschätzung von Entwicklungspathologien hat sich uns eine Unterscheidung in zwei Störungsformen mit unterschiedlichen Entstehensbedingungen als klinisch hilfreich erwiesen. Es handelt sich einmal um eine auf frühen Interaktionsstörungen oder auf frühen Traumata beruhende Entwicklungspathologie und zum anderen um eine durch ödipale Traumatisierung im Sinne von Überstimulierung inzestuöser sowie parentizidaler Phantasien ausgelöste Regression in frühe (pseudo-)dyadische Beziehungen, eventuell unter Mitwirkung entsprechender dyadischer Fixierungen. Bei sorgfältigem diagnostischen Suchen finden wir bei der erstgenannten Form Beeinträchtigungen nach Art von Makrotraumen oder kumulativen Mikrotraumen, wie sie etwa durch ungünstige Umweltbedingungen entstehen, zum Beispiel durch frühe Trennung vom primären Objekt, von der Mutter durch deren Verlust oder durch krankheitsbedingte Hospitalisierung des Kindes, durch unzureichenden Reizschutz in bezug auf optische, akustische, thermische Reize, durch unzureichenden Körperkontakt und mangelnde Zärtlichkeit, und besonders durch fehlende Stimulierung einer neugierig-interessierten Zuwendung zur Welt. Im Sinne von Makrotraumen finden wir umschriebene sexuelle oder gewalttätige oder sexuell-gewalttätige Übergriffe.

Doch gibt es auch Krankheitsformen mit den klinischen Erscheinungen präödipaler oder struktureller Störung, bei denen die frühe Entwicklung weniger auffällig verlaufen ist. Das ödipale Niveau wird zunächst erreicht und damit auch die Chance zur Bildung triangulärer Beziehungen ebenso wie zur Ausbildung einer Geschlechtsidentität, die üblicherweise bei Frühstörungen vage, unscharf begrenzt und verfließend ist. Die klinische Erfahrung lehrt, daß es auch über regressive Prozesse zur Ausbildung von strukturellen Störungen kommen kann. Zum einen kann durch aggressive oder sexuelle Übergriffe auf das Kind in einer Phase, in der es sich seiner Geschlechtlichkeit bewußt wird, in der es selbst von heftigen Impulsen sexuellen Begehrens und feindseliger Rivalität, von den »Stürmen der Leidenschaft« der Ödipalität, geschüttelt wird, im Sinne eines Makrotraumas so stark eingewirkt werden, daß das bei einer gesunden Entwicklung lediglich Phantasierte sich direkt und unausweichlich manifestiert und bei dem vom Erwachsenen immer noch stark abhängigen Kind heftige Ängste auslöst. Diese Ängste veranlassen zur Regression in eine Erlebenswelt, die durch weniger dramatische dyadische Muster gekennzeichnet ist, durch die Beziehung zu vornehmlich *einem* Objekt. Zum anderen können solche Entwicklungen auch zustandekommen, wenn es zwar nicht zu manifesten sexuellen oder aggressiven Übergriffen in der ödipalen Phase gekommen ist, jedoch zu übermäßigen Stimulierungen ödipaler Phantasien, ödipalen Begehrens und ödipaler Rivalität. Besteht zum Beispiel zwischen den Eltern keine augenfällige Verbundenheit, keine Beziehung, die so stabil ist, daß sie den ödipalen Wünschen und Impulsen des Kindes eine wirksame Realitätsschranke entgegensetzt, und haben beide Eltern oder einer der Elternteile die Tendenz, das Kind übermäßig zu favorisieren, im Kind den eigentlichen, den idealen Partner zu sehen, dem Kind solche Einstellungen zu vermitteln und sie noch dadurch zu intensivieren, daß in bezug auf den anderen Elternteil abfällige Bemerkungen gemacht werden, daß dieser gegenüber dem Kind kritisiert, abgewertet, ja entwertet wird, dann muß im Kind die Vorstellung entstehen, seine ödipalen Wünsche seien konkretisierbar, es könne den elterlichen Rivalen tatsächlich aus dem Felde schlagen. Auch unter solchen Voraussetzungen können derart heftige Ängste entstehen, daß ein regressiver Rückzug auf die Ebene der frühen Mutter-Kind-Beziehung in Gang gesetzt wird, in der es solche Gefahren und Gefährdungen noch nicht gab.

Es kommt also in beiden Fällen, in dem der direkten Traumatisierung wie in dem der Überstimulierung, letztlich zu einer Beziehungsregression von der Triade in die Dyade, also auf frühe teilobjekthafte Beziehungsmuster, verbunden mit einer Regression des Ich, das heißt einer Einschränkung seiner Funktionen in Anpassung an die wesentliche, die dominante Objektbeziehung, das entscheidende (Teil-)Objektbeziehungsmuster.

Kranke, deren Störungen diesem Muster folgen, haben in der Regel ein höheres Organisationsniveau als die durch Interaktionsstörungen und frühe Traumata Beeinträchtigten (s.d. KERNBERG), ihre Innenwelt und die sie bestimmenden Strukturen sind differenzierter. Häufig sind sie auch in der Lage, in Bereichen, die außerhalb der ödipalen Störungszone liegen, personale Beziehungen zu entwickeln; verfügen sie über besondere, angeborene Begabungen intellektueller oder musischer Art, dann werden diese – auch im Dienste sozialer Selbstbehauptung und der Selbstwertregulierung – oft in besonders reichem Maße entfaltet und gedeihen im Schutz der regressiv wiederhergestellten dyadischen Beziehung oft sehr gut. Es dürfte offenkundig sein, daß es sich bei dieser Untergruppe struktureller Störungen um die prognostisch günstigere Variante handelt.

Eine weitere Frage, die sich bei der Erörterung unseres Gegenstandes – der Therapie strukturell gestörter Patienten – stellt, ist die der therapeutischen Ziele. Was sollte geschehen, um dem Kranken eine Besserung, wenn nicht, im optimalen Fall, Heilung seiner diffusen Beschwernisse zu verschaffen? Wenn wir festhalten an der zentralen Bedeutung, an dem Primat der Objektbeziehungen in Diagnostik und Behandlung solcher Störungen, dann legt sich als Antwort nahe: Die apersonalen Objektbeziehungen sollten in Richtung Personalität verändert werden können, aus den bisherigen Teilobjekten sollten Ganzobjekte werden, aus unzureichenden Geschiedenheiten sollten sich Abgrenzungen entwickeln, Abgrenzungen sowohl des eigenen Selbst wie der Objekte; es sollte die Fähigkeit entstehen, den Anderen in seiner Andersartigkeit als Gegenüber zu erleben, mit dem in jedweder Hinsicht Austausch möglich ist, der so oder so eine unentbehrliche Ergänzung zur eigenen Unvollständigkeit darstellt. Im Zusammenhang mit einer verändernden Einwirkung auf die Objektbeziehungen sollte es auch möglich werden, daß das Ich aus seinen Einschränkungen befreit und zu einem erweiterten und differenzierteren Einsatz seiner Funktionen fähig wird. Das gleiche gilt für die Struktur des Über-Ich, für die Entwicklung der Fähigkeit zu kritischer Selbstbeurteilung, orientiert an ins Ich integrierten Normen und Werten, verbunden mit dem Vermögen, Schuld und Scham im Sinne von Signalaffekten zu erleben.

Wie nun sind Methoden und Techniken zu beschreiben, die bei den Patientengruppen, um die es hier geht, geeignet erscheinen, die genannten Zielsetzungen zu erreichen?

Die angewandte Methode ist die der Psychoanalyse als einer Vorgehensweise, die in diagnostischer Erfassung und therapeutischer Beeinflussung nicht nur auf das manifeste bewußte Erleben und Verhalten des Patienten ausgerichtet ist, sondern vor allem auch auf die der unbewußten, der abgewehrten konflikthaften Inhalte, sowie auf jene manifesten, bewußten Elemente des Erlebens und Verhaltens, die gleichwohl nicht reflektierbar und daher ihrem Träger unbekannt sind. Die Psychoanalyse versucht, das manifeste Verhalten im therapeutischen Prozeß als Ausdruck einer unbewußten Erfahrungsorganisation zu verstehen, in deren Sicht der Patient den Therapeuten im indirekten Licht der Übertragung sieht. Die Übertragungsphantasie des Patienten mitsamt den dazugehörigen Affekten, Wünschen und Impulsen weckt im Therapeuten gleichfalls Phantasien, die nunmehr den Patienten in einem besonderen Licht erscheinen lassen. Die aus dem Verhalten des Patienten erschlossene Übertragung und die durch sie im Therapeuten ausgelöste und von ihm wahrgenommene, wenngleich nicht immer sofort verstandene Gegenübertragung, läßt einen Erfahrungskontext erkennbar werden, der für das Verständnis der Störung des Patienten und deren Genese unverzichtbar ist. Die in der Gegenübertragungsreaktion enthaltenen Gefühle und Affekte des Therapeuten sind für den diagnostischen und therapeutischen Prozeß von besonderer Bedeutung. Handelt es sich beim Patienten um die Übertragung eines Teilobjekts, um die Substituierung eines solchen durch den Therapeuten, dann sind es dessen antwortende Affekte, die ein solches Teilobjekterleben erkennbar werden lassen. Während eine personale Übertragung bei ihrem Adressaten in der Regel ein gewisses Interesse, eine gewisse Neugier und zumeist auch eine gewisse Sympathie auslöst (Was mag dies für ein Mensch sein? Wie sieht er mich, was bewegt ihn, was will er von mir?), so löst eine Teilobjektübertragung oder -substituierung in der Regel ganz andere Gefühle aus, Gefühle des Unbehagens, der Ablehnung, des Sich-Abgestoßen-Fühlens (Dieser Mensch will mich okkupieren und benutzen; er will mich aussaugen, er erwartet Übermäßiges von mir, sieht in mir etwas ganz Mächtiges und unbegrenzt Gebendes). Diese eigene Reaktion hat der Therapeut zu reflektieren, insbesondere auch durch Entwicklung von diagnostischen Schlußbildungen in bezug auf das Erleben und Verhalten und die dazugehörigen Strukturen und Motivationen des Patienten. Eine solche Reflexion ermöglicht dem Therapeuten dann auch die notwendige Abgrenzung vom Kranken.

Den erforderlichen Handlungsspielraum für effektives therapeutisches Intervenieren im Sinne der psychoanalytisch-interaktionellen Therapie gewinnt der Therapeut dadurch, daß er sich um die drei Grundeinstellungen der Präsenz, des Respekts und der Akzeptanz gegenüber dem Patienten bemüht (HEIGL-EVERS, HEIGL u. OTT 1993, S. 207f.). *Präsenz* bedeutet eine wache Aufmerksamkeit gegenüber allen verbalen und non-verbalen Äußerungen des Patienten, die nur gelingen kann, wenn beim Therapeuten eine gewisse Neugier-Motivation, ein gewisses Interesse gegenüber dem Kranken vorhanden ist oder entwickelt werden kann. *Respekt* bedeutet, den Patienten in seinem Gewordensein und seiner Biographie, in seiner wie auch immer gearteten Person, in seinen Weltbewältigungs- und Lebensmeisterungsversuchen einschließlich der darin enthaltenen Psychopathologie ernstzunehmen, die als krank zu verstehenden Anteile dieser Person als ein Element eines immerhin gelungenen Überlebensversuchs anzuerkennen. *Akzeptanz* heißt, den Patienten als Mitmenschen anzunehmen, eine womöglich vorhandene Schicksalsanteiligkeit und deren sympathiebildende Wirkung zu spüren, auch Erbarmen zu fühlen angesichts eines der Störung innewohnenden Elends.

Es könnte gesagt werden, daß diese Einstellungen bei jeder Art von Psychotherapie, ja, darüber hinaus bei jedem ärztlichen Handeln zum Tragen kommen sollten. Dem ist natürlich nicht zu widersprechen, im Gegenteil läßt sich postulieren, daß Präsenz, Respekt und Akzeptanz Elemente jeder interpersonellen Beziehung sein sollten, besonders bei einem gegebenen demokratischen Grundverständnis. Man sollte vom anderen das Maß an Respekt für die eigene Andersartigkeit erwarten dürfen, das man umgekehrt ihm in seiner Andersartigkeit zu erweisen bereit ist. Dennoch hat nach unserer Erfahrung diese Trias von Grundeinstellungen bei der Behandlung von strukturell ich-gestörten Patienten einen besonderen Stellenwert und sollte über eine entsprechende Vorsatzbildung in jeder therapeutischen Kommunikation zur Geltung gebracht werden, und zwar deswegen, weil die Kranken, um deren Behandlung es geht, sehr häufig im Therapeuten ein eher größeres Maß an Antipathie, an Aggression und Aversion mobilisieren. Diese Affekte sollten in therapeutisch angemessener Form dem Patienten vermittelt werden, wobei ihnen über die Wahrung der genannten Grundeinstellungen das unverzichtbare Maß an Wohlwollen, an Benignität und vor allem an Respekt nahegebracht werden sollte.

Damit ist dem Therapeuten eine Handlungsbasis und ein Entfaltungsraum für sein Erleben gegeben, bestimmt durch die Akzeptanz seiner spontanen Reaktionen auf den Patienten, durch auf klinische Urteilsbildung ausgerichtete Reflexion und eine von Interesse und Neugier geleitete wache Wahrnehmung, durch Abgrenzung gegenüber dem Patienten, durch uneingeschränkten Respekt vor dessen Gewordensein, vor dessen Lebensleistung einschließlich ihrer pathologischen Elemente, durch mitmenschliche Akzeptanz, vielleicht auch durch Schicksalsanteiligkeit und auf jeden Fall durch Erbarmen.

Die *Interventionen*, die auf dieser Basis vornehmlich eingesetzt werden, sind die der Übernahme einer Hilfs-Ich-Funktion durch den Therapeuten, sind die der authentischen, in der Expression selektiven Antwort auf den Patienten, ist ein von Therapiezielen geleitetes Umgehen mit den Affekten des Patienten und den eigenen (HEIGL-EVERS, HEIGL u. OTT 1993, S. 213f.).

Will man dem Patienten zur Entwicklung einer personalen Objektbeziehung verhelfen, zum Wahrnehmen und Annehmen von Alterität, des im Wortsinne Anderen, dann sollte man versuchen, die eigene Andersartigkeit dem Patienten in einer Art und Weise zu vermitteln, die dessen Toleranzgrenzen berücksichtigt, ihn dabei jedoch spürbar mit Alterität konfrontiert. Dies geschieht einmal durch *Übernahme einer Hilfs-Ich-Funktion*: der Therapeut vermittelt dem Patienten, wie er selbst sich in der von ihm berichteten Situation verhielte. Es ist ein Angebot, das ein Element der Alterität enthält: Ich, der Therapeut, würde in einer solchen Situation so und so – das heißt, anders als Du – handeln. Gleichzeitig wird damit ein Identifikationsangebot gemacht: Wie wäre es, wenn Du es auch einmal so oder ähnlich versuchen würdest? Außerdem wird ein Hilfsangebot gemacht: Du könntest mit solchen Situationen anders, mehr zugunsten Deiner Interessen, Bedürfnisse und Gefühle umgehen.

Die Intervention des *authentischen Antwortens* heißt, dem Patienten zu vermitteln: Wenn Du Dich so und so verhältst, dann erlebe ich Dich so und so, dann fühle ich das und das Dir gegenüber. In einer solchen Intervention ist das konfrontative Element stärker ausgeprägt als bei der Ausübung einer Hilfs-Ich-Funktion; das ›dritte Objekt‹ zeichnet sich hier stärker ab, wird deutlicher spürbar: Es gibt etwas anderes, etwas Unerwartetes, etwas Drittes in dieser therapeutischen Situation.

Umgang mit den Affekten, mit denen des Patienten, aber auch mit den eigenen in einem therapeutischen Sinne heißt, sich vom Patienten affizieren zu lassen und ihm dies auch zu vermitteln: Du bist jemand, der mich gefühlsmäßig erreichen und bewegen kann. Umgekehrt bin ich jemand, der *Dich* vielleicht affiziert, der bei Dir Gefühle in Bewegung setzt. So kommt es zwischen uns zum Austausch von Gefühlen, zu bewegten Abläufen teils freundlicher, teils kritischer, eventuell auch aversiver Natur.

Zum Umgang mit den Affekten gehört auch ein Ansprechen, ein Bestätigen von neuauftauchenden Affekten, etwa denen des Stutzens, des Staunens, der Betroffenheit. Es gehört ferner dazu, den Patienten auf eine offensichtliche Hemmung oder Unterdrückung von Affekten oder von Anteilen derselben, die sich in einer bestimmten Situation abzeichnen, anzusprechen; es geht darum, gehemmte oder unterdrückte Affekte dem Patienten wieder zugänglich zu machen. Ganz besondere Aufmerksamkeit verdienen die bei diesen Kranken häufig auftretenden sogenannten nachtragenden Affekte wie Bitterkeit, Grimm, Groll und Hader (HEIGL u. HEIGL-EVERS 1991, S. 134f.). Sie gehören zu den Phänomenen innerer und interpersoneller Unverträglichkeiten, die von diesen Patienten nicht über Konfliktspannungen zu Kompromißbildungen und damit zur Versöhnung gebracht werden können. Diese Affekte sind immer mit Tendenzen in Richtung Ressentiment und Rache verbunden. Es geht darum, den Patienten zu ermöglichen, über antwortende Interventionen des Therapeuten diese Affekte zunächst in ihrem vollen Umfang und auch in ihren Entstehenszusammenhängen zu erleben, sie zu verstehen und über ein allmähliches Zulassen von Trauer über die bei sich und in den eigenen Beziehungen bestehenden Unzulänglichkeiten und Unverträglichkeiten zu mildern, erträglich werden zu lassen und auf Rache zugunsten von Versöhnung zu verzichten – so schwer dies zunächst auch fallen mag.

Sollte es geschehen, daß sich zwischen dem Patienten und dem Therapeuten ein Konflikt abzeichnet, dann fordert es die therapeutische Zielsetzung, diesem *nicht* auszuweichen, sondern sich auf eine Konfrontation einzulassen, um dem Patienten zu vermitteln, daß konfliktäre Spannungen zu Kompromissen führen können, die für beide Teile befriedigend sind. Dadurch wird der Therapeut in seiner Andersartigkeit und auch als Ergänzung der Besonderheit des Patienten für diesen positiv erlebbar; die Erfahrung von Bindung kann ermöglicht, und ein Prozeß der Identifizierung kann so gefördert werden.

Zur Abrundung der Einführung in die psychoanalytisch-interaktionelle Methode möchten wir anhand einer klinischen Vignette veranschaulichen, was ein Diagnostiker und Therapeut erlebt und wie er sich verhält, wenn er sich darauf einstellt, mit seinem Patienten ›antwortend‹ umzugehen.

Ein Therapeut sieht zum erstenmal im diagnostisch-prognostischen Gespräch einen etwa 35jährigen Patienten, der über eine Mehrzahl von Beschwerden klagt wie: er sei zunehmend depressiv geworden, seine Kräfte schwänden dahin, er könne nicht mehr denken, müsse viel grübeln, er sei unkonzentriert, fahrig und fühle sich völlig blockiert. Das Leben erscheine ihm öde, alle Anstrengung sinnlos. Er sei von quälenden Selbstzweifeln und im Zusammenhang damit von Suizidimpulsen geplagt. Er sehne sich nach einer Sicherheit bietenden Umgebung, nach sofortiger Entlastung oder Beruhigung. Auch im körperlichen Bereich fühle er sich brüchig, überall habe er Beschwerden. Er sei wie abgeschnitten von der Welt, fühle sich irgendwie diesen inneren Panikgefühlen, den körperlichen Spannungen und den negativen Impulsen ausgeliefert. Der Patient gibt einen Bericht, der dem Therapeuten lang und langatmig erscheint und den anzuhören ihm ›zu viel wird‹. Er reagiert darauf mit einer Gestimmtheit von Langeweile, der etwas Ärger beigemischt ist. Er möchte, daß der Patient aufhört zu sprechen, ja, entwickelt Impulse, ihn von sich zu weisen: »Hör auf, das alles ist zu viel!« sagt es in ihm. Er spürt vorwiegend einen Affekt, der, propositional ausgedrückt, etwa zum Inhalt hat: »Du, Objekt, geh' weg von mir oder geh' raus aus mir!«

Nachdem der Patient eine Zeitlang in dieser Weise berichtet hat, stellt sich bei ihm Erschöpfung ein. Während des Berichts war beim Diagnostiker der Eindruck entstanden, daß diese ganzen Inhalte, Klagen und Beschwerden aus ihm herausliefen, daß es zu einer zunehmenden Entleerung und Druckentlastung komme; nach diesem Entlasten und Entleeren wirkt der Patient wie eine ausgehöhlte Hülle, die sehr fragil, dünnhäutig, verletzlich vor dem Diagnostiker sitzt. Nachdem er sich, nunmehr mit einem gewissen Interesse und einer Anzahl von Fragen, an den Patienten gewandt hat, belebt sich dieser, gewinnt an Gewicht und Kontur, verfügt nunmehr über eine gute Rationalität, ist irgendwie revitalisiert. Er entwickelt dem Diagnostiker gegenüber eine spürbare Anhänglichkeit, ist für dessen Überlegungen und Empfehlungen uneingeschränkt offen, entwickelt deutlich und, wie es scheint, vorbehaltlos Vertrauen. Der Diagnostiker reagiert darauf mit einem gewissen Mißtrauen.

Der Diagnostiker setzt sich sodann mit den im folgenden genannten fünf Fragen auseinander, die sich bei der Entwicklung antwortender Interventionen klinisch bewährt haben.

1. Mit welchen Affekten und Assoziationen sowie Phantasien antworte ich auf den Patienten?
2. Auf welche Art von (Teil-)Objekt-Beziehungen, die der Patient in bezug auf mich intendiert, läßt sich aus meinen Affekten schließen? Welches (Teil-)Objekt erlebt der Patient in mir, und mit welchem Affekt ist dieses Erleben bei ihm verbunden?
3. Wie, das heißt unter Einsatz welcher Abwehrvorgänge (primitive Abwehrmechanismen, defizitäre Ich-Funktionen), modelliert der Patient (unbewußt) sein Ich, damit es diese Art von Objektbeziehung stützt und stabilisiert?
4. Wie kann ich – authentisch, wenngleich in der Expression selektiv – auf diese vom Patienten konstellierte Beziehung reagieren, antworten? Welche meiner auf das Verhalten des Patienten antwortenden Affekte könnten, falls ich sie mitteilte, therapeutisch nützlich sein?
5. Wie sind die Grenzen der Toleranz des Patienten für Enttäuschung, Kränkung, für Nähe und Distanz, zum einen in der aktuellen Situation, zum andern in Antizipation der Wirkung der geplanten ›Antwort‹ zu beurteilen?

In Auseinandersetzung mit der ersten dieser Fragen ermittelt der Therapeut seine auf den Patienten antwortenden Gefühle, Assoziationen und Phantasien, die durch Langeweile, ärgerliche Zurückweisung, etwas später durch Überraschung und sodann durch ein gewisses Mißtrauen charakterisiert sind. Langeweile und Ärger korrespondieren beim Therapeuten mit einer Bereitschaft des Patienten, sich langatmig und breit darzustellen und zu ergehen, wobei es bei ihm zunehmend zum Auslaufen, zum Leerlaufen kommt und er dem Therapeuten das Bild einer leeren dünnhäutigen Hülle vermittelt.

Überraschung entsteht beim Therapeuten, wenn der Patient sich in Reaktion auf interessierte Zuwendung schnell erholt, aus seiner Erschlaffung gleichsam aufblüht. Mißtrauen und Zurückhaltung entwickeln sich bei ihm, wenn der Patient ihm gegenüber schon nach kurzer Bekanntschaft Anhänglichkeit und vorbehaltloses Vertrauen entwickelt.

In Auseinandersetzung mit den weiteren Fragen schließt der Therapeut aus den Interaktionen des Gesprächs auf eine dominierende Teilobjekt-Beziehung, ausgerichtet auf ein idealisiertes Objekt, das der Patient seinem Selbst einverwandeln möchte, mit dem er in voller Harmonie verbunden sein und sich fusionieren möchte.

In beiden Phasen des Gesprächsverlaufs löst der Patient beim Therapeuten den Wunsch aus, die Distanz zwischen sich und dem Gesprächspartner zu vergrößern. Dazu trägt auch die deutlich spürbare Tendenz des Patienten bei, den Therapeuten zu idealisieren und sich dem idealisierten Objekt vertrauensselig zu überlassen.

Der Diagnostiker überlegt, ob er dem Patienten sagen könnte: »Ich habe mir jetzt gedacht, ob Sie wirklich so schnell, nach so kurzer Bekanntschaft ein doch ziemlich großes Vertrauen zu mir fassen können; und ich frage mich, ob Sie das auch sonst schon erlebt haben. Ich selbst spüre in solchen Situationen im allgemeinen immer auch ein Bedürfnis nach einer gewissen Zurückhaltung; ich bin da vielleicht etwas vorsichtiger als Sie.«

Der Therapeut hat sich überlegt, daß es wichtig ist, die Toleranzgrenzen des Patienten in bezug auf eine Entidealisierung des verklärten Objekts zu beachten, um ihn nicht »aus allen Wolken zu stürzen«. Denn diese Idealisierung und der damit verbundene Vertrauensbonus bilden für den Einstieg in die Therapie eine positive Voraussetzung insofern, als sie eine gewisse tragfähige Brücke zum Therapeuten bilden; andererseits ist die Idealisierung des Therapeuten in Grenzen förderlich für die Bereitschaft des Patienten, sich mit ihm zu identifizieren und über eine solche Identifizierung ein ›ausreichend gutes‹ Objekt in sich zu verankern. Doch birgt eine solche Idealisierung auch gewisse Gefahren, die in der Therapie zu beachten sind, die Gefahr des Fortbestehens von Entgrenzung, von Apersonalität der Beziehung, von mangelnder Fähigkeit zur Konfrontation und Autonomie (s. HEIGL-EVERS; HEIGL; OTT 1993, S. 108-109 u. S. 213).

Literatur

ABELIN, E L. (1986): Die Theorie der frühkindlichen Triangulierung. Von der Psychologie zur Psychoanalyse. In: STORK, J. (Hg.), Das Vaterbild in Kontinuität und Wandel. Frommann-Holzboog, Stuttgart.
ALEXANDER, F. (1948): Studies in psychosomatic medicine. Ronald, New York (Dt.: Psychosomatische Medizin. De Gruyter, Berlin, 1971).
BION, W. R. (1962): A theory of thinking. International Journal of Psycho-Analysis 43: 306–310.
BLANCK, G.; BLANCK, R. (1974): Ego Psychology I: Theory and Practice. Columbia University Press, New York.
BLANCK, G.; BLANCK, R. (1979): Ego Psychology II: Psychoanalytic Developmental Psychology. Columbia University Press, New York.
BUCHHOLZ, M. B. (1990): Die Rotation der Triade. Forum der Psychoanalyse 6: 116–134.
CREMERIUS, J. (1979): Gibt es zwei psychoanalytische Techniken? Psyche 33: 577–599.
ERMANN, M. (1989): Das Dreieck als Beziehungsform. Zur Entwicklungsdynamik der Triangulierungsprozesse. Praxis der Psychotherapie und Psychosomatik 34: 261–269.
FERENCZI, S. (1933): Sprachverwirrung zwischen dem Erwachsenen und dem Kind. Internationale Zeitschrift für Psychoanalyse 19.
FREUD, A. (1936): Das Ich und die Abwehrmechanismen. Wien: Internationaler Psychoanalytischer Verlag. In: Die Schriften der Anna Freud, Bd. 1. Kindler, München 1980.
FREUD, A.; NAGERA, A.H.; FREUD, W.E. (1965): Metapsychological

assessment of the adult personality. The adult profile. Psychoanalytic Study of the Child 20: 9–14.

FREUD, S. (1912a): Die Handhabung der Traumdeutung in der Psychoanalyse. Ges. Werke, Bd. VIII. Fischer, Frankfurt a.M., S. 349–359.

FREUD, S. (1912b): Ratschläge für den Arzt bei der psychoanalytischen Behandlung. Ges. Werke, Bd. VIII. Fischer, Frankfurt a.M., S. 375–387.

FREUD, S. (1913): Zur Einleitung der Behandlung. Ges. Werke, Bd. VIII. Fischer, Frankfurt a.M., S. 453–478.

FREUD, S. (1914): Erinnern, Wiederholen und Durcharbeiten. Ges. Werke, Bd. X. Fischer, Frankfurt a.M., S. 125–136.

FREUD, S. (1918): Wege der psychoanalytischen Therapie. Ges. Werke, Bd. XII. Fischer, Frankfurt a.M., S. 181–194.

FREUD, S. (1937): Konstruktionen in der Analyse. Ges. Werke, Bd. XVI. Fischer, Frankfurt a.M., S. 41–56.

FREUD, S. (1937): Die endliche und die unendliche Analyse. Ges. Werke, Bd. XVI. Fischer, Frankfurt a.M., S. 57–99.

FROMM, E. (1942): The Fear of Freedom and Man for Himself. Routledge & Kegan, London.

FÜRSTENAU, P. (1977): Die beiden Dimensionen des psychoanalytischen Umgangs mit strukturell Ich-gestörten Patienten. Psyche 31: 197–207.

HEIGL, F. (1958): Vergleichende Betrachtung der prognostischen Faktoren bei Schultz-Hencke und Alexander. Zeitschrift für Psychosomatische Medizin 4: 108–114.

HEIGL, F. (1959): Die Handhabung der Gegenübertragung in der analytischen Psychotherapie. Zeitschrift für Psychosomatische Medizin 5: 189–191.

HEIGL, F. (1964): Gemeinsamkeiten der Neurosenlehren von E. Fromm, K. Horney und H. Schultz-Hencke, verglichen mit der Psychoanalyse S. Freuds. Fortschritte der Psychoanalyse. Internationales Jahrbuch zur Weiterentwicklung der Psychoanalyse I: 75–100.

HEIGL, F. (1966): Zur Handhabung der Gegenübertragung. Fortschritte der Psychoanalyse 2: 124–140.

HEIGL, F. (1972): Indikation und Prognose in Psychoanalyse und Psychotherapie. Vandenhoeck u. Ruprecht, Göttingen.

HEIGL, F.; HEIGL-EVERS, A. (1991): Basale Störungen bei Abhängigkeit und Sucht und ihre Therapie. In: HEIGL-EVERS, A.; HELAS, I.; VOLLMER, H.C. (Hg.), Suchttherapie. Vandenhoeck u. Ruprecht, Göttingen.

Heigl, F.; Neun, H. (1981): Psychotherapie im Krankenhaus. Vandenhoeck u. Ruprecht, Göttingen.

Heigl-Evers, A. (1972): Konzepte der analytischen Gruppenpsychotherapie. Vandenhoeck u. Ruprecht, Göttingen.

Heigl-Evers, A.; Heigl, F.; Ott, J. (1993): Lehrbuch der Psychotherapie. G. Fischer, Stuttgart.

Heimann, P. (1950): On countertransference. International Journal of Psychoanalysis 31: 81–84.

Heimann, P. (1959/60): Bemerkungen zur Gegenübertragung. Psyche 18: 483–493.

Horney, K. (1951): Neurosis and human growth. The struggle toward self-realization. Routledge & Kegan, London. (Dt.: Neurose und menschliches Wachstum. Fischer, Frankfurt a. M)

Kernberg, O.F. (1975): Borderline Conditions and Pathological Narcissism. Aronson, New York (Dt.: Borderline-Störungen und pathologischer Narzißmus. Suhrkamp, Frankfurt a. M. 1978).

Kernberg, O.F. (1976): Object-relations theory and clinical Psychoanalysis. Aronson, New York. (Dt.: Objektbeziehungen und Praxis der Psychoanalyse. Klett, Stuttgart, 1985.)

Kohut, H. (1971): The analysis of the Self. International University Press, New York (Dt.: Narzißmus. Suhrkamp, Frankfurt a. M. 1973).

Kohut, H. (1977): The restoration of the Self. International University Press, New York. (Dt.: Die Heilung des Selbst. Suhrkamp, Frankfurt a. M. 1979.)

Racker, H. (1957): Meanings and uses of countertransference. Psychoanalytic Quarterly 26: 303–357.

Rohde-Dachser, C. (1983): Das Borderline-Syndrom. Huber, Bern.

Rotmann, M. (1978). Die »Triangulierung« der frühkindlichen Sozialbeziehung. Psyche 32: 1105–1147.

Schultz-Hencke, H. (1951): Lehrbuch der analytischen Psychotherapie. Thieme, Stuttgart.

Winnicott, D.W. (1958): Collected Papers: Through pediatrics to psychoanalysis. Tavistock, London. (Dt.: Von der Kinderheilkunde zur Psychoanalyse. Kindler, München 1976.)

I

Theorie

Bernd Nitzschke

Die entwicklungsbedingt strukturelle Ich-Störung

Anmerkungen zum Begriff und zum Konzept

Bevor FÜRSTENAU (1977a) den Terminus »Ich-Störung« aufgriff, um ihm eine nähere Bestimmung zu geben, tauchte dieser Begriff in der psychoanalytischen Literatur in eher unsystematischer Weise auf. FÜRSTENAU band den Begriff an ein diagnostisches Konzept: Vermittelt durch eine »abweichende Organisation« (1977a, S. 202) der Beobachtungen, also durch eine spezifisch ausgerichtete Wahrnehmungseinstellung des Beobachters, sollte sich die Diagnose einer »Ich-Störung« stellen lassen, der eine modifizierte Behandlungstechnik für die so diagnostizierten Patientengruppen zugeordnet wurde.

Die *traditionelle* Wahrnehmungseinstellung des Psychoanalytikers, aus der heraus er seine Diagnosen stellt, zeichnet sich dadurch aus, daß der Beobachter auch seine *eigenen* Reaktionen (Gefühle und Phantasien) registriert, die in der Beziehung zum Patienten ausgelöst werden. Unter Rückgriff auf theoretische Konzepte der Psychoanalyse (Übertragung, Gegenübertragung, Widerstand, Gegenwiderstand etc.) werden sodann Schlußfolgerungen hinsichtlich der inneren Konflikte und unbewußten Motivationen des Patienten gezogen, woraus sich eine psychodynamisch formulierte Beziehungs-Diagnose ergibt. Diese Diagnose legt der Psychoanalytiker seinem weiteren therapeutischen Vorgehen zugrunde, wohl wissend, daß sich die Diagnose im Verlauf der weiteren Beziehung (Therapie) ändern kann. Dieser diagnostische Prozeß des traditionell operierenden Psychoanalytikers berücksichtigt zwar auch objektive Daten; doch den Schwerpunkt bilden szenische Daten und jene aus dem Beziehungsangebot des Patienten stammenden Informationen, in denen sich – wie auch immer gebrochen – das innere Konfliktgeschehen des Patienten abbildet.

Kurz und prägnant formuliert: Bei der *traditionell* (spezifisch) psychoanalytischen Diagnostik gehören die Erlebnisse des Diagnostikers, die in der Beziehung zum Patienten auftauchen, zum wesentlichen Ausgangsmaterial. Die für die Diagnostizierung einer Ich-Störung geforderte »abweichende« Einstellung des Diagnostikers wird von FÜRSTENAU als *Ergänzung* zu der soeben dargestellten Haltung des traditionell operierenden Psychoanalytikers vorgeschlagen. Den sogenannten objektiven Daten soll eine stärkere Aufmerksamkeit geschenkt werden. Folgerichtig vergleicht FÜRSTENAU den von ihm empfohlenen diagnostischen Blick mit dem des »organmedizinisch ausgebildeten Klinikers« (1977a, S. 202).

Dieser konstituiert seinen Beobachtungsgegenstand aufgrund des *Ausschlusses* der emotionalen Reaktionen des Beobachters. Ein solcher Verzicht auf Subjektivität erlaubt es dem »organmedizinischen« Beobachter sodann, »objektiv« zu urteilen und entsprechend zu (be-)handeln. Indem er ausschließt, was für den traditionell psychoanalytisch operierenden Diagnostiker *wesentlich* ist, beherzigt der Organmediziner die für ihn wesentliche Prämisse, wonach die Einbeziehung der Subjektivität das »objektive« Urteil verzerren müßte. DEVEREUX (1984) hat den Vorteil solch objektivierender – und das heißt: distanzierender – Beobachtungsmethoden in den Verhaltenswissenschaften u.a. darin gesehen, daß sie die Angst des Beobachters reduzieren, die durch zuviel Nähe zum oder Ähnlichkeit mit dem Beobachtungsgegenstand entstehen könnte. Die Nähe zum Beobachtungsgegenstand, die dem traditionell psychoanalytischen Vorgehen inhärent ist, hat hingegen den Vorteil, die Fremdheit des Beobachtungsgegenstandes zu reduzieren, weil mit Einbeziehung der emotionalen Reaktionen des Beobachters immer auch ein partielles Nach- und Miterleben der emotionalen Reaktionen des Beobachteten ermöglicht wird. In jedem Falle wird der Beobachtungsgegenstand durch die teilnehmende Beobachtungsmethode *anders* als durch die distanzierende Beobachtungsmethode konstituiert. Entsprechend wären die in den letzten Jahren zahlreicher gewordenen Bemühungen, die Psychoanalyse zu modernisieren, um aus ihr eine »Wissenschaft« im Sinne des einheitswissenschaftlichen Paradigmas zu machen, unter dem Aspekt größerer emotionaler Distanz zum Objekt zu würdigen (vgl. NITZSCHKE 1993).

Bei seinem Vorschlag, den Blick des Organmediziners stärker

in die psychoanalytische Diagnostik einzubeziehen, spricht FÜRSTENAU allerdings nur von einer Ergänzung, nicht eigentlich von einer Ersetzung der traditionellen Wahrnehmungseinstellung. Im konkreten Fall hätte der Diagnostiker »seine Wahrnehmungen nach dem Konzept ›gestörte *Ich-Struktur*‹ zu organisieren und damit den Mangel des Analysanden in der Situation zu diagnostizieren« (1977a, S. 202). Die Gefahr einer Hypostasierung dessen, was dieser Blick voraussetzt – nämlich den Mangel, das Defizit –, bliebe neben der angesprochenen Distanzierung jedoch grundsätzlich zu reflektieren. Denn was unter der vorgeschlagenen Perspektive als Mangel erscheint, könnte unter anderen Voraus-Setzungen auch als ein *anderes Vermögen* erscheinen.

FÜRSTENAUS Verweis auf den Organmediziner – und damit implizit auf dessen distanzierte Beziehung zum Objekt – ist in jedem Falle treffend. Denn dieser Verweis gestattet es, das Wesentliche der damit geforderten Wahrnehmungseinstellung zu unterstreichen: Der Organmediziner, der eine »objektive« Diagnose erarbeiten will, diagnostiziert Fehlregulationen oder Mangelzustände in einem nach außen als abgeschlossen gedachten System, dessen frühere oder gegenwärtige Beziehungen nicht weiter in Betracht kommen. Mag die vom Organmediziner diagnostizierte Störung auch durch Beziehungen zu anderen zustande gekommen sein – ein Armbruch etwa infolge einer aggressiven Auseinandersetzung –, so ist dies für die Diagnose und die daraus abgeleitete Therapie doch unerheblich: Der Armbruch wird immer nach denselben Regeln diagnostiziert und behandelt, ob er nun durch eine aggressive Auseinandersetzung mit einem anderen Menschen oder durch den Sturz auf glattem Boden zustande gekommen sein mag. Und auch die Frage, ob sich möglicherweise zwischen dem Diagnostiker und seinem Patienten eine Beziehung entwickeln könnte, ist für die Diagnose des Organmediziners irrelevant, zumal dieser Diagnostiker in der Regel nicht erwarten wird, der Patient, dessen Armbruch die Folge einer aggressiven Auseinandersetzung war, könnte eine derartige Beziehung nun auch zum objektiv diagnostizierenden Arzt wiederholen.

Der Psychoanalytiker, der dem von FÜRSTENAU avisierten Organmediziner gleicht, könnte mit derselben Sicherheit wie dieser an der Fiktion des abgeschlossenen Systems »Patient« festhalten, an dem sodann ein »Ich-Mangel« (1977a, S. 202) oder ein »Defekt« (1977a, S. 200) zu konstatieren wäre. Dieser Mangel oder Defekt scheint so »objektiv« vorzuliegen wie im genannten Beispiel der Armbruch, das heißt, er erscheint als unabhängig vom Beobachter, scheint in der Ich-Struktur des Patienten objektiv zu existieren. Entsprechend könnten sich die therapeutischen Maßnahmen, die in einem solchen Falle einzuleiten wären, dann darauf konzentrieren, den diagnostizierten Mangel zu beseitigen.

Da aber weder ein Ich noch dessen Struktur oder gar der strukturelle Mangel empirisch objektiv zu beobachten sind, ist auch der objektivierende Diagnostiker auf indirekte Beobachtungen und Schlußbildungen angewiesen. Er untersucht deshalb die Ich-Funktionen des Patienten mit Hilfe halbstandardisierter Interviews oder auch testpsychologisch. BELLAK, HURVICH und GEDIMAN (1973) konnten zeigen, daß sich neurotische und psychotische Krankheitsbilder durch eine entsprechende Ich-Funktions-Diagnostik differenzieren lassen. Aufgrund der Ausprägung, Einschränkung oder des Fehlens bestimmter Ich-Funktionen schließt der Diagnostiker sodann auf den – theoretisch angenommenen – Mangel in der Ich-Struktur des Patienten.

Zur Erklärung dieses »objektiv« konstatierten Mangels oder Defekts werden wiederum die vertrauten ich-psychologischen und objektbeziehungstheoretischen Annahmen herangezogen. Als Ursachen einer entwicklungsbedingt strukturellen Ich-Störungen gelten demnach defizitäre frühkindliche Objektbeziehungen und deren konflikthafte Weiterverarbeitung, also entwicklungsbedingt blockierte und damit unzureichende Verinnerlichungs- und Strukturbildungsprozesse beziehungsweise die regressive Wiederbelebung früher Stadien der Objektbeziehung.

Auch der traditionell operierende psychoanalytische Diagnostiker ist auf Schlußfolgerungen angewiesen. Aufgrund der von ihm in der Beziehung zum Patienten *erlebten* Gefühle und Phantasien schließt er auf *Beziehungs*wünsche, -ängste oder -defizite beim Patienten und auf die darin zum Ausdruck kommenden unbewußten Konflikte und Motivationen. Der nächstfolgende Schritt besteht in einem Rückschluß auf die innere Strukturen des Patienten, wie sie von der übergreifenden psychoanalytischen Theorie nahegelegt werden. Während jedoch der Organmediziner die »Objektivität« seiner Befunde voraussetzt, bleibt sich der traditionell psychoanalytisch operierende Diagnostiker seiner *Sub-*

jektivität und der des Patienten bewußt. Das heißt, er vergißt nicht, daß die von ihm konstatierten Mängel nicht an sich existieren, sondern immer nur in Beziehungen zu Menschen auftauchen und in Abhängigkeit vom jeweiligen Beziehungsangebot unterschiedliche Formen annehmen. Was *an sich* vorhanden sein mag, ist zweitrangig; bedeutsam wird, was *für* diesen Patienten in der Beziehung zu diesem Therapeuten hier und jetzt in Erscheinung tritt.

FÜRSTENAU schlägt die Erstellung einer Differentialdiagnose anhand einer objektivierenden Untersuchung der Ich-Funktionen vor. Dabei setzt er die Annahme voraus, daß sich neurotische beziehungsweise die mit dem tradierten psychoanalytischen Verfahren behandelbaren Patienten von jener Patientengruppe unterscheiden lassen, für die die übergreifende Kategorie »strukturelle Ich-Störungen« benutzt wird. Nach FÜRSTENAUS Auffassung verfügt die erste Gruppe über eine grundsätzlich vorhandene Disponibilität ihrer Ich-Funktionen, deren Verfügbarkeit allerdings konfliktbedingt eingeschränkt sei. Die daraus resultierenden *funktionellen* Ich-Störungen wären demnach abzugrenzen von der Gruppe *struktureller* Ich-Störungen. Zu diesen rechnet FÜRSTENAU Krankheitsbilder, die als dissozial, psychotisch, narzißtisch, süchtig, pervers oder psychosomatisch bezeichnet werden.

Die von FÜRSTENAU vorgeschlagene diagnostische Wahrnehmungseinstellung, die den tradierten psychoanalytischen Blick ergänzen soll, setzt also ein als abgeschlossen konzipiertes System »Patient« voraus, das hinsichtlich seiner Funktionsmöglichkeiten und -defizite untersucht wird. Die diagnostizierten Funktionsmängel werden so aufgefaßt, als seien sie objektiv – das heißt: unabhängig vom Beobachter – vorhanden, bzw. von jedem Beobachter festzustellen, der sich der nämlichen diagnostischen Mittel bedient.

In Abgrenzung hierzu schreibt KOHUT über den »Zugang zur Psychopathologie« von Patienten, die als narzißtisch gestört gelten – und demnach unter den Begriff der strukturellen Ich-Störungen fallen würden –, daß sich der Diagnostiker auch in diesen Fällen »von einer tiefenpsychologischen Orientierung« leiten lassen beziehungsweise nicht dazu verleiten lassen sollte, »klinische Phänomene nach dem traditionell medizinischen Modell zu betrachten, das heißt, als Krankheitseinheiten oder pathologische Syndrome, die auf der Grundlage von Verhaltenskriterien diagnostiziert und differenziert werden« (1973, S. 18f.). Dennoch spricht auch KOHUT in solchen Fällen von einem »Defekt« (z.B. 1973, S. 39; 1981, S. 21).

Die inneren Objekte solcher Patienten bezeichnet KOHUT als »prästrukturell« (1973, S. 39). Das bedeutet, daß die strukturellen Lücken, die aufgrund unzureichender Verinnerlichungsprozesse entstanden sind, und die Ich-Funktions-Defizite, die daraus resultieren, durch stellvertretende Ich-Leistungen der Beziehungsobjekte auszugleichen wären. Also nutzen solche Patienten reale Objekte als Ersatz für fehlende innere Strukturen beziehungsweise zur Aufrechterhaltung oder Wiederherstellung ihres Ich-Funktions-Niveaus. Zu diesem Zweck werden Beziehungen so gestaltet (beziehungsweise Objekte so manipuliert), daß sie die erwünschten kompensatorischen Leistungen erbringen. Im Falle narzißtisch gestörter Patienten, die für ihre Selbstwertregulation auf den »Gebrauch« (und bisweilen »Verbrauch«) von Objekten angewiesen sind, dienen die manipulativ hergestellten Beziehungsarrangements vor allem selbstwertregulierenden Zwecken. Da »prästrukturelle« Objekte aber auch – um im Bild zu sprechen – wie Fremdkörper im Inneren des Patienten wirken, müssen sie andererseits als nicht-integrierte archaische Konfigurationen nach außen abgestoßen werden. Das geschieht mit Hilfe von Projektionen und projektiven Identifizierungen. Im letzten Fall werden reale Objekte dazu benutzt, als Stellvertreter der inneren abzustoßenden Objekte zu fungieren, so daß im Umgang mit den Real-Objekten innere Konflikte als äußere Beziehungskonflikte wiederkehren und in dieser Gestalt bearbeitet werden können.

Für eine therapeutische Beziehung bedeutet dies, daß sich der Therapeut dann wunschgemäß verhält, wenn er dem Patienten hilft, sich von feindseligen inneren Objekten zu befreien. Gelänge dies tatsächlich, sähe sich der Patient einer neuen mißlichen Situation gegenüber: Er hätte wichtige Objekte seiner Lebensgeschichte verloren. Da dies nicht heilsam ist, besteht die therapeutische Aufgabe darin, dem Patienten dabei zu helfen, die feindseligen inneren Objekte, die vorübergehend die Gestalt des Therapeuten angenommen haben, aufzuhellen, freundlicher zu »machen«, so daß sie nach der Externalisierung für eine Re-Internalisierung wieder zur Verfügung stehen. Dies wäre gleichbedeutend mit einer Freisetzung vordem blockierter Strukturbildungsprozesse.

Bei narzißtisch gestörten Patienten kommt es im Verlauf therapeutischer Interaktionsprozesse zur Ausbildung charakteristischer Übertragungs-Gegenübertragungskonstellationen, die u.a. von KOHUT differenziert beschrieben worden sind. Diese Beziehungskonstellationen benutzt KOHUT als das »beste und zuverlässigste diagnostische Zeichen« (1973, S. 20). Gefragt wird hier also nicht nach objektiv vorliegenden Defiziten, vielmehr gelten die *Wünsche*, die sich in der Beziehung des Patienten zum Therapeuten als Anforderungen an diesen manifestieren, als das »entscheidende diagnostische Merkmal« (1973, S. 20). Mit anderen Worten: Nicht irgendein objektiv zu erhebendes Verhaltensmerkmal, sondern die vom Beobachter miterlebte und sodann entsprechend reflektierte Beziehung wird zur Ausgangsbasis für alle weiteren diagnostischen (und therapeutischen) Überlegungen.

Auch KERNBERG, der sich ansonsten bei der Einschätzung narzißtischer Störungen in mancher Hinsicht von KOHUT unterscheidet, ist der Auffassung, daß die Entfaltung und Auswertung der Übertragungs- und Gegenübertragungsreaktionen einer »strukturellen Analyse« (1983, S. 40) beziehungsweise dem »Nachweis der charakteristischen Ich-Störungen« (1983, S. 26) vorauszugehen hätten.

Die in den letzten Jahren ausgearbeitete psychoanalytisch-interaktionelle Therapie (vgl. zusammenfassend HEIGL-EVERS, HEIGL u. OTT 1993, S. 202ff.) kann ebenfalls als ein Behandlungsangebot für Patientengruppen verstanden werden, die im Sinne FÜRSTENAUS strukturell ich-gestört oder bei denen im Sinne KOHUTS prästrukturelle Objekte anzunehmen sind. Der tradierten psychoanalytischen Wahrnehmungseinstellung wird bei der Diagnostik von den genannten Autoren allerdings ein hoher Stellenwert eingeräumt:

»Als ein wichtiger Klärungsschritt auf dem Weg klinischer Urteilsbildung in der psychoanalytischen Diagnostik darf die Abgrenzung der Konfliktneurosen gegen entwicklungspathologisch bedingte oder traumatogene psychische Störungen gelten. Als ein besonders wichtiges differenzierendes Kriterium dient dabei das Maß an Personalität oder Apersonalität der dominanten Objektbeziehungen... Die spontane affektive Reaktion des Diagnostikers auf das initiale Beziehungsangebot, das der Patient ihm macht, sind ein wichtiger Indikator dafür, ob der Patient eine personale Beziehung (personale Übertragung) anstrebt oder ob er die Tendenz hat, den Therapeuten zum Substituten eines für ihn wichtigen inneren Teilobjekts zu machen (primitive Übertragung) ...« (HEIGL-EVERS, HEIGL u. OTT 1993, S. 137).

Führt das beziehungsdiagnostische Vorgehen, also die Auswertung *des Erlebens des Therapeuten in der Beziehung zum Patienten*, zur Einschätzung, im konkreten Fall liege eine strukturelle Ich-Störungen vor, so empfehlen die Autoren eine Behandlungsstrategie, deren wesentliches Kennzeichen es ist, Regressionen einzuschränken. Dieses Bemühen wird mit Hinweis auf die vorliegende unspezifische Ich-Schwäche derartiger Patienten begründet. Die angenommene Ich-Schwäche soll durch Förderung regressiver Prozesse also nicht noch weitergehend stimuliert werden. Gefördert werden sollen in der Beziehung vielmehr jene Ich-Funktionen (z.B. die Realitätsprüfung), die eine Ich-Stärkung bewirken.

Treten in der Interaktion zwischen dem Patienten und dem Therapeuten erkennbare Realitätsverzerrungen auf, so formuliert der Therapeut etwa »eine Intervention, die über ein eigenes authentisches Gefühl die Aufmerksamkeit des Patienten auf das bei ihm bestehende Defizit lenken soll. Damit will er [der Therapeut] bewirken, daß der so *erlebbar* gewordene Mangel zur Nachentwicklung des Fehlenden motiviert« (HEIGL-EVERS u. STREECK 1985, S. 179; Herv. B.N.).

Bei seiner Beschreibung der »beiden Dimensionen des psychoanalytischen Umgangs mit strukturell ich-gestörten Patienten« (so der Titel seiner Arbeit) hatte FÜRSTENAU unter anderem auf BALINTS Konzept der Grundstörung verwiesen. Auch BALINT hatte schon von »zwei Ebenen der psychoanalytischen Arbeit« (1970, S. 19ff.) gesprochen, womit er die Ebene herkömmlich neurotischer Konflikte von der Ebene der Grundstörung unterschied. Letztere nahm er bei Patienten an, »die man als ›sehr gestört‹, ›tiefgehend gespalten‹, ›schwer schizoid‹, ›hochgradig narzißtisch‹ zu bezeichnen pflegt« (1970, S. 21). Es handelt sich dabei um Patienten, die heute im klinischen Jargon mit einer »sogenannten frühen Störung« (vgl. HOFFMANN 1986) identifiziert werden.

Dennoch hatte BALINT keine allzu scharfe Trennung zwischen »frühen« und entwicklungsgeschichtlich späteren Störungen postuliert. Seine Ausführungen legen im Gegenteil nahe, im konkreten Fall auch hinter einer Übertragungsneurose eine tieferliegende Grundstörung anzunehmen. Im Sinne BALINTS entscheidet eher die Reichweite der zu therapeutischen Zwecken eingeleiteten *Regression* darüber, ob im konkreten Fall die Ebene der Grundstörung erreicht oder vermieden wird. Wird diese Ebene erreicht, so ist das empathische Mit-Erleben der sich entfaltenden primitiven, scheinbar a-personalen, tatsächlich jedoch prä-verbalen Gefühls- und Beziehungswelten des Patienten (vgl. NITZSCHKE 1985) ein wesentlicher kurativer Faktor.

Vom Therapeuten wird dabei der vorübergehende Verzicht auf die beziehungsweise der eingeschränkte Gebrauch der Erwachsenensprache verlangt. Dialogmuster, die eine durchschnittlich gesunde Mutter im Umgang mit ihrem noch nicht oder nur teilweise sprachfähigen Kind pflegt (vgl. NITZSCHKE 1991), wären demgegenüber – vorübergehend – das Mittel der Wahl. Ein wichtiges Teilmoment dieses frühen Dialogs zwischen der Mutter und dem Kind ist wiederum die Bereitschaft der Mutter, sich dem Kind als libidinös zu besetzendes Objekt anzubieten. Diese von BALINT empfohlene eher passive Haltung des Therapeuten widerspricht wiederum einem Vorschlag FÜRSTENAUS (vgl. 1977a, S. 204), der meint, im Umgang mit ich-gestörten Patienten habe sich der Therapeut aktiv zu nähern, seinerseits libidinös einzudringen, weil nur auf diese Weise Kontakt aufzunehmen sei.

FÜRSTENAU zitiert u.a. eine Arbeit FREUDS (1937), in der der Begriff der »Ich-Störungen« allerdings nicht auftaucht. Statt dessen verwendet FREUD den Ausdruck »Ichveränderung«. Diese sieht er als das Ergebnis der Verarbeitung infantiler Traumen und Konflikte an, mitbedingt durch konstitutionelle Faktoren (übergroße Triebstärke, anlagebedingte Ich-Schwäche). Dabei bemißt sich die Ich-Veränderung durch den »Abstand von einem fiktiven Normal-Ich« (1937, S. 85). Das veränderte Ich erscheint also bei FREUD nicht als neue (»defekte«) *Qualität*, vielmehr wird die Ich-Veränderung als graduell beziehungsweise als ein nur in *quantitativer* Hinsicht von einem fiktiven Normal-Ich unterscheidbares Ereignis angesprochen.

Diese Einschätzung steht im Einklang mit einer Grundposition FREUDS, wonach selbst zwischen Normalität und Psychose – zwischen Wach- und Traum(er-)leben – nur quantitative Unterschiede anzunehmen seien. FREUD geht davon aus, daß auch noch in akut psychotischen Zuständen Reste der »normalen Person« (1938, S. 132) vorhanden seien. Und psychische Krankheit ist für ihn auch nur ein praktischer, konventioneller und deshalb ein im kulturellen Kontext zu hinterfragender Begriff, der als solcher, so wäre zu schließen, »objektive« Diagnosen gar nicht zuläßt.

Der Begriff »Ich-Störungen« fehlt im Register der Gesammelten Werke FREUDS. Ich habe nur eine Stelle gefunden, an der dieser Begriff auftaucht. FREUD bezieht sich dabei auf eine Novelle E.T.A. HOFFMANNS (»Der Sandmann«), die er als Ausgangspunkt für weitere Überlegungen zum Gefühl des Unheimlichen nimmt (vgl. NITZSCHKE 1988). FREUD meint, die »Ich-Störungen«, die HOFFMANN literarisch dargestellt habe, seien »nach dem Muster des Doppelgängermotivs ... zu beurteilen«. Das heißt, er begreift sie als Folge einer emotionalen Grundverfassung, bei der noch keine scharfe Grenzen zwischen Ich und Außenwelt vorliegen. Es handelt sich demnach »um ein Rückgreifen auf einzelne Phasen in der Entwicklungsgeschichte des Ich-Gefühls, um eine Regression in Zeiten, da das Ich sich noch nicht scharf von der Außenwelt und vom Anderem abgegrenzt hatte« (1919, S. 249). Also bringt schon FREUD die Phänomenologie der Ich-Störungen in Verbindung mit entwicklungsbedingt fixierten oder regressiv wiederbelebten Ich-Zuständen, von denen er allerdings annimmt, sie seien bei *allen* Menschen in einem frühen Entwicklungsstadium vorhanden. Ich-Funktions-Defizite (etwa ungenügende Realitätsprüfung) wären demnach als Konsequenzen einer (noch) nicht erlebbaren Grenze zwischen Innen und Außen zu verstehen.

Was im Fall eines Erwachsenen als Störung imponiert, wäre unter anderen Voraussetzungen – nämlich unter der Voraussetzung des im Stadium früher Objektbeziehungen (er-)lebenden Kindes – als ein angemessenes Erleben zu beurteilen. Die Pathologie besteht demnach nicht in der Ausbildung einer qualitativ neuen Störung; vielmehr besteht sie darin, daß die weitere Entwicklung des Ich nicht möglich war oder frühere Ich-Zustände regressiv wiederbelebt worden sind.

FENICHEL war einer der ersten, die den Begriff der Ich-Störungen, ähnlich wie FÜRSTENAU, zur Einteilung unterschiedlicher Patientengruppen benutzten. Dabei unterschied er die »klassischen Neurosen«, bei denen eine »verhältnismäßig intakte Persönlichkeit« vorliege, von Störungen, bei denen die Persönlichkeit »zerrissen und deformiert« erscheine. In diesen Fällen handle es sich, wie FENICHEL schreibt, um »moderne Neurotiker« (1938, S. 125), denen ein »gesunder Rest« fehle – eine Auffassung, die sich vom zitierten Standpunkt FREUDS unterscheidet, der selbst noch bei akut psychotischen Menschen einen normalen Rest angenommen hatte. Wegen des vermeintlichen Fehlens des »gesunden Rests« benötige man bei der Behandlung solcher Fälle eine »pädagogische Vorbereitungsphase«, meinte FENICHEL (1938, S. 137). Dieser Vorschlag ähnelt dem einer »Basisbehandlung«, die sich am Beispiel der »Kindererziehung« zu orientieren habe, wie REICHER (1976, S. 609) ihn sehr viel später gemacht hat.

Es ist der angenommene Mangel, der für FENICHEL pädagogisch-übende Angebote des Therapeuten begründet. Zwar gibt es pädagogische Haltungen gegenüber dem Patienten auch bei FREUD, der nicht zufällig die psychoanalytische Therapie als Nach*erziehung* charakterisierte, doch der Vorschlag, das analysierende Vorgehen vorübergehend vollständig durch (vorbereitende) Pädagogik zu ersetzen, taucht bei FREUD nicht auf. FENICHEL begründet seine Forderung nach einer Vorschaltphase mit dem Argument, bei den von ihm als »modern« bezeichneten Neurosen ließen sich spezifische Übertragungen, denen bestimmbare Objekte der Frühzeit zuzuordnen wären, nicht feststellen. An die Stelle klar abgrenzbarer Übertragungen träten »rigide, allgemeine und unspezifische« Reaktionsweisen (1938, S. 129). Dieser Standpunkt FENICHELS kann allerdings – spätestens seit KOHUT und KERNBERG primitive Übertragungen differenziert beschrieben haben – als widerlegt angesehen werden. Und selbst FENICHEL hat die von ihm behaupteten unspezifischen Reaktionen schon differenziert, als er sie mit primitiven Stadien der Objektbeziehung in Zusammenhang brachte und meinte, solchen Stadien entsprächen besondere Formen der »Regulierung des Selbstgefühls« (1938, S. 137).

Knapp zwanzig Jahre nach FENICHEL benutzte ANNA FREUD den Begriff der »Ich-Störung«, wobei sie das Scheitern des frühen Mutter-Kind-Dialogs für die »Deformation des Ichs« (1954, S. 1359) verantwortlich machte. Im Gegensatz zu FENICHEL meinte ANNA FREUD jedoch, auch solche Patienten seien mit Hilfe des Standardverfahrens zu behandeln, zumal man davon ausgehen müsse, daß die manifest (oder objektiv) zu beobachtende Störung nicht das Wesentliche, vielmehr nur das Periphere sei.

Aus der Erscheinungsform der Störung wäre hingegen das Wesentliche erst zu entwickeln – und zwar im Kontext einer nach klassischen Regeln aufgebauten analytischen Beziehung. Dabei wäre die manifeste Störung »in die Objektbeziehung zurückzuverwandeln, der sie entspringt« (1954, S. 1362).

FÜRSTENAU plädiert nun weder für das eine (Vorschaltphase) noch für das andere (Festhalten an der klassischen Technik), sondern für eine »*kohärente, mehrdimensionale, komplexe, strategisch konzipierte psychoanalytische Praxeologie*« (1977a, S. 206), bei der pädagogische und traditionell psychoanalytische Elemente einander ergänzen. Weiter meint er, dabei seien »die dem Aufbau des neuen Beziehungsmusters und der Auflösung des alten gewidmeten Aktivitäten des Analytikers« dialektisch miteinander zu verschränken.

FÜRSTENAU nimmt dann aber doch eine Gewichtung vor, wenn er schreibt, daß vom Patienten »eine überkommene pathologische Position jeweils *erst dann* aufgegeben werden kann, wenn eine gesündere, normalere, weniger ›defekthafte‹ [oder sollte es einfacher heißen: die vom Erwachsenen in unserer Kultur geforderte Position?] in der Beziehung zum Analytiker *errungen* ist« (1977a, S. 205). Vermutlich aber wird kein Patient die von ihm eingenommene »pathologische Position« aufgeben (können), *bevor* der Analytiker nicht bereit war, die mit der »defekthaften« Position verbundenen Erlebnisweisen grundsätzlich zu akzeptieren. Sie wären empathisch nachzuvollziehen, damit ihr Sinn entfaltet werden kann, *bevor* der Sinn einer reiferen, weniger »defekthaften« Position vom Patienten *verstanden* werden kann. Also hätte der Analytiker die »pathologischen Positionen« des Patienten erst einmal angemessen zu würdigen, womit sie auch einen *anderen* Platz finden könnten, als er ihnen bisher, in früheren und später zwanghaft-leidvoll wiederholten Beziehungsarrangements eingeräumt worden ist. Anders ausgedrückt: Eine Fixierung (Entwicklungshemmung) tritt gerade dann ein, wenn die damit verbundene Position nicht angemessen durchlebt werden konnte, vielmehr unter traumatischen oder konflikthaften Bedingungen allzu rasch aufgegeben (abgespalten, verdrängt) werden mußte.

Die skizzierten Vorschläge von FÜRSTENAU, FENICHEL, BALINT, ANNA FREUD und anderen zeigen, worin die Autoren übereinstimmen – nämlich hinsichtlich der Annahme der Mehrdimensionalität (»früher«) psychischer Störungen; und worin Uneinigkeit besteht – nämlich darin, ob die verschiedenen Dimensionen einer derartigen Störung durch unterschiedliche Strategien zu behandeln seien, und wenn ja, ob diese sukzessive aufeinander folgen sollten, dialektisch miteinander zu verschränken oder in eine klassisch-analytische Behandlung zu integrieren wären.

Letzteren Standpunkt vertritt MODELL, der 1976 von »ego distortion« sprach, ein Ausdruck, der in der späteren deutschen Übersetzung als »Ich-Störungen« (1981) wiedergegeben wurde. Wenn das Standardverfahren nicht als Dogma mißverstanden, also keine rigide Technik angewandt werde, seien entsprechende Störungen auch mit diesem Verfahren zu behandeln. Damit ließen sich nämlich grundsätzlich all jene Haltungen vereinbaren, die WINNICOTT mit dem Begriff *holding environment* umschrieben hatte. Bei der Behandlung schwerer gestörter Patienten komme es demnach vor allem darauf an, ob diese in der Beziehung zum Analytiker die nötige *Sicherheit* erleben könnten. Sei dies der Fall, so sei eine »Ich-Konsolidierung« (MODELL 1981, S. 806) zu erwarten, die wiederum den Raum für die strukturbildende Wirkung deutender Interventionen eröffne.

Die Ermöglichung eines grundsätzlichen Sicherheitsgefühls in der Beziehung zum Analytiker kann wohl als die wichtigste Voraussetzung für die Behandlung ich-gestörter Patienten angesehen werden. Alle weiteren Interventionsstrategien erscheinen demgegenüber als nachgeordnet. Dieses Sicherheitsgefühl kann sich mit Einschränkungen aber nur dann einstellen, wenn der Analytiker bereit ist, die »pathologischen Positionen« des Patienten als im Kontext der Lebensgeschichte des Patienten sinn-*volle* Positionen anzuerkennen, anstatt sie beziehungsweise die daraus resultierenden Ich-Funktions-Defizite vorschnell und vermeintlich »objektiv« im Sinne von bloßen Defekten zu diagnostizieren.

Durch FÜRSTENAUS Arbeit, die ich als Ausgangspunkt einiger historisch-konzeptioneller Überlegungen gewählt habe, wurde ein Thema von weitreichender Bedeutung angesprochen. Noch im selben Jahr erschienen zwei Repliken (ARGELANDER 1977; LOCH 1977) auf FÜRSTENAUS Arbeit. Dabei sprach ARGELANDER das Problem an, daß mit der Diagnose eines Mangels oder Defizits zwangsläufig Norm- und Wertvorstellungen verbunden sind.

ARGELANDERS weitergehender Einwand lautete, »daß wir nicht

nur – ausgehend von sogenannten Normalen – einen Mangel oder eine Störung zu diagnostizieren und zu beseitigen haben, sondern auch voll Respekt und manchmal voll Bewunderung Einsichten in Gesetzmäßigkeiten gewinnen können, nach denen vorwiegend traumatische Erfahrungen zu *andersartigen* Strukturen verarbeitet werden, deren Leistungsfähigkeit sich unter Bedingungen einer nicht normal verstandenen Wirklichkeit bewährt hat. Aus dieser Perspektive verfügt der Patient im allgemeinen über ungewöhnliche Fähigkeiten ...« (1977, S. 215; Herv. B.N.). Diese Bemerkung zeigt, daß es der bloße Wechsel der Perspektive ist, der einen Mangel tendenziell in eine Fülle »ungewöhnlicher Fähigkeiten« verwandeln kann – vorausgesetzt, man ist bereit, Normvorstellungen in Frage zu stellen. Dann verliert ein objektiver Sachverhalt seine scheinbare Objektivität, und mit dem diagnostischen Blick verändern sich auch die Urteile.

Im übrigen erinnert die Debatte über die Wahrnehmungseinstellung an Kontroversen unter Ethnologen. Dort lautete die Frage: Sind wir berechtigt, unsere Norm- und Wertvorstellung in die Betrachtung so genannter primitiver Gesellschaften einfließen zu lassen? Wenn wir dies tun, werden wir auch in ethnologischen Fällen alle möglichen frühen, primitiven oder gar defizitären Strukturen entdecken. Ändern wir hingegen unsere Norm- und Wertvorstellungen (oder lassen wir sie vorübergehend außer Betracht), so werden sich zwangsläufig auch unsere Einschätzungen der beobachteten gesellschaftlichen Strukturen ändern.

Was für die diagnostische Annäherung gilt, trifft auch für den therapeutischen Umgang mit den in Frage stehenden Patienten zu: Sie werden *anders* reagieren, je nachdem, welches Behandlungs- und Beziehungsangebot ihnen gemacht wird. Behaupten die einen, das Standardverfahren überfordere strukturell ich-gestörte Patienten, so meinen die anderen, dieses Angebot könne auch bei der Behandlung solcher Patienten erfolgreich sein. Letzteren Standpunkt vertritt beispielsweise auch BOYER (1985), der Borderline-Patienten mit dem Standardverfahren behandelt hat. Ausschlaggebend für das Scheitern einer solchen Behandlung ist seiner Ansicht nach *nicht* die Begrenztheit des Standardverfahrens, sondern die des Analytikers. Falls dieser die durch den Patienten ausgelösten Gegenübertragungsreaktionen nicht bewältigen kann, neigt er offenbar rasch dazu, seine »klassische«

Haltung aufzugeben, um den Patienten zu pädagogisieren und zu disziplinieren, anstatt sich selbst (d.h. seine Gegenübertragungsreaktionen). BOYER faßt seinen Standpunkt hinsichtlich der Anwendung des Standardverfahrens bei schwerer gestörten Patienten folgendermaßen zusammen:

»... daß 1. Fehlschläge bei der Behandlung solcher Störungen oft auf den Arzt zurückzuführen sind, auf Gegenübertragungsproblemen beruhen oder auf dem Unvermögen des Therapeuten, seine emotionalen Reaktionen angemessen für seine Deutungen zu nutzen; daß 2. der Erfolg der Behandlung von genauen, einfühlsamen, im rechten Augenblick erfolgenden Konfrontationen, Interventionen und Rekonstruktionen abhängt, die relevante Interpretationen der Genese zulassen; daß 3. der Erfolg auch auf die korrigierende emotionale und kognitive Erfahrung zurückzuführen ist, die durch die Entwicklung neuer Objektbeziehungen des Patienten zum Therapeuten gewonnen wird« (1985, S. 1069).

Die Kontroverse hinsichtlich des Anwendungsbereichs des Standardverfahrens hält bis zum heutigen Tage an. Und die Debatte, was denn »noch« oder »nicht mehr« Psychoanalyse sei, gehört eigentlich von Anfang an zur Geschichte der Psychoanalyse. Andererseits hat aber schon FREUD sein therapeutisches Vorgehen immer wieder modifiziert, ist also kaum je bei einer einmal kodifizierten Standardbehandlung stehengeblieben.

Auf die Repliken von ARGELANDER und LOCH hatte FÜRSTENAU (1977b) seinerseits geantwortet. Dabei berief er sich noch einmal auf BALINTS Konzept der Grundstörung. Diese Berufung erscheint jedoch problematisch. Denn BALINT hatte ja gefordert, nach dem Erreichen der Ebene der Grundstörung hätten Analytiker und Patient »die Regression in gemeinsamem Erleben (zu) tolerieren« (1970, S.215). Dies bedeutet, daß unter Berufung auf BALINT zumindest keine regressionsvermeidenden therapeutischen Strategien zu vertreten sind. Nach BALINT setzt die Behandlung ich-gestörter Patienten Regression vielmehr voraus. Ein durch die Therapie ermöglichter Neubeginn ist BALINT zufolge schließlich nur dann zu erwarten, wenn der Patient bereit ist, Trauerarbeit wegen der »nicht rückgängig zu machenden Tatsache eines Defekts« (1970, S. 221) zu leisten.

Also taucht der Terminus »Defekt« auch schon bei BALINT auf, doch geht dieser Autor davon aus, daß der Defekt im eigentlichen Sinne nicht zu beseitigen, vielmehr die Tatsache des Defekts nur anzuerkennen und zu betrauern sei. Damit wird auch der Analytiker aufgefordert, therapeutische Allmachtsphantasien einzuschränken. Der Wunsch auf seiten des Patienten, unversehrt zu sein oder wieder werden zu können, erweist sich damit als ebenso unerfüllbar wie der Wunsch des Therapeuten, allmächtig »heilen« zu können – das heißt, wie der Allmächtige neue Menschen erschaffen zu können.

BALINTS diesbezügliche Annahmen befinden sich in Übereinstimmung mit einer Grundposition FREUDS, wonach das übergreifende Ziel einer psychoanalytischen Behandlung lediglich darin bestehen kann, *pathologische* Trauer – und das ist für FREUD nur ein anderer Ausdruck für psychische Krankheit – zu beenden. Hierfür ist Trauerarbeit notwendig, deren Blockierung eben die *pathologische* Form der Trauer bedingt, die auf einer Heilung durch Liebe oder auf einer Heilung durch Rache beharrt. Die wiedergewonnene Freiheit gegenüber dem Zwang, Vergangenheit in der Gegenwart immer von neuem – selbst- und fremdschädigend – korrigieren zu müssen, und gegenüber der Sucht, illusionäres Glück doch noch zu erzwingen, wäre im Sinne FREUDS (und BALINTS) demnach das therapeutische Ziel, das unter der Bedingung der Realität und der Realitätsanerkennung einzig zu erreichen ist. Das illusionäre Glück, das die Übertragungswünsche anstreben, weicht somit den eingeschränkten Befriedigungsmöglichkeiten, die in der Gegenwart real vorhanden sind.

Trauerarbeit ermöglicht also keine Wiedergutmachung, vielmehr nur Selbstversöhnung, und das heißt immer auch Versöhnung mit verletzenden oder verlorenen Objekten der Kindheit. Trauerarbeit bedeutet demnach Abschiednehmen von den Illusionen des unverletzten Selbst, des unverletzten Objekts und der idealen Beziehung zwischen dem Selbst und dem Objekt. Der mit dem Aufgeben der letztgenannten Illusion verbundene Verzicht wäre aber auch vom Therapeuten zu verlangen, der dementsprechend Abschied zu nehmen hätte von der Wunschvorstellungen einer »idealen« Technik.

Jenseits aller Aufforderung zum Verzicht beinhaltet FREUDS therapeutisches Konzept dennoch Neuerfahrungen. Schließlich werden jene Gefühle, die das Leiden konstituieren und aus ihm entspringen, hier und jetzt *anders* als damals und dort *behandelt*. Die entsprechenden Gefühle der Enttäuschung, der Angst, der Wut oder des Hasses durften damals nicht sein. Sie wurden damals von außen und von innen als »böse« zurückgewiesen und riefen so sekundär Schuld- und Schamgefühle hervor. Daß mit all der ungestillten Sehnsucht nach Liebe und dem daraus resultierenden Haß auch *anders* als damals, anders als nur verurteilend – nämlich *verstehend* – umzugehen wäre, das ist die zu ermöglichende Neuerfahrung, die dann auch einen Neubeginn einleiten könnte.

Literatur

ARGELANDER, H. (1977): Diskussionsbeitrag zu P. Fürstenaus Arbeit »Die beiden Dimensionen des psychoanalytischen Umgangs mit strukturell ich-gestörten Patienten«. Psyche 31: 208–215.

BALINT, M. (1970): Therapeutische Aspekte der Regression. Die Theorie der Grundstörung. Klett, Stuttgart.

BELLAK, L.; HURVICH, M.; GEDIMAN, H.K. (1973): Ego functions in schizophrenics, neurotics, and normals. A systematic study of conceptual, diagnostic, and therapeutic aspects. Wiley, New York.

BOYER, L.B. (1985): Psychoanalytische Arbeit mit einer Borderline-Patientin. Psyche 39: 1067–1101.

DEVEREUX, G. (1984): Angst und Methode in den Verhaltenswissenschaften. Suhrkamp, Frankfurt a.M.

FENICHEL, O. (1938): Ich-Störungen und ihre Behandlung. In: Ders. (1981), Aufsätze, Bd. II. Walter, Olten/Freiburg i.Br., S. 122–145.

FREUD, A. (1954): Der wachsende Indikationsbereich der Psychoanalyse. Diskussion. In: Dies. (1980), Schriften, Bd. V. Kindler, München, S. 1349–1367.

FREUD, S. (1919): Das Unheimliche. Ges. Werke, Bd. XII. Fischer, Frankfurt a.M., S. 227–268.

FREUD, S. (1937): Die endliche und die unendliche Analyse. Ges. Werke, Bd. XVI. Fischer, Frankfurt a.M., S. 57–99.

FREUD, S. (1938): Abriß der Psychoanalyse. Ges. Werke, Bd. XVII. Fischer, Frankfurt a.M., S. 67–138.

FÜRSTENAU, P. (1977a): Die beiden Dimensionen des psychoanalytischen Umgangs mit strukturell ich-gestörten Patienten. Psyche 31: 197–207.

FÜRSTENAU, P. (1977b): Stellungnahme zu dem Diskussionsbeitrag von Hermann Argelander und den Anmerkungen von Wolfgang Loch. Psyche 31: 361–365.

HEIGL-EVERS, A.; HEIGL, F.; OTT, J. (1993): Abriß der Psychoanalyse und der analytischen Psychotherapie. In: Dies. (Hg.), Lehrbuch der Psychotherapie. G. Fischer, Stuttgart, S.1–307.

HEIGL-EVERS, A.; STREECK, U. (1985): Psychoanalytisch-interaktionelle Therapie. Zeitschrift für Psychotherapie und medizinische Psychologie 35: 176–182.

HOFFMANN, S.O. (1986): Die sogenannte frühe Störung. Ein Versuch, ein trübes, seichtes und gelegentlich auch tiefes Gewässer etwas zu klären. Praxis der Psychotherapie und Psychosomatik 31: 179–190.

KERNBERG, O.F. (1983): Borderline-Störungen und pathologischer Narzißmus. Suhrkamp, Frankfurt a.M.

KOHUT, H. (1973): Narzißmus. Eine Theorie der psychoanalytischen Behandlung narzißtischer Persönlichkeitsstörungen. Suhrkamp, Frankfurt a.M.

KOHUT, H. (1981): Die Heilung des Selbst. Suhrkamp, Frankfurt a.M.

LOCH, W. (1977): Anmerkungen zum Thema Ich-Veränderungen, Ich-Defekte und psychoanalytische Technik. Psyche 31: 216–227.

MODELL, A.H. (1976): »The holding environment« and the therapeutic action of psychoanalysis. Journal of the American Psychoanalytic Association 24: 285–307. (Dt. 1981, in: Psyche 35: 788–808).

NITZSCHKE, B. (1985): Der eigene und der fremde Körper. Bruchstücke einer psychoanalytischen Gefühls- und Beziehungstheorie. Konkursbuchverlag, Tübingen.

NITZSCHKE, B. (1988): Messer im Herz, Dreieck im Kopf. In: Ders. (Hg.), Sexualität und Männlichkeit. Rowohlt, Reinbek, S. 238–273.

NITZSCHKE, B. (1991): Das Hohelied der ersten Liebe – frühe Formen des Dialogs. In: Ders. (Hg.), Die Liebe als Duell. Rowohlt, Reinbek, S. 288–315.

NITZSCHKE, B. (1993): Face-lifting für Freud: Notwendigkeit oder Marotte? Agora – Institut für Psychoanalyse und Psychotherapie Düsseldorf 1: 19–21.

REICHER, J.W. (1976): Die Entwicklungspsychopathie und die analytische Psychotherapie von Delinquenten. Psyche 30: 604–612.

Annelise Heigl-Evers und Bernd Nitzschke

Das analytische Prinzip »Deutung« und das interaktionelle Prinzip »Antwort«

> »... so ist die Psychoanalyse als eine Psychologie des Es (und seiner Einwirkungen auf das Ich) zu bezeichnen. Sie kann also auf jedem Wissensgebiet nur Beiträge liefern, welche aus der Psychologie des Ichs zu ergänzen sind.«
>
> SIGMUND FREUD (1928, S. 427)

I

»Statt weiterhin die Konflikte zwischen den inneren Instanzen (Es, Ich und Über-Ich), das heißt die Disharmonien innerhalb der strukturierten Persönlichkeit zu studieren, richten *jetzt* viele analytische Forscher und Autoren ihr Interesse auf die allererste Lebenszeit, in der die Fundamente der Persönlichkeitsentwicklung niedergelegt werden ... Diese Forschung konzentriert sich vor allem auf das frühe Wechselspiel zwischen dem Kleinkind und seiner Mutter ...« (A. FREUD 1956, S. 1870; Herv. A. H.-E., B. N.).

Diese Bemerkung ANNA FREUDS wird ergänzt durch die seit den 50er und 60er Jahren in der psychoanalytischen Literatur immer häufiger zu findenden Feststellungen, die »wohlgestalteten« Neurosen – also die durch intersystemische Konflikte gekennzeichneten Krankheitsbilder – hätten abgenommen, während die »diffusen, uncharakteristischen Zustandsbilder« (LOCH 1976a, S. 175) zugenommen hätten. Die Veränderung der Krankheitsbilder hatte nicht nur diagnostische, sondern auch behandlungstechnische Veränderungen zur Folge, ein Zusammenhang, den FREUD selbst vorausgesetzt hatte, als er schrieb, »daß die verschiedenen Krankheitsformen, die wir behandeln, nicht durch die nämliche Technik erledigt werden können« (1919, S. 191). Die behandlungstechnischen Veränderungen beruhen dabei, BEESE (1993) zufolge, »in einer Weiterentwicklung des auf das Ich, die Beziehungsfähigkeit und den Realitätsbezug des Patienten gerichteten Anteiles im therapeutischen Vorgehen«, wodurch sich – als Ergänzung zum aufdeckenden Vorgehen in der »klassischen«, tendenzlosen Analyse, von der einige Autoren (zum Beispiel CREMERIUS 1993; THOMÄ 1993, S. 241) annehmen, es habe sie nie gegeben – »ein zweites wichtiges Standbein« (BEESE 1993, S. 214) herausgebildet habe. Schließlich charakterisiert der prägnante Buchtitel »Vom spiegelnden zum aktiven Psychoanalytiker« (THOMÄ 1981) ein weiteres Moment dieser Veränderungen: Der Psychoanalytiker löste sich aus der passiven Position, die er »klassischerweise« einnehmen zu müssen glaubte.

An dieser Stelle wollen wir die Frage offen lassen, ob die konstatierten Veränderungen der Neurosenstrukturen beziehungsweise die der pathologischen inneren Strukturen durch reale, historisch-gesellschaftliche Faktoren bedingt waren oder ob sie als Konsequenzen einer Erweiterung und Verfeinerung der psychoanalytischen Diagnostik zu verstehen sind. Im letzteren Falle hätten entsprechende Pathologien auch früher schon zahlreich vorgelegen, sie wären aber übersehen beziehungsweise anders diagnostiziert und behandelt worden. Eine genauere Beantwortung dieser Fragen müßte wohl auch epidemiologische Studien (siehe dazu SCHEPANK 1986, 1987) einbeziehen. Uns interessieren in erster Linie die Modifikationen der psychoanalytischen Therapie infolge quantitativ und qualitativ veränderter Diagnosestellungen und die Begründung für diese Veränderungen. Schließlich wollen wir selbst den Versuch unternehmen, ein das therapeutische Prinzip »Deutung« modifizierendes oder ergänzendes Prinzip »Antwort« vorzustellen.

Die Symptome einer »klassischen«, also die einer sogenannten »Übertragungsneurose« wie Hysterie, Zwangskrankheit oder Phobie sind FREUD zufolge als Kompromißbildungen beziehungsweise als Ausdruck einer *Konfliktpathologie* zu verstehen. Dabei ergibt sich die Dynamik des Konflikts aus dem Gegensatz und dem kompromißhaften Zusammenspiel von Es-Wünschen einerseits, Über-Ich- und Realitätsanforderungen andererseits. Ein in seiner Grundstruktur ausreichend entwickeltes Ich versucht, den Konflikt mit Hilfe von Anpassungs- und Abwehrstrategien zu bewältigen, muß dabei jedoch – nicht zuletzt wegen der zur Konfliktbewältigung notwendigen Abwehroperationen – Einbußen an seiner Einheitlichkeit und Einschränkungen seiner Funktionsfähigkeit hinnehmen. Die notwendigen Gegenbesetzungen machen einen entsprechend hohen Energieaufwand nötig. Solche Beeinträchtigungen drücken sich im neurotischen Symptom und eventuell auch in schwer reversiblen Modifikationen des Ich aus, wobei das Ich als Instanz jedoch – wenn auch eingeschränkt – erhalten und funktionsfähig bleibt (vgl. FREUD 1894, 1937).

Ein zweites Merkmal der »klassischen« Neurosen ergibt sich aus der Phasenspezifität ihrer Entstehung. Es wird angenommen, daß sie sich ätiopathogenetisch im wesentlichen auf die ödipale Entwicklungsstufe zurückführen lassen, weshalb FREUD den Ödipuskomplex als Kernkomplex dieses Neurosentyps bezeichnet hat. Es geht im wesentlichen um inzestuöse Triebwünsche und um Konflikte, die sich aus der Beziehung zu den mit solchen Wünschen verbundenen Objekten ergeben, wobei Identifikationen mit diesen Objekten – vor allem mit dem gleichgeschlechtlichen Elternteil – auf einer relativ reifen Stufe bereits vorliegen. Dem entspricht die erwähnte relativ weit vorangeschrittene Entwicklung des Ich, wenn in den betreffenden Fällen auch oft noch unzureichende Integrationsleistungen im Hinblick auf die Zusammenfassung prägenitaler Strebungen zum Primat der Genitalität bestehen. Als Resultat weitgehend abgeschlossener Verinnerlichungsprozesse liegen jedoch bereits integrierte Selbst- und Objektrepräsentanzen vor.

Die Manifestation der latenten Konflikte in Form der Symptomatik einer Übertragungsneurose ist in auslösenden Situationen zu erwarten, in denen der nicht gelöste, nur verdrängte oder anderweitig abgewehrte ödipale Konflikt wieder mobilisiert wird. Dabei geht es um Verführungs-Versagungs-Situationen, in denen die Befriedigung eines bestimmten Triebanspruchs, nämlich »... jene Weise der Befriedigung, nach der die Person allein verlangt« (FREUD 1916/17, S. 357), möglich erscheint, jedoch gleichzeitig auf Verbote trifft. Die entscheidende Rolle spielt hierbei die »innere Versagung«, das heißt die Versagung einer in der äußeren Realität möglich gewordenen Befriedigung aufgrund von Triebangst und Über-Ich-Forderungen.

Pubertäts- und Adoleszenzkrisen wären als passager auftretende normale Entsprechungen des hier gemeinten neurotischen Geschehens aufzufassen. Die anstehende Trennung von den Primärobjekten und die Aufgabe der postpubertären Objektfindung konstituieren eine typische Schwellensituation, durch die die ödipalen Beziehungskonflikte noch einmal mobilisiert und – im günstigen Falle – einer endgültigen Bearbeitung zugeführt werden. Unter ungünstigen Voraussetzungen (unbewältigte infantile Konflikte, partielle Fixierung an inzestuöse Objekte mit entsprechender Regressionsneigung) kommt es jedoch gerade in und nach der Pubertät zur Manifestation der genannten Übertragungsneurosen. Mit Hilfe der »klassischen« psychoanalytischen Therapie hatte man in solchen Fällen versucht, das intersystemische Konfliktpotential durch Bewußtmachen des unbewußten Anteils des inneren Konflikts zu entschärfen, wobei in erster Linie die Technik der Deutung angewandt wurde. Dabei sollten die Nachreifung von Triebwünschen und die Milderung von Über-Ich-Verboten zu einer Stärkung des Ich, zu reiferen Formen der Abwehr- und Anpassungsleistungen und schließlich zur allgemeinen Verbesserung der Ich-Funktionen führen.

Bei den eingangs erwähnten diffusen und uncharakteristischen Krankheitsbildern, deren ätiopathogenetische Bedingungen zwischen denen der Psychosen und Neurosen anzusiedeln sind, kann jedoch ein für die Technik der Deutung *erreichbares* Ich kaum oder nur in sehr eingeschränktem Maße vorausgesetzt werden. Es wird angenommen, daß diesen »frühen«, präödipalen Ich-Störungen Beeinträchtigungen des Mutter-Kind-Dialogs zugrundeliegen, daß es sich also um Manifestationen einer Störung früher dyadischer Beziehungen handelt, die in der Struktur des Ich ensprechende Defizite und Mängel hinterlassen hat. Deshalb konnte von den Betroffenen ein erfolgreicher Eintritt in die ödipale Phase oft nicht oder nur sehr unzureichend vollzogen werden, weshalb auch die ödipale Triangulierung der Sozialbeziehungen ausblieb. Diese Störungen sind demnach weniger Ausdruck einer *Konflikt-* als vielmehr Ausdruck einer »*Entwicklungspathologie*« (A. FREUD 1978, S. 2730). Sie zeichnen sich dadurch aus, daß das Ich in seiner Bildung (Differenzierung) frühzeitig beeinträchtigt worden ist. Aus diesem Grunde konnte das Ich *nicht* jenen Reifegrad erreichen, der für eine erfolgversprechende Anwendung der Technik der Deutung notwendig ist.

Bevor in solchen Fällen die Technik der Deutung wirkungsvoll eingesetzt werden kann, müßte erst ein entsprechend belastbares und funktionsfähiges Ich entwickelt werden. Gemeinsam ist diesen Störungen ein fragiles Ich, das sich durch eine besonders große narzißtische Verletzlichkeit auszeichnet, die sich als latente Fragmentierung und/oder starke Regressionsneigung kundgibt. Die Labilität der Ich-Grenzen und die damit einhergehende Unsicherheit der Trennung von Innen und Außen sind ebenso typisch wie das Bedürfnis nach einem stützenden, begleitenden und kompensatorisch nutzbaren Objekt. Schließlich sind die Beeinträchtigung und/oder die mangelhafte Ausbildung wichtiger Funktionen des Ich zu beobachten. Vor allem aber sind jene Substrukturen des Ich, in denen die Selbst- und Objektrepräsentanzen organisiert sind, unzureichend integriert, oft nicht einmal voneinander differenziert. Archaische Abwehrmechanismen werden benutzt, um diese Defizite halbwegs auszugleichen. Starke Schwankungen des Selbstwertgefühls geben eine unsichere narzißtische Besetzung des Selbst zu erkennen. Darüber hinaus sind unzureichende Objektkonstanz, überstarke Abhängigkeit vom Objekt und immer wieder unternommene Versuche zu beobachten, die daraus resultierenden Abhängigkeitsgefühle durch Manipulation des Objekts abzuwehren. Infolge der Abwehr der die eigenen Grandiositätsphantasien bedrohenden Abhängigkeitsgefühle kann es auch immer wieder zum inneren oder äußeren Rückzug vom Objekt kommen. Die innerseelischen Spaltungen und Ambitendenzen drücken sich als Identitätsdiffusion aus, die im subjektiven Erleben als Entscheidungsunsicherheiten oder Zerrissenheitsgefühle spürbar werden und Fragen nach dem »Sinn« oder nach der »Realität« hinterlassen. Depressive Erschöpfungszustände, Gefühle der Leere, Angst ohne benennbaren Grund, aber auch Impulsdurchbrüche (in Form von Wut oder sonstiger agierter Aggression wie etwa perverser, süchtiger oder soziopathischer Handlungen) ergänzen das klinische Bild. Häufig können die betroffenen Patienten ihr offensichtliches Leiden allerdings nur schwer in Worte fassen: Die Beschreibungen bleiben diffus und vage.

In der Literatur haben sich von Autor zu Autor verschiedene, durch die jeweiligen theoretischen Vorlieben und Schwerpunkte bedingte diagnostische Termini zur Kennzeichnung solcher Ich-Störungen und Entwicklungspathologien eingebürgert. Am eindeutigsten sind wohl die Bilder der narzißtischen Persönlichkeitsstörung (KOHUT 1973; KERNBERG 1978; MASTERSON 1993, Kap.6) und der Borderline-Störung (KERNBERG 1978; VOLKAN u. AST 1992, Teil I; MASTERSON 1993, Kap. 5) beschrieben worden. Daneben bleibt ein »Wuchern neuer Termini« und eine entsprechende »semantische Verwirrung« (BLANCK u. BLANCK 1980, S. 17) in Hinsicht auf die Gruppe dieser Ich-Störungen zu konstatieren. Dies mag allerdings nicht nur mit den divergenten Meinungen, mit der Widersprüchlichkeit der klinischen Bilder oder mit der in Teilen unzureichenden Theoriebildung zusammenhängen, sondern könnte auch einen tatsächlich paradigmatischen Wandel der klinischen Konzepte der Psychoanalyse widerspiegeln. In jedem Fall ist anhand der gegenwärtigen psychoanalytischen Literatur ein zunehmend stärker werdendes Interesse an präödipalen und präverbalen Interaktions- und Dialogmustern festzustellen.

In diesem Kontext ist die Suche nach solchen Modifikationen des »klassischen« Behandlungsverfahrens zu erklären, die über die einst zentrale Technik der Deutung hinausreichen. Mit Hilfe der Technik der Deutung sollte es im Verlauf der Behandlung einer »klassischen« Neurose ermöglicht werden, bereits früher einmal Bewußtes, das zwischenzeitlich durch Verdrängung oder sonstige Abwehroperationen dem Bewußtsein entzogen wurde, wieder zu erinnern. Dieser Zuwachs an Freiheit und Einsicht, den die Rekonstruktion der Erinnerung und die damit ermöglichte Fähigkeit, Innerseelisches *bewußt* zu erleben und vom Ich her besser als zuvor zu regulieren, gewähren, reicht im Falle der genannten *Entwicklungspathologien* jedoch nicht aus. Denn hier stehen mangelhafte oder pathologische Interaktionserfahrungen am Ausgangspunkt der Störung, die als solche *niemals* bewußt waren, und die deshalb in herkömmlicher Weise auch nicht bewußt gemacht werden können. Zudem geht es hierbei nicht *nur* um Korrektur pathologischer Erfahrungsmuster, sondern immer auch um das Ausfüllen von »Lücken« – also um *erstmalige* Erfahrung, nicht nur um Wiederholung. Der FREUDsche Satz, »Wo Es war, soll Ich werden«, würde im strengen Sinne demnach gerade für die präödipalen Störungen gelten.

Da man aber aufgrund klinischer Erfahrung auch für viele Fälle von Übertragungsneurosen einen frühen, im Mutter-Kind-Dialog verankerten Störungsanteil annehmen darf, sollte man vermuten, die Fiktion der »klassischen« Behandungstechnik im

Sinne eines einfachen und klaren Modells der Technik der Deutung hätte in jener Reinheit, wie sie etwa in den frühen 50er Jahren in der Fachliteratur erschien, überhaupt nicht entstehen können, hätte FREUD selbst jenen frühen Anteil dieser Störungen klarer vor Augen gehabt. Zwar hatte auch schon FREUD die große Bedeutung des mütterlichen Objekts erkannt, wie er sie etwa im Zusammenhang seiner Ausführungen über die weibliche Sexualität (1931) darstellte; doch die weitere theoretische Ausgestaltung dieser Anregung blieb seinen Schülern und Nachfolgern überlassen. Man hat FREUD deshalb, und aus anderen Gründen, nämlich wegen der Überbetonung der Technik der Deutung und seiner auf Einsicht vertrauenden Strategie, »paternalistisches« Denken (CREMERIUS 1979a) vorgeworfen; oder man hat von einem zu starren Festhalten FREUDS an einer über ihre eigenen Voraussetzungen und Grenzen nur unzureichend aufgeklärten Aufklärung gesprochen (NITZSCHKE 1981). Es wäre allerdings auch an die Diskrepanzen zu erinnern, die seit jeher zwischen FREUDS Behandlungs*praxis* und seinen theoretisch explizierten und formulierten Behandlungs*ratschlägen* bestanden. Denn die von FREUD praktizierte Behandlungstechnik wich oft erheblich von dem ab, was er als »Ratschläge« für den Psychoanalytiker *formuliert* hatte (vgl. CREMERIUS 1981).

Weitergehende Schwierigkeiten im Zusammenhang mit frühen Ich-Störungen hatte FREUD »gelöst«, indem er die von ihm so treffend als »narzißtische Neurosen« bezeichneten Pathologien (zu denen er vor allem die Psychosen rechnete) als durch Psychoanalyse nicht behandelbar erklärte. Diese hermetische Sicht stieß freilich früh – zum Beispiel bei PAUL FEDERN (1978) – auf Widerspruch. Auch FERENCZI experimentierte mit neuen Techniken, um den in ihrer Ich-Bildung tiefer gestörten Patienten gerecht werden zu können. Vor allem FERENCZI und BALINT hatten FREUDS Anregungen hinsichtlich der Bedeutung der präödipalen Mutterbindung aufgenommen und fruchtbar weitergeführt, womit sie der psychoanalytischen Behandlungstechnik einen »zweiten« Weg eröffneten (vgl. CREMERIUS 1979a; 1979b).

Mit diesem »zweiten« Weg ist die Betonung der herausragenden Bedeutung der *realen* (nicht bloß phantasierten) frühen Mutter-Kind-Beziehung und der während der präödipalen Zeit anzunehmenden Verinnerlichungsschritte verbunden, die zum Aufbau der inneren, also der Repräsentanzen- und Symbol-Welt beim Kind führen. Die FERENCZI-Schüler ALICE und MICHAEL BALINT hatten besonders wichtige Einwände gegen das zu enge Krankheits- und Behandlungsmodell FREUDS formuliert (vgl. BALINT 1966). BALINTS Konzept der »Grundstörung«, seine Kritik der FREUDschen »Ein-Person-Psychologie« sowie seine Annahme, Objektbeziehungen bestünden von Anfang an und würden nicht erst nach einem primärnarzißtisch-autoerotischen Anfangsstadium einsetzen, waren richtungsweisend. Und wenn heutzutage – unter Berufung auf die direkte Säuglingsbeobachtung (vgl. LICHTENBERG 1983; STERN 1977, 1985, 1991) – von der »neuen« Entdeckung der Bedeutung der Interaktion zwischen dem Kind und der Mutter gesprochen wird, so wäre zumindest BALINT vermutlich manches »Neue« ziemlich bekannt vorgekommen.

Die Konzepte FERENCZIS und BALINTS können als Ausgangspunkt fast aller nach-»klassischen« Behandlungsmethoden der Psychoanalyse verstanden werden, denen – als mehr oder weniger gemeinsames Charakteristikum – die Wiederbelebung, Fortführung, Korrektur oder erstmalige Bereitstellung eines »frühen« Dialogs (vgl. NITZSCHKE 1984) mit dem Primärobjekt – beziehungsweise mit dessen symbolischem Vertreter – zugrunde liegt. Man kann die Problematik, um die es dabei geht, aber auch anders ausdrücken: Hatte FREUD mit seiner Methode versucht, die Triangulierung der verinnerlichten Objektbeziehungen erfahrbar werden zu lassen, um quasi eine Versöhnung der (und mit den) Eltern im Inneren des Patienten herbeizuführen, so besteht das Ziel der modifizierten Techniken der Behandlung in der erfolgreichen Verinnerlichung des *einen* (überwiegend »guten« mütterlichen) Objekts, also in der Bildung einer tragfähigen, differenzierten und auch bei Belastungen relativ stabilen Ich-Struktur des Patienten.

II

Vor über einem halben Jahrhundert hatte FENICHEL eine Arbeit über »Ich-Störungen und deren Behandlung« (1938) veröffentlicht. Er sprach bereits damals von »modernen« Neurosen (1938, S. 419) und bemerkte, daß die von FREUD beschriebenen Übertragungsneurosen *seltener* geworden seien, während Krankheitsbilder mit deformiertem und zerrissenem Ich zugenommen hätten. Dieser Wandel der Krankheitsbilder hatte Folgen für die Theoriebildung, aber auch für die psychoanalytische Praxis; das heißt, die »rein« psychoanalytischen Behandlungen (die unmodifizierte Anwendung des Standardverfahrens) nahmen zugunsten technischer Modifikationen ab.

Die von PULVER (1984) mitgeteilten Zahlen einer Umfrage unter den Mitgliedern der APA (American Psychoanalytic Association) belegen diesen Wandel, wenngleich die von ihm genannten Zahlen hinsichtlich der Häufigkeit der praktizierten Behandlungsmethoden nicht eindeutig zu interpretieren sind: Sie könnten die Zunahme eklektischer Behandlungssettings ebenso wie die Konkurrenz signalisieren, in die die Analyse zu anderen therapeutischen Verfahren geriet. Oder sie weisen nur aus, daß immer mehr Analytiker in Institutionen arbeiteten, in denen Analysen im »klassischen« Sinne nur selten durchgeführt werden. Die Zunahme modifizierter Behandlungsverfahren könnte aber auch durch die veränderten Diagnosen erklärbar sein.

CREMERIUS (1982) meint, daß das in Form kodifizierter Regeln beschriebene Standardverfahren von FREUD niemals »rein« angewandt worden sei. Man erinnere sich in diesem Zusammenhang daran, daß FREUD zeitlebens behandlungstechnisch »experimentierte« (vgl. NITZSCHKE 1988) und daß bereits der erste Fall, der zur Anregung für FREUDS Behandlungskonzept wurde, der die Patientin »Anna O.« betraf (vgl. HIRSCHMÜLLER 1978), nach heutigen Kriterien vermutlich als frühe Ich-Störung diagnostiziert werden würde. CREMERIUS stellt fest, daß auch »EISSLER, GRUNBERGER, RANGELL und viele andere ... gezeigt [hätten], daß FREUDS Technik z. B. in der ›Rattenmann‹- und ›Wolfsmann‹-Analyse stellenweise ausgesprochen ›unanalytisch‹ war« (1982, S. 18). Der Ausdruck »unanalytisch« kann sich hierbei allerdings nur auf die Nichtübereinstimmung mit den im orthodoxen Verständnis festgehaltenen technischen Regeln beziehungsweise auf das Mißverständnis beziehen, diese rigide Beachtung von Regeln sei besonders »analytisch«.

Kehren wir noch einmal kurz zur theoretischen Konzeption des »klassischen« Behandlungsverfahrens zurück: FREUDS Ziel bestand in solchen Fällen bekanntlich darin, dem Patienten eine Neuauflage der Infantilneurose in Form einer Übertragungsneurose zu ermöglichen. *Hier und jetzt* – nämlich im Kontext der

Übertragungs-Gegenübertragungskonstellation – sollte diese Neuauflage bearbeitet werden. Die Wiederholung der Vergangenheit in der Gegenwart in Form der Neuauflage einer Kommunikations-Störung sollte zur Auflösung des Wiederholungszwangs führen. »Erinnern, Wiederholen und Durcharbeiten« (FREUD 1914) – so lautete die Kurzfassung dieses »klassischen« Behandlungs- und Heilungsplans. FREUD war deshalb der Ansicht, daß Patienten, die zur Herstellung einer solchen Übertragungsbeziehung nicht in der Lage sind, durch Analyse auch nicht zu behandeln seien.

Heute wissen wir, daß auch schwer gestörte Patienten Übertragungen ausbilden, wenngleich die dabei auftretenden Beziehungsarrangements, in deren Verlauf Teilobjekt-Übertragungen mobilisiert werden, oft mit sehr massiven und in der Interaktion *hier und jetzt* deutlich spürbaren Abwehrhaltungen einhergehen. Dies ist aufgrund der in diesen Fällen vorliegenden latenten oder manifesten Desintegration des Ich auch nicht anders zu erwarten. Solche Patienten benötigen – gerade wegen der mit ihrer Störung einhergehenden Desintegrationsängste – den Therapeuten noch überwiegend im Sinne eines »Real«-Objekts. Es geht in diesen Fällen also weniger um »Nacherziehung« im Sinne FREUDS als vielmehr um »Entwicklungshilfe« im wörtlichen Sinne, nämlich um die Bildung neuer Strukturen, die durch *erstmalige* Prozesse der Objektverinnerlichung ermöglicht werden sollen.

Für die Behandlung der Übertragungsneurosen war das technische Mittel der Wahl – die *Deutung*. FREUD hatte das zugrunde liegende theoretische Kalkül bereits im Kontext der Traum-*Deutung* dargestellt: Manifeste psychische Phänomene – ein Traum, eine Fehlhandlung, ein Symptom – werden als kompromißhafte Bildungen verstanden, die mittels Deutung – das heißt mittels Herstellung eines Verstehens- und Sinnzusammenhangs – auf einen latenten, unbewußten Wunsch sowie auf die gegen diesen Wunsch gerichtete – gleichfalls unbewußte – Abwehr zurückgeführt werden. *Einsicht* in die unbewußte Dynamik, die der symptomatischen Kompromißbildung zugrundeliegt, gilt demnach als das letzte Ziel der deutenden Technik, wobei diese Einsicht von affektivem Erleben und Durcharbeiten im Kontext der therapeutischen *Beziehung* begleitet und gefestigt werden soll. Entsprechend wird das Spiel von Wunsch und Abwehr anhand der Übertragungs- und Widerstandsreaktionen des Patienten und unter Rückgriff auf die Gegenübertragungs- und Gegenwiderstandsphänomene des Analytikers erkannt und gedeutet. Das im Verlauf des analytischen Prozesses geknüpfte Netz von Deutungen und genetischen (Re-)Konstruktionen[1] soll schließlich jenen (Sinn-)Zusammenhang wieder herzustellen helfen, der aufgrund der Abwehrtätigkeit des neurotischen Ich zwischenzeitlich verlorenging.

So führt die »klassische« psychoanalytische Behandlung immer auch zur Stärkung des Ich und zur Verbesserung von dessen Funktionen, und zwar auch der synthetisierenden Tätigkeit des Ich[2]; doch ein zu Beginn der Behandlung bereits vorhandenes (fiktives) Normal-Ich ist und bleibt die Voraussetzung dieser Behandlungsmethode. Dieses Normal-Ich ist nicht nur Garant des Arbeitsbündnisses; es hat auch wichtige und für die »klassische« psychoanalytische Behandlung notwendige Funktionen in ausreichendem Maße zur Verfügung zu stellen. So ermöglicht es etwa die vorübergehende und partielle Regression, die durch die Technik der freien Assoziation einerseits und durch das Einhalten von Abstinenz, Neutralität und Anonymität seitens des Therapeuten andererseits initiiert und gefördert wird. Um die unter dieser Bedingung erlebbaren psychischen Prozesse im Sinne der Therapie beobachten und sinnvoll zu Zwecken der Ein-Sicht nutzen zu können, wird die Fähigkeit des Patienten zur therapeutischen Ich-Spaltung vorausgesetzt, die wiederum an das Vorhandensein eines fiktiven Normal-Ich gebunden ist.

Die Deutung als zentrales therapeutisches Paradigma der Psychoanalyse im Sinne FREUDS ist also auf eine spezifische Form

---

1 »Oft genug gelingt es nicht, den Patienten zur Erinnerung des Verdrängten zu bringen. Anstatt dessen erreicht man bei ihm durch korrekte Ausführung der Analyse eine sichere Überzeugung von der Wahrheit der Konstruktion, die therapeutisch dasselbe leistet wie eine wiedergewonnene Erinnerung« (FREUD 1937, S. 53).

2 »HARTMANN (1939) assumed that the synthetic function of the ego is superordinate to all the other ego functions (see also HACKER 1963). This judgement appears to be supported by FREUDS definition of a major task of the ego as being to reconcile the often conflicting demands of the id, superego, and outside world, since reconciling conflicting trends is a central aspect of the synthetic function« (BELLAK et al. 1973, S. 243).

der Selbst-Beobachtung des Patienten angewiesen, die im Kontext einer eigentümlichen Beziehung (zum Analytiker) stattfindet. Sie setzt beim Patienten eine ausreichend entwickelte Fähigkeit zur Innenwahrnehmung voraus, die wiederum nur möglich ist, soweit das Ich verläßlich zwischen Innen- und Außenreizen zu unterscheiden vermag.

Dabei gehen der Deutung im engeren Sinn Konfrontationen und Klarifikationen voraus (vgl. GREENSON 1981, S. 51). Diese zu tolerieren, setzt beim Patienten wiederum ein gewisses Maß an Ich-Stärke und Frustrations- (vom Standpunkt des ich-gestörten Patienten: Kränkungs-)Toleranz voraus. Jede Deutung bleibt allerdings eine vom Therapeuten hinsichtlich des Inneren – der Innenbefindlichkeit – des Patienten formulierte Vermutung, mit deren Hilfe Sinnzusammenhänge hergestellt werden sollen, in die auch das bisher vom Patienten abgewehrte konflikthafte Erleben einbezogen werden soll. Die »Garanten der Deutung« (LAPLANCHE u. PONTALIS 1973, S. 410) sind dabei die freien Assoziationen des Patienten, die sich ergeben, soweit der Patient in der Lage ist, die Grundregel zu befolgen.

Der Analytiker formuliert Deutungen im Sinne von Mutmaßungen (vgl. BRENNER 1979, S. 57f.), in die vom Patienten gelieferte Informationen ebenso wie Empfindungen, Gefühle, Affekte, Assoziationen, Phantasien und Erinnerungen eingehen, die beim Analytiker während des Zuhörens ausgelöst worden sind. Und »da Mutmaßungen bewußte Ergebnisse der psychischen Tätigkeit des Analytikers darstellen, müssen sie wie alle anderen bewußten Ergebnisse ein Kompromiß zwischen den verschiedenen Kräften oder Tendenzen sein, die in der Psyche des Analytikers am Werke sind« (BRENNER 1979, S. 46). Das Wesentliche von Deutungen besteht demnach darin, daß sie

»auf der einen Seite determiniert (sind) durch äußere Reize, in diesem Falle durch Assoziationen und Verhaltensweisen des Patienten, und auf der anderen Seite durch das Zusammenspiel von Es-, Ich- und Über-Ich-Abkömmlingen und -bestrebungen beim Analytiker selbst. All unsere Erkenntnisse über die uns umgebende Welt sind das gleiche Gemisch aus selektiver Wahrnehmung [ARLOW 1969], Triebwünschen und den Konflikten, die solche Wünsche hervorrufen« (BRENNER 1979, S.46).

ARGELANDER diskutiert das Wesen einer Deutung noch unter einem weiteren Aspekt, nämlich dem zweier unterschiedlicher Organisationsformen,

»die in ihrem Zusammenspiel nicht gestört werden dürfen. Wenn wir von zwei Organisationsformen ausgehen dürfen, gehört die *Zusammenhangsbildung* zu der Organisationsform, die etwas mit der Sinnfindung zu tun haben muß, und nicht zu der, die durch Beurteilung eine Wahrheit feststellt. In erstaunlicher Weise trägt die psychoanalytische Grundregel dieser Tatsache Rechnung, weil sie die *Urteilsbildung* solange zurückhält, bis über eine Zusammenhangsbildung aus dem spontan geäußerten ›Material‹ Sinn und Bedeutung entstehen, die einer Beurteilung unterworfen werden können« (1982, S. 14; Herv.: A. H.-E., B. N.).

Der nach dem Prinzip »Deutung« operierende Therapeut bemüht sich darum, mit Hilfe von Schlußbildungen (vgl. HEIGL 1969; HEIGL-EVERS 1975) Daten, die er durch das Oszillieren zwischen Fremd- und Selbstbeobachtung erhalten hat, in einen plausiblen Zusammenhang zu bringen, bevor er diesen dem Patienten als Vermutung vermittelt. Die Bestätigung oder Nichtbestätigung deutender Äußerungen obliegt dann wiederum dem Patienten.

Klinische Beobachtungen lehren nun, daß bei strukturell ichgestörten Patienten weder das für das deutende Verfahren notwendige Arbeitsbündnis herzustellen ist noch die therapeutische Ich-Spaltung in ausreichendem Maße aufrecht erhalten werden kann. So fehlt oft die Fähigkeit zur Realitätsprüfung und damit verbunden die Fähigkeit, zwischen Innen- und Außenreizen zu unterscheiden. Deshalb führen die Eigenarten des »klassischen« Verfahrens, zu denen auch das »Verschwinden« des Analytikers als »Real«-Person gehört, bei solchen Patienten leicht zu tiefen und oft schwer bewältigbaren Formen einer Übertragungspsychose (KERNBERG 1978, S. 205 u. S. 208). Wichtige Ich-Funktionen, die das »klassische« Behandlungsarrangement *voraussetzt* –, sind also bei strukturell ich-gestörten Patienten nicht oder nur unzureichend vorhanden. Damit wird eine Regression *im Dienste* des Ich, die mit BELLAK, HURVICH und GEDIMAN (1973, S.180 u. S.191) ebenfalls als Ich-Funktion verstanden werden kann, oft unmöglich, während gehäuft maligne Regressionen auftreten (BALINT 1970).

Aus diesen Gründen ist es erforderlich, das Prinzip »Deutung« für solche Patientengruppen durch ein anderes Paradigma psychoanalytischer Psychotherapie zu ersetzen, womit wir das Prinzip »Antwort« meinen. Vorbild dieses Prinzips ist »die Mutter als Hilfs-Ich« (A. FREUD 1956, S. 1873). Denn analog zur Entwicklung des Kindes soll auch im Verlauf einer Therapie nach dem Prinzip »Antwort« Ich-Organisation in und durch Beziehung aufgebaut werden. In diesem Zusammenhang ist auch noch einmal an das Wissen zu erinnern, das Säuglingsforschern und Kinderanalytikern von SPITZ bis ANNA FREUD zu verdanken ist, und wonach

»... die Mutter für das Kleinkind nicht nur Quelle von Trost und Befriedigung und erstes Objekt seiner Gefühlsstrebungen ist, sondern darüber hinaus eine wichtige Rolle für die Ich-Bildung spielt. Es ist die Pflicht der Mutter, das Kind vor übermäßiger Reizzufuhr zu bewahren, bis es seinen eigenen Reizschutz aufgebaut hat. Nach dem Vorbild der Mutter, die die infantilen Wünsche verwaltet und zwischen Erfüllung, Versagung und Aufschub eine spezifische Balance hält, wird das kindliche Ich später seinen Umgang mit den eigenen Trieben formen. Die von ihr eingeführten Regeln und Gepflogenheiten organisieren die kindliche Wahrnehmung der Außenwelt und fördern den Erwerb von Ichfunktionen wie Zeitsinn und Gedächtnis. Ihr Wirklichkeitssinn dient dem Kind als Richtschnur, solange es die Realitätsprüfung nicht selbst vornehmen, das heißt zwischen Phantasie und Wirklichkeit unterscheiden kann« (A. FREUD 1956, S. 1874).

Es geht bei der psychoanalytisch-interaktionellen Therapie nach dem Prinzip »Antwort« also um eine Re-Organisation und teilweise auch um eine Erst-Organisation des Ich. Dabei orientiert sich der Therapeut am fiktiven Normal-Verhalten einer durchschnittlich »gesunden« Mutter. Er berücksichtigt aber implizit auch die Position des Vaters als drittem Objekt, und zwar insoweit sich der Therapeut nicht nur als ungeschiedenes »mütterliches« Objekt, sondern immer auch als *andersartiges* Objekt erfahrbar macht, das die Sicht des Selbst immer auch ein Stück relativiert und so zur Entstehung eines Referenzpunktes außerhalb der Dyade beiträgt.

Anders gesagt: Der »antwortende« Therapeut vertritt sowohl »mütterliche« wie »väterliche« Positionen, wenn er symbiotische Wünsche einerseits versteht, durch Vermittlung seiner authentischen Affektivität jedoch auch Elemente des Unerwarteten und Andersartigen in die Beziehung zum Patienten einführt und somit Chancen zur beginnenden Triangulierung anbietet. Damit überschreitet er die Position des nur-guten mütterlichen Primärobjekts, das heißt, er bewahrt das schwache Ich des Patienten vor der identitätsbedrohenden Angst, die bei Annäherung an symbiotische Wünsche im mit labilen Ich-Grenzen ausgestatteten Patienten *immer auch* mobilisiert werden kann.

Erst das Erleben von Andersartigkeit und, damit verbunden, das der eigenen Unvollständigkeit, das während der ödipalen Phase im Kontext der Triangulierungserfahrungen zur endgültigen Festigung der eigenen Geschlechtsidentität beiträgt, ermöglicht es dem Individuum, sich selbst und die Objekte in ihrer jeweiligen Eigenständigkeit und Unabhängigkeit zu begreifen und zu akzeptieren. Dies wiederum ist eine der Voraussetzungen für das Eingehen, Aufrechterhalten und Gestalten *personaler* Ganzobjekt-Beziehungen.

III

Die Literatur über Ich-Störungen und deren Behandlung hat inzwischen einen Umfang erreicht, der kaum noch zu überblicken ist. Bevor wir unseren eigenen Standpunkt – das Prinzip »Antwort« betreffend – näher ausführen, wollen wir deshalb stichpunktartig einige der Positionen referieren, die in der Literatur bereits vorliegen. Einige der grundsätzlichen Fragen im Zusammenhang mit einer adäquaten Behandlung strukturell ich-gestörter Patienten lassen sich nämlich anhand dieser ausgewählten Beispiele gut verdeutlichen.

FÜRSTENAU (1977) begrenzt die Indikation für eine »klassische«, mit Konfrontationen und Deutungen operierende Behandlung, die langfristig angelegt ist und hochfrequent, nicht fokussierend und die Entwicklung des Patienten begleitend durchgeführt wird, auf Neurosen, das heißt auf psychogene Störungen, bei denen - wie oben dargestellt - ein mehr oder minder ausgebildetes Normal-Ich mit (zwar beeinträchtigten, jedoch grundsätzlich verfügbaren) Ich-Funktionen vorausgesetzt werden kann. Diesen Krankheitsformen stellt FÜRSTENAU die von ihm so benannten »strukturellen Ich-Störungen« gegenüber, bei denen bestimmte Ich-Funktionen »defekt« bzw. nicht entwickelt seien.

Hierzu zählt er dissoziale, süchtige, perverse, narzißtische, psychosomatische und schließlich psychotische Pathologien.

FÜRSTENAU meint nun, daß Patienten mit derartigen Störungen auf das »klassische« Verfahren – beziehungsweise auf einen »spannungserhöhenden, konfliktaufdeckenden, konfrontierend-interpretierenden Umgang seitens des Analytikers« (1977, S. 201) – mit unterschiedlichen, im »klassischen« Setting jedoch nicht bearbeitbaren Formen der Ich-Dekompensation reagierten. Regressive Zusammenbrüche, psychosomatische Krisen, akute Wahnproduktionen, dissoziales und perverses Agieren oder ein offener oder verdeckter, durch narzißtische Kränkungserlebnisse motivierter Rückzug des Patienten führten deshalb häufig zum Scheitern solcher Therapien, die nach dem »klassischen« Behandlungskonzept durchgeführt werden. Derartige Notreaktionen zeigten an, daß das Standardverfahren kontraindiziert sei, möglicherweise sogar anti-therapeutische Effekte hervorrufe. Und da die genannten Dekompensationen nicht notwendig im direkten therapeutischen Kontakt – also während der Behandlungsstunde –, vielmehr oft nur zwischen den Stunden auftreten, seien sie schlecht, verspätet oder gar nicht erkennbar. Daher bestehe die Gefahr, daß eine nicht-(mehr)-indizierte Behandlung auch noch zu einem Zeitpunkt fortgesetzt werde, zu dem die maligne Regression längst eingesetzt habe, ohne vom Therapeuten erkannt worden zu sein. Nach FÜRSTENAU deuten solche seelischen Notreaktionen bei den betreffenden Patienten auf Ich-Defekte hin, die eine Aufhebung der therapeutischen Passivität beziehungsweise eine erhöhte Aktivität des Therapeuten erforderten. Aktives Loben bis hin zum Erteilen von Ratschlägen – »Kunstfehler« im Kontext des »klassischen« Verfahrens – wären spätestens jetzt notwendige Mittel der Wahl, sollte dem strukturell ich-gestörten Patienten in der Notsituation adäquat geholfen werden. Seinen Ansatz hat FÜRSTENAU seither elaboriert und wesentlich durch »systemische« Elemente erweitert (vgl. FÜRSTENAU 1992).

In einer Replik auf FÜRSTENAU (1977) merkt ARGELANDER (1977) an, daß auch im Kontext des »klassischen« Verfahrens stützende Interventionen in ausreichendem Maße durchzuführen seien. Und tatsächlich hat es immer wieder Analytiker (vgl. etwa BOYER 1985) gegeben, die die Auffassung vertraten, daß das FREUDsche Behandlungsparadigma, wenn es nur angemessen und flexibel gehandhabt werde, auch auf strukturell ich-gestörte Patienten erfolgreich angewandt werden könne. ARGELANDER weist zudem darauf hin, daß der entscheidende Ansatzpunkt einer Behandlung von Ich-Störungen in der Auflösung verinnerlichter pathologischer Objektbeziehungen bestehe; hinzu kämen Schritte der Verinnerlichung neuer, weniger konfliktreicher Objektbeziehungen.

CREMERIUS (1979a) stellt in seiner Arbeit mit dem Titel »Gibt es *zwei* psychoanalytische Techniken?« die historischen Hintergründe dar, die zur Modifikation des »klassischen« Behandlungsverfahrens geführt haben. Schon die von FREUD auf dem Berliner Kongreß 1922 vorgelegte Preisfrage, in welcher Weise sich die Technik und die Theorie der Psychoanalyse gegenseitig fördern könnten, zeigt an, daß man sich der Probleme, die wir heute noch immer diskutieren, frühzeitig bewußt war. FERENCZI und RANK (1924) hatten versucht, auf FREUDS Preisfrage eine erste Antwort zu geben, ein Beitrag, den ALEXANDER und FRENCH (1946) als einen der wichtigsten Ausgangspunkte der Diskussion zur Frage der Modifikation der Technik bezeichnet haben.

Die »klassische« beziehungsweise die »Einsichtstherapie« (CREMERIUS 1979a, S. 580), die auf FREUD zurückgeht, zeichnet sich durch Charakteristika aus, von denen wir einige vorstehend bereits erwähnt haben. Laut CREMERIUS zählt hierzu auch die *eingeschränkte* Regression, die im Falle einer »klassischen« Analyse nur bis zur Wiederbelebung der mit den inzestuösen Objekten verknüpften Wünsche, Phantasien und Affekte, nicht aber bis in die präverbale Zeit reiche. Das heißt, der Patient kann die auf der Erwachsenenebene angesiedelte Beziehung zum Therapeuten – neben der eingetretenen therapeutischen Regression – noch in vollem Umfang als solche erkennen und aufrecht erhalten. Hingegen resümiert CREMERIUS aus seiner Sicht das Prinzip der Behandlungsmodifikationen, die den »zweiten« Weg kennzeichnen, folgendermaßen: »Allen diesen Techniken ist gemeinsam, daß man den Patienten bis zu einem Punkt regredieren läßt, wo sein gestörtes, infantil-abhängiges Verhalten und die damit verknüpften primitiven Gefühle sich entfalten können« (1979a, S. 588).

Diese Bemerkung scheint im Widerspruch zur Auffassung zu stehen, daß bei den mit modifizierten Techniken zu behandelnden Patientengruppen »gefährliche« Formen der Regression zu erwarten und regressive Prozesse daher zu vermeiden seien. Vermutlich läßt sich der Widerspruch jedoch lösen, wenn man die Rolle des Therapeuten als haltender, stützender und antwortender Partner im Sinne der mütterlichen Präsenz und Hilfs-Ich-Funktionen betont. Unter dieser Voraussetzung wären eher Neuerfahrungen und ein dadurch ermöglichter Neuanfang anstelle maligner Regressionen zu erwarten.

Der »zweite« Weg der psychoanalytischen Technik beginnt laut CREMERIUS (wie übrigens auch laut FÜRSTENAU) mit FERENCZI. Die Behandlungskonzepte WINNICOTTS, BALINTS, MELANIE KLEINS, ALEXANDERS und anderer Analytiker, von denen viele zunächst als Dissidenten galten, die von den Bewahrern der »reinen« Technik bisweilen äußerst feindselig zurückgewiesen wurden, gehören zu den diesen »zweiten« Weg kennzeichnenden Entwürfen. Laut CREMERIUS zielen alle diese Entwürfe auf *emotionale Erfahrung* ab, der größeres Gewicht zugemessen wird als der bloßen »Einsicht« – eine Anspielung auf ALEXANDER und FRENCH (1946) und ALEXANDER (1950), die den Begriff der »korrektiven emotionalen Erfahrung« seinerzeit geprägt hatten.

Laut CREMERIUS beziehen sich die gemeinten modifizierten Behandlungsverfahren auf Erfahrungen der präödipalen Zeit, also auf die dyadische Beziehung zwischen Mutter und Kind vor der psychischen Präsenz oder zumindest vor der genügenden Verinnerlichung eines »Dritten«. Das Hauptaugenmerk richtet sich demnach nicht auf die Beziehung zum »Vater«, sondern auf die zur »Mutter«, die noch nicht als die Frau des Mannes wahrgenommen und akzeptiert wird, solange sich das Kind in symbiotischer Verschmelzung mit ihr erlebt.

Die Befriedigungsmöglichkeiten und Verstrickungen, aber auch der Mangel an symbiotischen Erfahrungen sind demnach das Thema der im Anschluß an FERENCZI modifizierten Behandlungsverfahren. Damit verbunden sind vor allem zwei Problemkreise: (1) Sind aufgrund fehlender mütterlicher Präsenz und Empathie schwere Ich-Defekte beim Patienten entstanden, so wären diese durch die »holding function« (WINNICOTT) des Therapeuten wieder auszugleichen. Und soweit (2) pathologische Verstrickungen mit dem primären Objekt vorhanden sind, wären diese erst aufzulösen, bevor der Patient an die Triangulierung seiner Sozialbeziehungen herangeführt werden kann.

Die Behandlung derart gestörter Patienten stellt spezifische

Anforderungen an den Therapeuten. Therapeuten, die aufgrund eigener unbewältigter symbiotischer Verschmelzungswünsche in der Gefahr stehen, Patienten als Selbstobjekte zu benutzen (und zu mißbrauchen), weil sie eigene Defizite kompensieren müssen, sind durch die Behandlung ich-gestörter Patienten gefährdet. Zwar sollte der Therapeut kontrolliert regredieren und auf präverbale Entwicklungsstufen (Erlebnismodi) bei sich selbst zurückgreifen können, um am »primitiven« Erleben des Patienten empathisch teilhaben zu können. Doch er muß auch verläßlich über reife Strukturen verfügen, die es ihm in einem weiteren Schritt erlauben, aus der passager vollzogenen symbiotischen Verschmelzung mit dem Erleben des Patienten wieder aufzutauchen. Diese reiferen Realitätsbezüge knüpft der Therapeut zunächst stellvertretend, bis auch der Patient zu solchen Schritten aus eigener Kraft in der Lage ist.

Die Technik der Deutung ist nach Ansicht einer Reihe von Autoren, die CREMERIUS anführt, bei der Behandlung strukturell ich-gestörter Patienten »unwichtig« oder gar »schädlich«. »WINNICOTT stellte fest, daß es nicht um Deutung des Verdrängten gehe, sondern um Entwicklung und Pflege von noch nie psychisch Repräsentiertem an einem guten mütterlichen Objekt« (1979a, S. 588).

Man wird an dieser Stelle wohl kritisch einwenden können, daß die metapsychologischen Begründungen, die für die modifizierten Techniken gegeben worden sind, oft nicht jene Klarheit und Stringenz erreichen konnten, die FREUDS Begründung für das »klassische« Behandlungskonzept auszeichnen. In eher »impressionistischer« Weise wurden emotionale Erfahrungen beschrieben, von denen die jeweiligen Vertreter der modifizierten Technik annahmen, sie förderten die Entwicklung des Patienten und dessen emotionales Wachstum. Doch selbst wenn eine zureichende metapsychologische Begründung im Einzelfalle noch oft fehlt, so scheinen die Einwände der von CREMERIUS zitierten Autoren, die die eingeschränkten Indikationsmöglichkeiten des »klassischen« Verfahrens betreffen, ausreichend durch klinische Erfahrungen abgesichert zu sein.

CREMERIUS beendet seine Arbeit mit dem Hinweis, daß die Frage noch nicht beantwortet sei, ob frühe Ich-Störungen heute deshalb häufiger diagnostiziert werden, weil ein besseres theoretisches Verständnis (Ich-Psychologie) und erweiterte empirische

Erkenntnisse (analytische Kinderbeobachtung) vorliegen; oder ob sie – unabhängig von diesem Wissenszuwachs – tatsächlich zugenommen haben könnten. Fest stehe lediglich, daß die meisten »Hysterie«-Fälle FREUDS[3] heute eher als Borderline-Fälle oder gar als Psychosen diagnostiziert werden würden (CREMERIUS 1979a, S. 595).

BLANCK und BLANCK (1978, 1980) beschreiben zwar keinen durchweg eigenständigen Ansatz zur Diagnostik und modifizierten Behandlung früher Ich-Störungen; sie bieten jedoch eine profunde Zusammenschau unterschiedlicher Beiträge zu diesem Thema, woraus sich in etwa die folgenden Gesichtspunkte ergeben:

(1) Das Angebot »realer« Interaktionen im Zusammenhang mit dem Problem der nachholenden Internalisierung bei ich-gestörten Patienten wird zunehmend als relevant anerkannt;
(2) konfrontierend-deutende Interventionen wären durch stützend-antwortende Interventionsstrategien zu ergänzen oder abzulösen;
(3) das »Hier und Jetzt« gewinnt gegenüber dem »Dort und Damals« zunehmend an Gewicht;
(4) Neu-Lernen tritt an die Stelle von Um-Lernen.

Es sind dies alles Abstraktionen, formelhafte Charakterisierungen, die, wie etwa die zuletzt genannte, nie die ganze Realität treffen können. So bemerken die Autoren selbst, daß etwa auch der schwerst gestörte schizophrene Erwachsene *kein* Kind mehr ist; daß er also – wie jeder andere Erwachsene – eine eigene Lern- und Internalisierungsgeschichte besitzt. Also kann es selbst in solchen Fällen nicht nur um Neu-Lernen im Hier und Jetzt, muß es vielmehr auch im Falle tief regredierter Patienten um die Bearbeitung der Vergangenheit gehen.

Nach Auffassung von BLANCK und BLANCK (1978, S. 24) hat der Therapeut, der früh gestörte Patienten behandelt, folgende Voraussetzungen besonders zu gewährleisten:

(1) Er muß sich besonders gut in dyadisch-symbiotische Prozesse einfühlen können, ein Vorgang, der herkömmlicherweise mit Begriffen wie Empathie und Intuition umschrieben oder auch als Regression des Therapeuten im Dienste des Patienten bezeichnet wird (vgl. NITZSCHKE 1984).

---

3 Dies gilt insbesondere für den Fall »Anna O.« (vgl. NITZSCHKE 1990).

(2) In seiner Biographie sollte der Therapeut aber auch über die erfolgreiche Bewältigung der Individuations-Trennungs-Schritte verfügen (vgl. MAHLER, PINE u. BERGMAN 1980), also über eine gefestigte Identität, die es ihm erlaubt, sowohl *angstfrei* partiell mit dem Patienten zu regredieren sowie sich *schuldfrei* aus symbiotischen Beziehungen wieder zu lösen.

Man könnte die Eigenschaften eines für die Behandlung früh gestörter Patienten besonders geeigneten Therapeuten natürlich auch anhand anderer Kriterien beschreiben. Da die Entwicklung des Ich innerhalb der therapeutischen Beziehung, das heißt die Möglichkeit der Verinnerlichung und Strukturbildung, in erster Linie von einer angemessenen Nähe-Distanz-Regulation abzuhängen scheint, wäre vom Therapeuten, der mit früh gestörten Patienten arbeitet, eine besonders gut entwickelte Fähigkeit zur Nähe-Distanz-Regulierung zu verlangen. Innerhalb der therapeutischen Beziehung müssen Nähe und Distanz zum Nutzen des Patienten nämlich so gesteuert werden, daß sich dieser weder mit zu ängstigender Nähe noch mit zu unerträglicher Distanz konfrontiert erlebt, beziehungsweise entsprechendes Erleben ausreichend vertrauensvoll ansprechen und gemeinsam mit dem Therapeuten bearbeiten kann. Die Aufrecherhaltung eines gleichmäßigen Oszillierens zwischen Nähe und Distanz wird also vom Therapeuten verlangen, dem oft abrupten Wechsel von Nähe und Distanz zu begegnen, der von seiten ich-gestörter Patienten zunächst zu erwarten ist. Soweit der Therapeut dies stellvertretend und modellhaft leisten kann – und zwar auch angesichts gefährdender emotionaler Stimulierungen durch den Patienten –, kommt er als ein Objekt in Betracht, das (oder die Beziehung zu ihm) dem Patienten strukturbildende Verinnerlichung ermöglicht.

Auch BLANCK und BLANCK erkennen den Ich-Bildungsprozeß als das wichtigste Ziel der Behandlung früh gestörter Patienten, während ihrer Ansicht nach eine »klassische« Psychoanalyse erst beginnen kann, wenn dieses Ziel erreicht ist. Von dieser Grundannahme ausgehend, kommen die Autoren zu der Auffassung, daß die *Technik* der »klassischen« Psychoanalyse für früh gestörte Patienten nicht zu verwenden sei, wohingegen die *Theorie* der Psychoanalyse auch für die modifizierten Techniken den »Grundstock des Wissens« (1978, S. 127) bilde.

Es geht BLANCK und BLANCK also darum, für die in Frage

stehenden Patienten eine angemessene Therapie zu finden, und zwar eine *an der psychoanalytischen Theorie orientierte Psychotherapie*, die sich vor allem auf ich-psychologische Erkenntnisse und auf Auffassungen zu stützen hätte, die der psychoanalytischen Entwicklungstheorie entnommen sind. Wenn die Autoren allerdings ihre Techniken der Förderung der Ich-Bildung beschreiben (1978, S. 351ff.), so fällt auch hierbei auf, daß sie ihre Darstellungen eher allgemein halten, also keine der »klassischen« Technik der Deutung entsprechend elaborierte metapsychologische Fundierung anbieten. Unter anderen nennen BLANCK und BLANCK die folgenden Behandlungsstrategien:

(1) *Ich-Unterstützung*: Damit ist die Stärkung des Ich im weitesten Sinne gemeint, die als Konsequenz einer normalen narzißtischen Besetzung (des Selbst des Patienten) angesehen wird und zur Erhöhung von dessen Selbstachtung und Selbstwertgefühl führen soll. Im Verlauf einer normalen kindlichen Entwicklung bietet die »überwiegend gute« Mutter (oder deren Internalisierung), die den primären infantilen Narzißmus ergänzt, modifiziert und zähmt, Gewähr für eine stabile narzißtische Besetzung. Durch derartige Interaktionen mit der Mutter verbindet sich der kindliche Narzißmus mit dem Objekt, wodurch er gleichsam »sozial« wird.

(2) *Verbesserung der Abwehrfähigkeit*: Diesen Punkt hatte schon FEDERN (1978) in Bezug auf die Behandlung schizophrener Patienten betont. Gegenbesetzungen müssen (wieder) hergestellt, reifere Abwehrmechanismen gestärkt oder erstmals entwickelt werden; Verdrängungen sind nicht aufzuheben, sondern zu stärken, denn die Ersetzung des frühen Abwehrmechanismus der Spaltung durch den der Verdrängung ist - worauf auch KERNBERG hinweist - bereits Bestandteil fortschreitender Entwicklung. Einen wesentlichen Schritt, durch den die Abwehrfähigkeit des Ich gestärkt wird, erkennen BLANCK und BLANCK in der Fähigkeit, Angst als Signal zu erleben und zu verwerten, so daß der Patient hinfort nicht mehr nur Panik erleben muß, der er sich hilflos ausgeliefert fühlt.

Neben Ich-Unterstützung und Verbesserung der Abwehrfähigkeit nennen BLANCK und BLANCK als weitere Behandlungsziele:

(3) die *Verbalisierung von Gefühlen und Affekten*, die an die Stelle wort-»losen« Kommunizierens zu treten hätte, wodurch auch der Wechsel vom primär-prozeßhaften zu sekundär-prozeßhaftem Denken gefördert werde;

(4) das *Üben der Ich-Funktionen* (ein Vorschlag, der verhaltenstherapeutischen Interventionsstrategien nahekommt, womöglich aber auch mit dem von FREUD in einem anderen Kontext erörterten »Durcharbeiten« etwas zu tun hat);
(5) die *Neutralisierung von Triebenergien* (De-Sexualisierung und Ent-Aggressivierung der Affekte in der Beziehung zum Therapeuten);
(6) die *Internalisierung* des Therapeuten als »vorwiegend gutes« Objekt.

Bei all dem wäre der *Schutz der Autonomie des Patienten* durchgehend zu gewährleisten. Dessen Selbstheilungspotentiale und gesunde Strebungen nach Abgrenzung und Selbstbehauptung wären auf allen Stufen des therapeutischen Prozesses zu beachten und zu fördern. Wie stark die Abhängigkeit des Patienten vom Therapeuten auch sein oder erlebt werden mag – stets hätte der Therapeut die Selbstverantwortung des Patienten vorauszusetzen und zu respektieren.

Seine Funktion erfüllt der Therapeut nach Ansicht von BLANCK und BLANCK in dem Maße, in dem er sich dem Patienten als »Entwicklungskatalysator« (1980, S. 129) zur Verfügung stellt. Damit unterscheide er sich von den Eltern des Patienten, die – in Gestalt verinnerlichter »verzerrter Objektbilder« – auch als »Konkurrenten« des Therapeuten (1980, S. 130) auftreten können. Eine der wichtigsten Aufgaben des Therapeuten bestehe weiter darin, sich im Verlauf der Interaktionen mit dem Patienten nicht in Wiederholungen zu verstricken, die der Patient aufgrund seiner verinnerlichten pathologischen Objektbeziehungen dem Therapeuten aufzwingen will, weil er auf diese Weise gemeinsam mit dem Therapeuten Interaktions-Vergangenheit agierend wieder herzustellen versucht. Im Sinne des unbewußten Bedürfnisses des Patienten hätte der Therapeut die Rolle eines »früheren« (pathologisch interagierenden) Objekts zu übernehmen. Wenn der Therapeut diesen Abwehrmechanismus der projektiven Identifikation (vgl. OGDEN 1982) erkennt und ihn – jetzt für *therapeutische* Zwecke nutzend – aufgreift, kann er damit die Überwindung dieses Zwanges zur Wiederholung pathologisch organisierter Beziehungen einleiten.

Gelingt es dem Therapeuten also, sich aus der als Umklammerung und Druck erlebbaren projektiv-identifikatorischen Beziehung zum Patienten wieder zu lösen, nachdem er deren *Sinn* verstanden hat, kann er ein in Teilen *verändertes* Interaktionsangebot machen, durch das sich – metaphorisch gesprochen – auch das pathologische Objekt in Teilen verändert. Auf diesem Wege werden emotionale Interaktionserfahrungen möglich, die für den Patienten *neu* sind und die von BLANCK und BLANCK als »reparative Erfahrungen« (1980, S. 131) bezeichnet werden.

Bedürfnisbefriedigungen sind nach BLANCK und BLANCK im Verlauf einer Behandlung ich-gestörter Patienten begrenzt und überlegt zu gewähren, soweit sie der Entwicklung des Patienten förderlich sind, was allerdings jede Art von Mißbrauch der Bedürftigkeit des Patienten ausschließt. Befriedigungsformen, die den Patienten in einer infantil-regressiven Anspruchshaltung festhalten oder pathologisch organisierte narzißtische Phantasien bestätigen, sind zu vermeiden. Die primitive und verzerrte Weise, in der der Patient, seiner ungenügenden Trennung von Selbst- und Objektrepräsentanzen entsprechend, den Therapeuten wahrnimmt, wäre schrittweise zu korrigieren. Alles, was einer realistischeren – auf Trennung beruhenden – Wahrnehmung der Person des Therapeuten durch den Patienten nützt, gilt als therapieadäquat; alles, was solche Wahrnehmungsmöglichkeiten beeinträchtigt und schwächt, gilt als ungeeignet, die Entwicklung des Patienten zur differenzierten Selbst- und Fremd-Wahrnehmung zu fördern.

Soweit das Streben des Patienten nach Autonomie und Trennung auch Formen aggressiven Ausdrucks beinhaltet, die dem entwicklungsgemäßen Unabhängigkeitsstreben eines Kindes entsprechen, hat der Therapeut derlei aggressive Äußerungsformen zu tolerieren. Zu diesem Zweck muß er destruktive Formen der Aggressivität von »gesunden« Formen, die Ausdruck der Selbstbehauptung sind und den Trennungs- und Individuationsprozeß begleiten, unterscheiden können. Phasenadäquate Autonomieschritte dürfen demnach nicht mit Widerstandsphänomenen (im Sinne der »klassischen« Neurosentheorie und -behandlung) verwechselt werden. Ein zu sehr im »klassischen« Modell befangener Analytiker könnte jedoch leicht »gesundes« Autonomiestreben seiner Patienten als Ausdruck von »Widerstand« mißverstehen und – diesem Mißverstehen entsprechend – zu Interventionen greifen, die dann den Entwicklungsprozeß des Patienten blockieren müssen.

Die immer wiederkehrenden Fragen, die sich im Verlauf der Behandlung früh gestörter Patienten stellen, lauten in der Formulierung von BLANCK und BLANCK, »ob, wann, warum und wie der Analytiker die Rolle des Real-Objekts für sich akzeptiert, ob einer ›Hier und Jetzt‹-Interaktion ein korrigierender oder reparativer Wert beizumessen ist« (1980, S. 139).

BLANCK und BLANCK fassen die Behandlungsstrategie bei Ich-Störungen schließlich folgendermaßen zusammen: »Es wird nach einer *Erklärung* für Entwicklungsschäden gesucht, und diese Technik wird der Konfrontation oder Deutung vorgezogen. Deutung und vor allem das Erregen von Wut, insbesondere wenn ein Bedürfnis nach positiver affektiver Verbindung besteht, sind zu Beginn der Behandlung kontraindiziert« (1980, S. 203).

Zur Gewährleistung einer adäquaten Behandlung sind nach Auffassung der Autoren die Entwicklungsdefizite (der Ich-Bildung, der Ich-Funktionen und damit verbunden auch der Objektbeziehungen) diagnostisch möglichst genau abzuklären. Eine (Objekt-)Beziehungsdiagnostik, die sich aus einer Analyse der Übertragungs- und Gegenübertragungsreaktionen ergibt, ist hierfür von besonderer Bedeutung, während die *Symptom*diagnostik vergleichsweise weniger Aufschluß gibt.

Abschied sollte auch genommen werden von allzu statischem oder eindimensionalem Denken. Da eine Entwicklungspathologie in den meisten Fällen nicht aufgrund von Defiziten während nur *einer* Phase erworben wird, vielmehr durch mehrere (Sub)-Phasen-Defizite begründet ist, wäre die »klassische« psychoanalytische Technik – soweit sie nur die ödipalen Konflikte im Auge hat – generell kritisch zu hinterfragen. Außerdem können »psychische Strukturen ... nicht länger als geschlossenes System betrachtet werden, und deshalb tritt der Analytiker in dieses System als etwas anderes denn als Deuter ein ...« Schließlich gelte, daß es »bei allen psychischen Störungen«, also auch bei »klassischen« Neurosen, »Fehlbildungen der Ich-Organisation« gebe, »die per Deutung nicht adäquat zu behandeln« (1978, S. 248) seien. Speziell für die Behandlung früh gestörter Patienten schlagen BLANCK und BLANCK »Eingriffe« des Therapeuten in die pathologische Struktur (der verinnerlichten Objektbeziehungen) des Patienten vor. Durch reale Interaktionen zwischen Therapeut und Patient, durch selektive Identifizierung des Patienten mit dem Therapeuten und vor dem Hintergrund einer durchgängig wohlwollend-akzeptierenden Grundhaltung soll es zu den erwünschten Veränderungen kommen. Fortgesetzte »neue«, den stereotypen Objekterwartungen des Patienten *widersprechende* Erfahrungen sollen zur allmählichen Korrektur der negativen Selbst- und Objektbilder des Patienten führen.

Wenn es dem Therapeuten gelingt, für den Patienten im positiven Sinn real erfahrbar zu werden, wären innerseelische Umstrukturierungen zu erwarten, die zunehmend zur Unterscheidung zwischen Vergangenheit und Gegenwart, also eine zunehmende Unterscheidungsfähigkeit hinsichtlich des vergangenen (primären) und aktuellen (therapeutischen) Objekts, schließlich eine zunehmende Differenzierung zwischen Selbst(-) und Objekt (-Repräsentanzen) ermöglichen. Damit komme es auch zur Verbesserung der Realitätsprüfung und zur besseren Sicherung der Ich-Grenzen. Die Lösung vom pathologischen Primärobjekt und die Auflösung der bisherigen verinnerlichten pathologischen Objektbeziehungen (die den pathologischen Interaktionsstilen des Patienten zugrunde liegen) sollten dann auch von einer stabileren libidinösen Besetzung des Selbst und somit von einer zunehmend autonomer werdenden Regulation des Selbstwertgefühls begleitet sein. Als weitere Zielsetzungen der Behandlung ich-gestörter Patienten wären eine verbesserte Affektdifferenzierung (HEIGL-EVERS u. HEIGL 1984, S. 238f.) und bessere Impulskontrolle anzustreben, womit eine Erweiterung der Objektbeziehungen über das frühe dyadische Muster hinaus einhergeht.

Fassen wir das Gesagte noch einmal zusammen, so hätte der Therapeut bei der Behandlung früh gestörter Patienten nach BLANCK und BLANCK insbesondere die folgenden Angebote zu machen:

(1) er hätte im Sinne einer »holding function« ein grundsätzlich wohlwollendes Klima gegenüber dem Patienten zu gewährleisten;
(2) er dürfte die (aufgrund der verinnerlichten Beziehungspathologie zu erwartende) Feindseligkeit des Patienten nicht erwidern;
(3) er sollte beim Fortschreiten der Behandlung zwischen den zu erwartenden feindseligen Reaktionen als Ausdruck pathologischer Objektbeziehungen einerseits und den gesunden, entwicklungsadäquaten Formen aggressiver Selbstbehauptung (die den Loslösungsprozeß im Sinne MAHLERs begleiten), unterscheiden können und dürfte die Aggressivität, die der wachstumsfördernden Trennung dient, nicht entmutigen oder gar bestrafen;
(4) er sollte dem Patienten immer wieder zugänglich und erfahrbar machen, daß der Therapeut *anders* reagiert, als es der Patient im Sinne

seiner verinnerlichten pathologischen Objekte erwarten muß, und diese Unterscheidungsmöglichkeit auch während jener Phasen der Therapie fördern, in denen der Therapeut vorübergehend Primärobjekt-Funktionen übernommen hat;
(5) er sollte die diagnostische Bestimmung der Fehlbildungen der Ich-Organisation und der Subphasendefizite während des Behandlungsprozesses immer wieder von neuem vornehmen, da das erstmalige oder (bei vorausgegangener Ich-Regression) erneute Erreichen von Entwicklungsstufen so genau wie möglich zu verfolgen ist;
(6) er sollte bei aller wohlwollenden Bereitschaft, den Patienten zu akzeptieren, dennoch auf eine optimale, wachstumsfördernde Frustration achten, um den Patienten nicht länger als notwendig auf bestimmten Entwicklungsstufen festzuhalten, da erst die optimale Frustrierung primär-dyadischer Wünsche und Befriedigungsformen die schrittweise Verinnerlichung und Autonomie beim Patienten fördert (und der Patient vom Therapeuten als einem »Real«-Objekt erst dann unabhängig wird, wenn es zu strukturbildenden Verinnerlichungen kommt);
(7) er sollte die entwicklungsfördernden Prozesse bei der Behandlung strukturell ich-gestörter Patienten zunächst ausschließlich durch erklärend-antwortende Interventionen, nicht aber durch konfrontierend-deutende Strategien einleiten;
(8) er sollte den Patienten erst dann, wenn dieser ein relativ reifes (ödipales, neurotisches) Funktionsniveau erreicht hat, mit Deutungen konfrontieren, die erst jetzt, aufgrund der entwickelten Ich-Organisation und der jetzt verfügbaren Ich-Funktionen (zum Beispiel: Realitätsprüfung), verstanden und sinnvoll verwertet werden können.

KERNBERG (1978) hat eine Modifikation der »klassischen« Technik für eine spezielle Gruppe strukturell ich-gestörter Patienten vorgeschlagen, nämlich für Borderline-Patienten. Da KERNBERG auch die Technik der Deutung einbezieht, spricht er von *psychoanalytisch orientierter Psychotherapie*. KERNBERGS Technik im Umgang mit Borderline-Patienten, die er neuerdings komprimiert und an vielen Beispielen erläutert hat (KERNBERG 1993), ist im Vergleich zum »klassischen« Standardverfahren stärker strukturierend und fokussierend. Die besondere Aufmerksamkeit des Therapeuten richtet sich dabei auf jene Ich-Zustände und Objekt-Relationen, die der Patient aktiv aus der therapeutischen Beziehung herauszuhalten (»abzuspalten«) versucht, um sie statt dessen in Form von Agieren außerhalb der Behandlungsstunden zu aktualisieren. Diese Abspaltung ist umso eher zu erwarten, je stärker sich die Behandlung am »klassischen« Standardverfahren orientiert, je mehr die Behandlung also durch geringe Strukturierung und durch die Neutralität des Therapeuten geprägt wird. Unter solchen Umständen sind wegen der unspezifischen Ich-Schwäche der Patienten verstärktes Agieren (insbesondere der Triebkonflikte) und/oder regressives Abgleiten (möglicherweise auch im Sinne einer Übertragungspsychose) zu befürchten. Dies gilt um so mehr, als der Abwehrmechanismus der Spaltung *der* zentrale Abwehr- und Schutzmechanismus bei Borderline-Patienten ist. Für die von KERNBERG vorgeschlagene Behandlungsmodifikation bei Borderline-Patienten sind die folgenden Punkte wesentlich:

(1) ein konsequentes Herausarbeiten der manifesten und latenten negativen Übertragungsanteile (also jener Feindseligkeit, die den verinnerlichten pathologischen Objektbeziehungen entspricht);
(2) die Konfrontation mit den und deutende Bearbeitung der pathologischen Abwehrformen, wie sie im Kontext der negativen Übertragung auftreten;
(3) die klare Strukturierung des therapeutischen Settings durch aktive Maßnahmen des Therapeuten, wodurch vor allem das Agieren in der Therapie – besonders im Hinblick auf nicht-verbale Formen der Aggression – eingeschränkt werden soll (so kann der Therapeut den Patienten darauf hinweisen, daß er nur unter bestimmten Bedingungen bereit ist, die Behandlung fortzuführen);
(4) eine weitere Strukturierung durch Rahmenbedingungen (wie sie eine teilstationäre Behandlung gewährleistet) ist unter Umständen indiziert, wenn dem für Borderline-Patienten typischen Agieren außerhalb der Behandlungsstunden nicht anders begegnet werden kann;
(5) die selektive Fokussierung auf solche Problemkreise und Abwehrformen, die das Ich des Patienten besonders schwächen und die Realitätsprüfung stark beeinträchtigen, ist anzuraten;
(6) die Nutzung der positiven Übertragung zu therapeutischen Zwecken ist vorgesehen (Vermeidung eines zu frühzeitigen deutenden Ansprechens dieses Beziehungsaspekts);
(7) schließlich empfiehlt KERNBERG die aktive Förderung aller *realen* (nützlichen) Objektbeziehungen, die der Patient in der Außenwelt zur Verfügung hat, weil dadurch der Realitätskontakt und die Triebregulation erleichtert werden.

Zusammenfassend heißt es bei KERNBERG zu der von ihm empfohlenen Behandlungsmodifikation:

»Die hier für Borderline-Patienten vorgeschlagene spezielle Form von aufdeckender, psychoanalytisch orientierter Psychotherapie unterscheidet sich als Behandlungsverfahren von einer klassischen Psychoanalyse darin, daß man es nicht zu einer Entfaltung einer vollständigen Übertragungsneurose kommen läßt und auch die Übertragung nicht allein mit den Mitteln der Deutungstechnik aufgelöst wird« (1978, S. 129).

Aufdeckend-analytisch sei das Verfahren, fährt KERNBERG fort, insoweit unbewußte Faktoren berücksichtigt werden und Deutungen, besonders hinsichtlich der negativen Übertragungsanteile, eine Rolle spielen. Die Modifikation des »klassischen« Settings ergebe sich vor allem aus der Notwendigkeit, das zu erwartende Agieren des Patienten unter Kontrolle zu halten. Dabei spielen stützende, fokussierende und sonstige vom Therapeuten aktiv vertretene Interventionen, die dem Patienten bei der Strukturierung der Realität helfen sollen (etwa im Hinblick auf die Stundenfrequenz oder auf die Sozialbeziehungen außerhalb der Behandlung), eine wesentliche Rolle.

Zur Klärung realer Probleme könne der Therapeut auch indirekte oder direkte Ratschläge erteilen. Weiterhin plädiert KERNBERG für eine Behandlung, die im *Gegenüber-Sitzen* durchgeführt wird, weil so die Realitätswahrnehmung des Patienten gestützt und allzu tiefe Regressionsneigungen eingeschränkt würden. Während der gesamten Behandlungszeit sei die fortschreitende Ich-Stärkung des Patienten die Leitlinie.

Die zentrale Störung des Borderline-Patienten kann im Sinne der Entwicklungstheorie von MAHLER, PINE und BERGMAN (1980) auf die Trennungs-Individuationsproblematik zurückgeführt werden. Metapsychologisch betrachtet liegt eine ungenügende Integration der »guten« und »bösen« Selbst- und Objektrepräsentanzen vor, die nicht zu realistischen Selbst- und Objektbildern weiterentwickelt werden konnten. Der Abwehrmechanismus der Spaltung dient der Separierung und Aufrechterhaltung jeweils unterschiedlicher Ich-Zustände und Teil-Identifikationssysteme, die aktiv auseinandergehalten werden müssen, damit, wie KERNBERG meint, die »guten« inneren Objekte vor der Zerstörung durch die »bösen« geschützt werden können. Dieser Schutzmechanismus beeinträchtigt jedoch gleichzeitig den Fortschritt zur angestrebten Integration der Selbst- und Objektbilder und macht somit eine reifere Sicht – beziehungsweise ein reiferes Erleben –

der eigenen und der fremden Person unmöglich. Die seelischen Strukturen – sowie das Erleben und Wahrnehmen – bleiben aufgrund der beschriebenen pathologischen Ausgangsbedingungen »primitiv«. Deutungen lösen immer dann intensive Angst aus, wenn der Therapeut zwei bisher vom Patienten aktiv getrennt gehaltene Ich-Zustände *gleichzeitig* anspricht. Deutungen, die sich nur auf ein Teil-Identifikationssystem beziehen, können hingegen angstfreier toleriert und verarbeitet werden.

In einer späteren Arbeit hat sich KERNBERG (1981) bemüht, die »klassische« Triebtheorie und die mit ihr verbundene psychoanalytische Affekttheorie mit ich-psychologischen, entwicklungspsychologischen und objektbeziehungstheoretischen Konzepten zu verbinden. KERNBERG ist damit einer der wenigen zeitgenössischen psychoanalytischen Autoren, die sich ausführlich mit der Frage beschäftigen, ob und wie die »klassisch«-metapsychologischen Begründungen der Psychoanalyse mit neueren klinischen Erfahrungen und neueren Theorieansätzen zu verbinden seien. KERNBERGS Bemühen könnte man deshalb auch als einen Versuch interpretieren, Spaltungen in der Theorie und Praxis der Psychoanalyse durch Integration theoretischer Konzepte zu überwinden.

Bei anderen Autoren besteht demgegenüber oft die Tendenz, die »klassische« Metapsychologie insgesamt für obsolet zu erklären (vgl. etwa SCHAFER 1976; zusammenfassend MERTENS 1981; THOMÄ u. KÄCHELE 1985). Handlungssprachtheoretische, informationstheoretische oder andere Theorien sollen FREUDS metapsychologische Modellvorstellungen ersetzen (zur Kritik an diesem Vorgehen, die »Hexe« Metapsychologie abermals zu verbrennen: vgl. NITZSCHKE 1990).

ROHDE-DACHSER (1982) hat – einem Vorschlag von SPITZER und ENDICOTT (1979) folgend – schizotypische Persönlichkeiten und Borderline-Störungen im engeren Sinne unterschieden, Kategorien, die inzwischen auch im DSM-III bzw. DSM-III-R enthalten sind, und versucht, dieses Konzept für eine psychodynamische Sichtweise fruchtbar zu machen.

Bei schizotypischen Persönlichkeiten sei die Grenze zwischen Innen und Außen unsicher, woraus sich deren magisch-phantastische Einheitserlebnisse verstehen ließen. Von solchen Patienten werde die Projektion als Hauptabwehrmechanismus benutzt. ROHDE-DACHSER empfiehlt, die Behandlung dieser Patienten im

Sitzen durchzuführen, weil dadurch die Realitätswahrnehmung unterstützt wird. Das therapeutische Ziel bestehe in der Entwicklung »realer« Objektbilder, die an die Stelle der vorhandenen projektiv-verzerrten Objektbilder zu treten hätten. Es geht also um die Trennung von Innen und Außen, von Subjekt und Objekt, das heißt, um die Konstituierung von »Realität«. Um dieses Ziel zu erreichen, muß der Therapeut dem Patienten »*Wirklichkeit erklären*«, wobei er sich selbst »als reale Person zur Verfügung stellt« (1982, S. 17). Dies geschieht, indem der Therapeut die Weltsicht des Patienten zwar zur Kenntnis nimmt, ihr jedoch seine eigene Realitätsauffassung entgegensetzt, etwa mit der Bemerkung: »Vielleicht ist es wichtig für Sie zu hören, wie ein anderer diese Dinge sieht. Ich selbst erlebe im Augenblick ...« (1982, S. 17). Durch solche Interventionen sollen die projektiv-verzerrten Wahrnehmungen des Patienten mit einer anderen Wahrnehmungs*möglichkeit* konfrontiert werden, so daß der Patient seine bisherige Weltsicht korrigieren kann, wenn er dies denn will. Darüber hinaus soll die Mitteilung authentisch erlebter Gefühle seitens des Therapeuten dem Patienten Möglichkeiten zur korrektiven emotionalen Erfahrung bieten, wodurch sich unbewußte Objekterwartungen und bewußte, aber verzerrte Objektwahrnehmungen verändern könnten.

Bei den Borderline-Störungen im engeren Sinne stehen nach Ansicht ROHDE-DACHSERS die Spaltung als Abwehr und das wechselnde Agieren unterschiedlicher Ich-Zustände und dissoziierter Ich-Segmente im Mittelpunkt der Pathologie. Hingegen sei in diesen Fällen die Grenze nach außen als stabil anzunehmen. Das Ziel der Behandlung bestehe demnach in der Integration bislang dissoziierter Ich-Segmente. »Der Therapeut muß wissen, daß der Patient regelhaft nur mit einem Teil seiner Persönlichkeit mit ihm Kontakt aufnimmt, während er einen anderen Teil von sich abspaltet, um dann vielleicht den Ich-Zustand zu wechseln und aus einer entgegengesetzten Position heraus zu agieren und zu reagieren« (1982, S. 17). Deshalb sollte der Therapeut stellvertretend für den Patienten die vermutlich abgespaltenen Persönlichkeitsanteile vor Augen haben. »Die entscheidende Intervention lautet dann: ›Diesen oder jenen Zug haben Sie *auch*‹, wobei dieses therapeutische ›Auch‹ anfangs scharf mit dem ›Entweder-Oder‹ kontrastiert, durch welches der Patient sich selbst und seine Objekte zu klassifizieren versucht« (ebd.).

Für beide Störungsformen (schizotypische Persönlichkeit und Borderline-Persönlichkeit im engeren Sinne) wird eine niedrigfrequente Stundenzahl in der Vis-à-Vis-Situation vorgeschlagen. Dadurch soll zu intensive, den Patienten ängstigende Nähe vermieden werden. Die durch die Struktur dieses Settings vermittelte Distanz schützt den Borderline-Patienten nicht nur vor der von ihm leicht als gefährlich erlebten dyadischen Nähe, sondern auch vor zu heftigen aggressiven Durchbrüchen, mit denen er oft auf die als gefährlich erlebte Nähe reagiert.

In bezug auf die Beziehung zu solchen Patienten heißt es bei ROHDE-DACHSER, sie könnten bei Therapeuten Omnipotenzphantasien aktivieren, die rechtzeitig zu erkennen seien, damit sie den Behandlungsverlauf nicht negativ beeinflussen. Bei einer stationären Behandlung muß besonders darauf geachtet werden, daß es nicht zum Mit-Agieren des Pflegepersonals kommt. Die entsprechenden Patienten verfügen nämlich in hohem Maße über die Fähigkeit, ihre innere Problematik dadurch in Schach und der therapeutischen Veränderung fernzuhalten, daß sie die Konfliktpotentiale anderer Menschen (also auch die des Teams) sensibel wahrnehmen und aktivieren, um so das eigene Konfliktgeschehen in Schach zu halten und es doch stellvertretend durch andere Menschen darstellen zu lassen.

KOHUT (1973) hat ebenfalls ein modifiziertes Verfahren psychoanalytischer Intervention beschrieben, das er für die Behandlung narzißtischer Persönlichkeitsstörungen vorschlägt, die eine weitere Untergruppe strukturell ich-gestörter Patienten bilden. KOHUT meint, daß es bei jedem Menschen ein narzißtisches Urstadium mit entsprechenden Wünschen gebe, das im Verlauf der Entwicklung durch die in der Beziehung zwischen dem Kind und der Mutter auftretenden unvermeidbaren Frustrationen notwendigerweise beendet werde. Wenn dieser Prozeß der Erziehung zur Realität ohne Traumatisierungen verläuft, so fördert er die Entwicklung, die Strukturierung und schließlich die weitgehende Trennung des Kindes von der Mutter als seinem Selbst-Objekt. Das Kind lernt so eigene Begrenzungen (aber auch die des Objekts) kennen und wird damit an eine realitätsgemäße Sicht der Welt (des Selbst und der Objekte) herangeführt.

Nach Ansicht KOHUTS sind die idealisierten Elternimagines und das grandiose Selbst des Kindes vorläufige, jedoch entwicklungsgemäße Zwischenschritte auf diesem Weg zur Wahrnehmung der Realität des Selbst und der Objekte. Sie können als Kompensationen für den Verlust der primär-narzißtischen Ausgangssituation verstanden werden. Die verlorene Vollkommenheit des Ausgangsstadiums der narzißtischen Ur-Einheit wird also während eines Übergangsstadiums ersatzweise und imaginär den Eltern und/oder dem Selbst zugeschrieben. Diese narzißtischen Bildungen werden in einem späteren Entwicklungsstadium schrittweise abgebaut, bis endlich die realistischen Selbst- und Objektbilder akzeptiert werden können. Dies geschieht im Verlauf eines Prozesses, der von optimal bewältigbaren Frustrationserlebnissen begleitet wird und an dessen Ende eine realistische Wertschätzung des Objekts und eine weitgehend autonome Selbstwertregulierung die früheren archaischen narzißtischen Strukturen abgelöst haben.

Der »gesunde« Narzißmus im Sinne KOHUTS – das heißt, der realitätsgerechte Stolz eines Menschen und die erhaltene Fähigkeit zur realitätsgerechten Bewunderung der Fähigkeiten und Leistungen anderer Menschen – wäre demnach als das Resultat einer *Reifung* und Modifikation archaischer Grandiositäts- und Idealisierungsphantasien zu verstehen. Ergänzend hierzu hat KOHUT allerdings immer wieder darauf hingewiesen, daß alle, also auch »reife«, Menschen zeitlebens in einem gewissen Umfang auf die Anerkennung durch andere Menschen angewiesen bleiben, es eine vollkommene narzißtische Bedürfnislosigkeit (Unabhängigkeit von der Bewunderung und Akzeptanz durch andere) nicht geben kann – es sei denn als Wahnvorstellung.

Wird der skizzierte Reifungsprozeß, den der Narzißmus gemäß der Theorie KOHUTS im Normalfall durchläuft, durch traumatisierende Erfahrungen mit dem (den) Selbstobjekt(en) unterbrochen (oder wird das Kind von einem gestörten Elternteil auf einer Stufe vermeintlicher narzißtischer Vollkommenheit festgehalten, weil es in dieser Gestalt für Kompensationszwecke seitens dieses Elternteils gebraucht wird), so bleibt die Entwicklung realistischer Selbst- und Objektbilder blockiert. Werden also die Idealisierungsbedürfnisse des Kindes (in bezug auf das Selbst und/oder die Objekte) *traumatisch* frustriert oder reifungsinadäquat fixiert, so bleiben die narzißtischen Strukturen in ihrer archaischen Gestalt erhalten.

Im Verlauf einer Behandlung lassen sie sich in Form typischer Übertragungskonstellationen (Spiegelübertragung als Wiederbelebung des grandiosen Selbst; idealisierende Übertragung als Rückkehr zur idealisierten Eltern-Imago) wiederbeleben. Hat sich eine solche Übertragung im Verlauf der Behandlung eines narzißtisch gestörten Patienten ausgebildet, so sollte der Therapeut nach Ansicht KOHUTS dieses Übertragungsangebot über längere Zeit hinweg annehmen und die damit einhergehenden Idealisierungen (seiner Person, der des Patienten und/oder der Beziehung) akzeptieren. Dies gilt als entwicklungsförderndes Zwischenstadium, das erst allmählich und schrittweise durch optimale Frustrationen zu begrenzen und zu beenden wäre. Während dieser Phase der narzißtischen Übertragung ist der Patient besonders anfällig für narzißtische Kränkungen (Verletzungen). Hierauf sollte der Therapeut achten, da Kränkungen seitens des Selbstobjekts, zu dem der Therapeut jetzt geworden ist, leicht zum narzißtisch motivierten Rückzug – in diesem Falle: zum Rückzug aus der Therapie – führen können. Schwere Kränkungen und/oder Enttäuschungen führen zu narzißtischer Wut und damit zu aggressivem Agieren in Form von Selbst- oder Fremddestruktion, zu psychosomatischen Krisen oder zu anderen Konsequenzen der infolge der Kränkung eingetretenen Selbstfragmentierung. KOHUT weist deshalb darauf hin, daß der Therapeut behutsam im Hinblick auf die narzißtische Bedürftigkeit (und Kränkbarkeit) des Patienten zu sein habe. Die narzißtische Übertragung soll deshalb auch nicht zu früh durch Deutungen gestört werden, zumal Deutungen unter der Bedingung der spezifischen Problematik dieser Patienten leicht als feindselige, verletzende oder aggressive Akte erlebt werden können.

Die Objektabhängigkeit narzißtisch gestörter Menschen, die als überstarke Abhängigkeit von der narzißtischen Zufuhr durch das Objekt verstanden werden kann, besteht, solange der Patient aufgrund seiner spezifischen Störung keine ausreichend stabilen narzißtischen Besetzungen vornehmen konnte. Werden im Verlauf der Therapie die Abwehrformationen gelockert, die sich gegen schamvoll verborgene Größenphantasien gerichtet haben, so können sie vom Patienten in der narzißtischen Übertragung erlebt werden. Die Selbstwertregulation hängt nun vorübergehend von der Beziehung zum Therapeuten als dem Selbstobjekt ab. Während dieser Phase übernimmt der Therapeut nicht nur Hilfs-Ich-Funktionen (im Sinne phasenspezifischer Bemutterung), sondern vor allem auch Schutzfunktionen in jenen Bereichen, in denen der Patient mit Beschämungserlebnissen als Folge der Exhibition unrealistischer Größenphantasien bedroht ist.

Die Widerstände, die während der Behandlung narzißtischer Persönlichkeitsstörungen auftreten, sind vor allem durch den regressiven Wunsch des Patienten motiviert, mit dem Therapeuten grenzen-»los« zu verschmelzen. Dabei besteht gleichzeitig Angst vor dem Verlust des Selbst, der eintreten könnte, wenn die Beziehung zum Selbstobjekt in Frage gestellt würde. Eine der therapeutischen Aufgaben besteht im Durcharbeiten dieser Verlustangst, die sich auf das narzißtisch besetzte Objekt und/oder die eigene Grandiosität bezieht. Im Verlauf dieses Prozesses kommt es auch zum Wiedererinnern und Wiedererleben narzißtischer Verletzungen, die in der Beziehung zu den Selbstobjekten in der Vergangenheit aufgetreten sind. Die vormaligen kompensatorischen Versuche, solche Verletzungen zu bewältigen, führten zur Fixierung und anschließenden Abspaltung archaisch-narzißtischer Konfigurationen.

In dieser Gestalt erscheinen sie in der Therapie, durch die sie sodann im Sinne KOHUTS einer Nachreifung zuzuführen wären. Ist zum Beispiel die Reaktivierung des grandiosen Selbst des Patienten gelungen, so sollte der Therapeut den damit auftretenden Exhibitionismus des Patienten über längere Zeit hinweg tolerieren, bevor das narzißtische Selbst-Bild des Patienten durch selektive Antworten in Richtung einer realistischeren Selbstwahrnehmung allmählich eingegrenzt werden kann. Allerdings richtet sich der Widerstand des Patienten lange Zeit gerade auch *gegen* die Offenlegung exhibitionistischer Wünsche, soweit diese Schamgefühle auslösen. Sind die Grandiositätsphantasien in die Übertragung eingegangen, sollte der Therapeut als Echo und Spiegel reagieren, um die – latent schwache – Kohärenz des Selbst des Patienten zu stärken. In dem Maße, in dem das Selbst des Patienten an Stärke (Verläßlichkeit seiner Besetzungen) gewinnt, kann der Patient die schrittweise Eingrenzung seines infantilen Narzißmus ertragen, womit auch seine Selbst- und Objektbilder realistischer werden können.

Deutungen sind erst in einem späten Stadium der Behandlung sinnvoll. Echo und Spiegel – »Antworten« im empathischen Sinne – bestimmen hingegen zu Anfang und während langer Phasen der Behandlung die Beziehung zwischen dem Therapeuten und dem Patienten. Gegen Ende der Behandlung kann dann, wie KOHUT meint, die Übertragungsbeziehung zunehmend durch Deutungen aufgelöst werden.

Wenn wir für die von uns ausgewählten Beispiele modifizierter psychoanalytischer Behandlungstechnik beziehungsweise der durch die Theorie der Psychoanalyse begründeten Psychotherapieverfahren von FÜRSTENAU bis KOHUT nach gemeinsamen Merkmalen suchen – und dabei von den durchaus bestehenden und von uns auch teilweise dargestellten Differenzen absehen –, so lassen sich die folgenden Punkte hervorheben:

(1) In fast allen Beispielen wird die Rolle des Therapeuten als vergleichsweise aktiv (be-)handelnde und antwortende »Real«-Person betont, mögen der Übertragung und der Übertragungsdeutung im Einzelfall (wie bei KOHUT) auch ein entsprechendes Gewicht zugesprochen werden. Die Unterstreichung der Realität anhand der Person des Therapeuten soll den Defiziten in der Realitätswahrnehmung, der mangelnden Realitätsprüfung und der Tendenz zur Verschmelzung mit dem Objekt, schließlich der projektiv-verzerrten Selbst- und Objektwahrnehmung des strukturell ich-gestörten Patienten entgegenwirken.

(2) Allen Ansätzen gemeinsam ist eine weitgehende Analogisierung des Verhaltens des Therapeuten mit dem einer durchschnittlich »guten« Mutter. Der Therapeut übt während längerer Phasen der Behandlung haltende und stützende (Hilfs-Ich-)Funktionen aus und bietet sich durch sein Interaktionsverhalten als Modell für neue Internalisierungsprozesse zum Zwecke nachholender Strukturbildung an.

(3) Regressionen werden begrenzt zugelassen, soweit sie dazu beitragen, pathologisch verinnerlichte Objektbeziehungen und pathologische Identifikationen aufzulösen, oder soweit sie – etwa beim Behandlungskonzept KOHUTS – die Wiederbelebung archaischer narzißtischer Konfigurationen ermöglichen. Regressionen, die bereits vorliegen und deshalb nicht erst gefördert werden müssen, werden aufgegriffen, um Neu-Entwicklungen in Gang zu setzen (vgl. BALINTS Konzept des »Neubeginns«; zusammenfassend dargestellt bei HOFFMEISTER 1977, S. 257 ff.).

(4) Maligne Formen der Regression sind zu vermeiden, und sei es dadurch, daß der Therapeut mit aktiven Ratschlägen, etwa im Hinblick auf die reale Lebensgestaltung des Patienten (vgl. KERNBERG), rechtzeitig eingreift, um die weitere Ausformung solcher Regressionen zu verhindern.

(5) Eine weitere Gemeinsamkeit der modifizierten Techniken kann man darin erkennen, daß deutend-konfrontierende Interventionen erst

nach Erreichen eines bestimmten Entwicklungsniveaus (wenn die hierfür notwendigen Ich-Funktionen des Patienten ausreichend zur Verfügung stehen) als Mittel der Wahl gelten. KERNBERG schränkt diese Regel allerdings ein, soweit es um die Bearbeitung der feindseligen Übertragung bei Borderline-Patienten geht.

IV

Haben wir vorstehend versucht, jene theoretischen Diskussionen und klinischen Erfahrungen zu skizzieren, die dazu beigetragen haben, das therapeutische Prinzip »Deutung« einzugrenzen oder es – bei der Behandlung bestimmter Patientengruppen – auch ganz zu ersetzen, so wäre abschließend noch einmal kurz daran zu erinnern, daß FREUD selbst niemals eine rein deutende Technik praktiziert hat (vgl. CREMERIUS 1981). Spätestens mit FERENCZI und dessen Schülern war dann die auf dem Prinzip »Deutung« beruhende Einsichtstherapie als alleiniges Therapieangebot in Frage gestellt. Und während sich in der Literatur das Prinzip »Deutung« bei manchen Autoren (etwa bei EISSLER oder bei BRENNER) immer klarer herausbildete, um schließlich als *das* Kriterium des psychoanalytischen Standardverfahrens zu gelten, praktizierten die Psychoanalytiker in der Realität – in den Behandlungszimmern – immer heterogener und keineswegs nur dem Prinzip »Deutung« verpflichtet (vgl. GLOVER 1955). Die Überschreitung dieses Prinzips war also in der Praxis schon immer gegeben, wenngleich die Explikation für dieses Tun lange Zeit unterblieb und die schließlich gelieferten theoretischen Begründungen für die Abweichung vom deutenden Intervenieren von Autor zu Autor recht unterschiedlich ausfallen mußten. Doch selbst die Vertreter der fiktiven »reinen« Technik (EISSLER 1953) gestanden die Benutzung von Parametern zu, wenn sie auch die damit einhergehende Abweichung von der »Norm« in späteren Schriften deutend erhellt wissen wollten. Andere Autoren – wie zum Beispiel ALEXANDER – plädierten frühzeitig dafür, das Prinzip »Deutung« weitgehend aufzugeben, wenn es um die Behandlung bestimmter Patientengruppen ging, die wir vorstehend als strukturell ich-gestört, früh gestört oder präödipal gestört bezeichnet haben.[4]

Wir plädieren dafür, das Prinzip »Antwort« bei der Behandlung dieser Patientengruppen so lange anzuwenden, bis jene innerseelische (ich-psychologische) Organisation entwickelt worden ist, die nach Übereinstimmung der meisten Autoren als Voraussetzung für eine erfolgversprechende Anwendung deutenden Intervenierens gilt. Das mit dem »klassischen« Setting verbundene und für das Prinzip »Deutung« notwendige Verschwinden des Analytikers als »Real«-Person, das die Regression im Dienste des Ich ermöglichen soll, können »früh« gestörte Patienten nämlich oft nur als ängstigenden *Verlust* des Objekts, das heißt als eine Form der Re-Traumatisierung, und keineswegs als therapeutisch hilfreiches Angebot erleben. An dieser klinisch wiederholt belegten Beobachtung setzt die von uns vorgeschlagene Modifikation des Standardverfahrens im Sinne des Prinzips »Antwort« an, das wir nun nochmals in Abgrenzung zum Prinzip »Deutung« zusammenfassend erläutern wollen.

Die »Real«-Präsenz des Objekts, sprich des Therapeuten, ist im Verlauf der Therapie eines »früh« gestörten Patienten nach dem Prinzip »Antwort« während des gesamten Behandlungsverlaufs gefordert. Vorbild hierfür ist »die Mutter als Hilfs-Ich« (A. FREUD 1956, S. 1873); jedoch nicht nur diese, sondern auch der Vater als hinzukommendes drittes Objekt, das durch sein Hinzukommen einen Referenzpunkt außerhalb der Dyade schafft und damit der Dyade personale Aspekte eröffnet (HEIGL-EVERS u. SEIDLER 1993, S. 11ff.). Intendiert wird eine zunehmende Dominanz personaler Objektbeziehungen und triangulärer Konfigurationen, die eine zunehmende Verfügung über das Potential des Ich, eine zunehmende Entfaltung seiner Funktionen ermöglicht, die zuvor defizitär waren. Das Behandlungsangebot dieser psychoanalytisch-interaktionellen Methode zielt auf eine Neu-Organisation der Objektbeziehungen und, im Zusammenhang damit, auf eine strukturelle Nachentwicklung des Ich, auf eine

---

4 Der Ausdruck »strukturell ich-gestört« bezieht sich auf die Verfassung des Ich; »präödipal« ist ein Ausdruck, der triebpsychologisch-phasenspezifisch orientiert ist; und »früh gestört« meint eine entwicklungsgeschichtlich frühe Störung des emotionalen Dialogs mit dem primären Objekt.

Re-Organisation oder Neu-Organisation wichtiger Substrukturen des Ich ab. Intendiert wird eine strukturelle Nachentwicklung beziehungsweise Neuentwicklung des Ich, die unter dem Aspekt dieser Methode durch den Erwerb personaler (Ganz-)Objektbeziehungen ermöglicht und gefördert werden.

Zwei aufeinander bezogene Schritte spielen dabei eine besondere Rolle, nämlich (1) die De-Identifikation im Hinblick auf die pathologischen inneren (Teil-)Objekte; und (2) die Neu-Identifikation mit einem »gesünderen«, eben dem therapeutisch antwortenden (Ganz-)Objekt, das, indem es sich selbst zur Verfügung stellt, entwicklungsfördernd reifere (personale) Objektbeziehungen über Internalisierungsprozesse ermöglicht.

Wenn wir auf diese Weise dem Prinzip »Deutung« das Prinzip »Antwort« entgegensetzen, so hat das auch den Vorteil, dem psychoanalytischen Standardangebot begründet eine für die Behandlung strukturell ich-gestörter Patienten bestimmte Alternative zur Seite zu stellen, anstatt zu versuchen, das Standardverfahren bis zur Unkenntlichkeit »weiter« zu entwickeln oder zu modifizieren. Wir plädieren also für eine Beibehaltung dieses Verfahrens bei Kranken, bei denen es indiziert ist, das heißt für die Anwendung dieses Verfahrens bei Patienten, die die notwendigen – ich-psychologisch und objektbeziehungstheoretisch begründbaren – *Voraussetzungen* hierfür besitzen. Und wir plädieren für ein an der psychoanalytischen Theorie orientiertes alternatives Therapieangebot für strukturell ich-gestörte Patienten, bei denen die für das Standardverfahren geforderten Voraussetzungen – ein relativ differenziertes funktionstüchtiges Ich – nicht vorliegen, sondern erst geschaffen werden müssen.

Da die Abgrenzung des Prinzips »Deutung« vom Prinzip »Antwort« von uns durch Hinweis auf unterschiedliche Patientengruppen begründet wird, könnte dies im Umkehrschluß auch bedeuten, daß in fernerer Zukunft eine Kombination beider Prinzipien denkbar wäre – und zwar soweit die Mehrdimensionalität der Krankheitsbilder empirisch nachgewiesen ist. Solange jedoch präödipale und ödipale Bilder, Übertragungsneurosen und Ich-Störungen, diagnostisch relativ klar voneinander abgegrenzt werden können, erscheint uns auch eine entsprechend klare Abgrenzung der mit den Stichworten »Deutung« und »Antwort« umschriebenen Behandlungsstrategien und eine entsprechende Differentialindikation als sinnvoll.

HEIGL-EVERS und HEIGL (1979, 1980, 1983; vgl. auch HEIGL-EVERS u. HENNEBERG-MÖNCH 1985) haben das Prinzip »Antwort« sowohl für die Einzel- wie für die Gruppenbehandlung (vgl. HEIGL-EVERS u. HEIGL 1983; HEIGL-EVERS u. STREECK 1985; HEIGL-EVERS, HEIGL u. OTT 1993) beschrieben und versucht, eben den Punkt zu benennen, der die Einschränkung der therapeutisch angestrebten *Wirksamkeit* von Deutungen bei strukturell ich-gestörten Patienten (vgl. FÜRSTENAU 1977) kennzeichnet. Hierzu gehören jene Ich-Funktions-Defizite, die bei schweren Psychopathologien aufgrund der verinnerlichten defizitären (Teil)-Objektbeziehungen vorliegen und die mit Strukturmängeln verbunden sind, die sich von der Einschränkung der Ich-Funktionen bei sogenannten »klassischen« Neurosen deutlich unterscheiden lassen. Die wichtigsten diesbezüglich feststellbaren Ich-Funktions-Defizite bei früh gestörten Patienten lassen sich wie folgt umschreiben:

(1) *mangelnde Introspektionsfähigkeit*, die als Folge undifferenzierter Selbst- und Objekt-Repräsentanzen zu verstehen ist und die ein oft bedrohlich diffuses Erleben der Affekte nach sich zieht;
(2) *Hemmung und Unterdrückung von Affekten* beziehungsweise von Affekt-Anteilen, wobei insbesondere der Ausfall der Signalfunktion der Affekte in Betracht kommt; damit geht eine ungenügende Fähigkeit zur sprachlichen Identifizierung von Affekten beziehungsweise eine ungenügende Affekt-Enkodierung einher (vgl. HEIGL-EVERS u. HEIGL 1983; 1984; KRAUSE 1983; 1990);
(3) *mangelhafte Frustrationstoleranz* in bezug auf die Befriedigung libidinöser und aggressiver Impulse, wodurch die für das Standardverfahren vorauszusetzende Frustrationsspannung nicht oder nur unter weiteren Ich-Einschränkungen ertragen werden kann;
(4) *mangelhafte Fähigkeit zur Regression im Dienste des Ich*, weshalb die Anwendung des die Regression stimulierenden Standardverfahrens zu unerwünschten malignen Verläufen führen kann;
(5) *mangelhafte Fähigkeit zur therapeutischen Ich-Spaltung* (zum Begriff: vgl. STERBA 1934), weshalb die für das Standardverfahren benötigte Aufteilung in einen beobachtenden und einen erlebenden Ich-Anteil nicht im erforderlichen Ausmaß zu erwarten ist;
(6) *mangelhafte Realitätsprüfung und Urteilsfunktion*, da eine verläßliche Unterscheidung zwischen Innen und Außen wegen der schwach besetzten Ich-Grenzen und der unzureichend gebildeten und voneinander abgegrenzten Selbst- und Objektrepräsentanzen oft weitgehend fehlt; damit ist auch die Möglichkeit zur Antizipation der Auswirkun-

gen des eigenen Verhaltens auf das Erleben anderer Menschen eingeschränkt;

(7) *mangelhafte Selbstbeurteilungsfunktion* infolge der nicht erreichten (ödipalen) Triangularität und einer entsprechend defizitären Über-Ich-Struktur; es dominieren primitiv-archaische Über-Ich-Vorläufer; die Funktion der Selbstbeurteilung bleibt ebenso defizitär wie – als deren Voraussetzung – signalgebende Schuld- und Schamaffekte nicht verfügbar sind;

(8) *mangelhafte Reizbarriere*, wodurch Überstimulierungen (etwa aufgrund von »Deutungen«) zu erwarten sind, die zur unerwünschten Verstärkung primitiver Formen der Abwehr führen – wie etwa im Fall einer Suchtpersönlichkeit, die bei Überstimulation die fehlende Reizbarriere mit Hilfe einer »Droge« zu kompensieren versucht (vgl. HEIGL, HEIGL-EVERS u. RUFF 1980; HEIGL-EVERS, STANDKE u. WIENEN 1981; HEIGL-EVERS u. HEIGL 1984).

Patienten mit strukturellen Ich-Störungen erleben das passiv-abwartende Verhalten des »klassischen« Analytikers oft als unerträglichen Entzug, durch den ihre Angst unter Umständen bis zur Panik gesteigert werden kann. Den in diesen Fällen relativ leicht auslösbaren Objekt- beziehungsweise Realitäts-Verlustängsten steht andererseits eine potentielle Überstimulation durch den *deutenden* Analytiker gegenüber, der von früh gestörten Patienten leicht als bedrohlicher Eindringling erlebt wird. Und während beim Neurose-Kranken »Kindheit« erst allmählich aus der Verdrängung zu befreien beziehungsweise aus der Phantasiewelt in die Interaktion mit dem Analytiker zu übertragen ist, liegt sie im Falle strukturell ich-gestörter Patienten häufig schon zu Beginn der Behandlung offen zutage. Die Beziehungsmöglichkeiten und Interaktionsangebote dieser Patienten sind entsprechend infantil geblieben.

Das dem neurotischen Patienten »Unbewußte« ist dem früh gestörten Patienten hingegen oft bewußt, während ihm die *Zusammenhänge*, die zwischen seinem Verhalten und den Reaktionen anderer Menschen auf sein Verhalten bestehen, ebenso oft undurchschaubar und deshalb wenig bewußt sind. Das heißt, der strukturell ich-gestörte Patient verfügt über ein pathologisch organisiertes Repertoire von Beziehungsmustern, in denen seine intensiven Wünsche nach Angenommen-Werden verborgen sind, dessen Wirkungen auf andere Menschen er aber wenig oder gar nicht versteht, weshalb er – (beziehungs-)blind, wie er oft ist –

immer wieder aktiv dazu beiträgt, daß seine Wünsche durch den Beziehungspartner *nicht* beantwortet und befriedigt werden. Der Betreffende stößt mit seinen (pathologisch organisierten) Beziehungsangeboten daher immer wieder auf Ablehnung, auf Reaktionen, die ihm zwar unverständlich bleiben, die von ihm jedoch als enttäuschend, als verletzend und auch kränkend erlebt werden, so daß er annehmen muß, er begegne in der Außenwelt immer wieder Personen, die ebenso feindselig reagieren wie seine früheren (jetzt verinnerlichten) »bösen« Objekte. Im Alltag führt dies zu kollusiven Verstrickungen mit kongruent oder komplementär gestörten Beziehungspartnern und zum »gemeinsamen« Leiden an quälenden, jedoch oft als unauflösbar erlebten Beziehungen.

An diesem Punkt setzt das Prinzip »Antwort« ein, mit dessen Hilfe versucht werden soll, das im Dialog (zwischen dem Patienten und dem Therapeuten) gemeinsam Erlebbare erhellend zu erklären, anstatt »Inneres« deutend zu interpretieren. Es geht also darum, dem Patienten einen dialogisch-interaktionellen *Zusammenhang* schrittweise erkennbar und verständlich werden zu lassen. Der »antwortende« Therapeut »verstößt« dabei gegen die »klassische« Position, derzufolge die Gefühlswelt des Analytikers für den Patienten unsichtbar bleiben sollte. Der »antwortende« Therapeut teilt nämlich in der Expression *selektiv authentische* Reaktionen seiner selbst, seines Inneren mit, und zwar in der Absicht, dem Patienten nachvollziehbar werden zu lassen, was dessen Interaktionsangebote im anderen Menschen – das heißt hier: im Therapeuten – auslösen. Auf diese Weise wird der Patient mit Unerwartetem, mit Andersartigem und damit immer auch mit dem »dritten Objekt« konfrontiert, das *anders* reagiert als jenes, mit dem er ohne Unterschied verschmolzen zu sein glaubt oder von dem er sich, zurückgewiesen in unerreichbare Einsamkeit, getrennt erlebt.

»Selektiv« gestaltet der Therapeut die Expression seiner authentischen Gefühle unter Rücksichtnahme auf die besondere Kränkbarkeit des Patienten, womit diesem die Aufnahme und produktive Weiterverarbeitung der Antworten des Therapeuten erleichtert werden sollen. »Authentisch» antwortet der Therapeut, insofern er von Gefühlen spricht, die er in der Interaktion mit dem Patienten tatsächlich *erlebt* hat – wenngleich er nur über bereits *verarbeitetes* Erleben sprechen sollte, um nicht impulsiv und mit anti-therapeutischer Wirkung für den Patienten Affekte abzureagieren, die in der Beziehung zu diesem ausgelöst worden sind.

Neben der hier diskutierten Interventionsform der emotional authentischen Antwort, die, der gängigen Vorstellung von Väterlichkeit folgend, den Patienten mit der Alterität des Therapeuten konfrontiert, wird mit Übernahme der Hilfs-Ich-Funktion von Seiten des Therapeuten ein – zum Verhalten des Patienten in einer bestimmten Situation alternatives – Verhaltensangebot gemacht, das gleichfalls dem authentischen Erleben des Therapeuten entspricht. Es folgt dem Muster: »Ich an Ihrer Stelle würde mich in einer solchen Situation so oder so verhalten«. Es handelt sich dabei eher um ein Angebot als um eine Konfrontation, das mehr der gängigen Vorstellung von Mütterlichkeit entspricht.

Gearbeitet wird also stets an den Dialog-Beiträgen, die der Patient liefert. Auf diese Beiträge versucht der Therapeut im Hier und Jetzt eine »Antwort« zu geben, die für den Patienten ein neuartiges und ein – im Sinne der von uns genannten theoretischen Vorannahmen – entwicklungsförderndes Angebot enthalten sollte.

Dieses Vorgehen impliziert auch ein partielles Verfügen des Patienten über das »Real«-Objekt Therapeut. Dies stellt sich ein, sobald der Patient bemerkt, daß er in einem anderen Menschen überhaupt Reaktionen, Gefühle »auslösen« kann; denn anhand der Antworten des Therapeuten wird es dem Patienten ermöglicht, *bewußt wahrzunehmen*, daß er in der Lage ist, einen anderen Menschen emotional zu erreichen. Diese (Neu-)Erfahrung kontrastiert zu der von früh gestörten Patienten häufig geäußerten Überzeugung, sie seien zwar passiv dem Einfluß anderer – und deshalb als übermächtig erlebter – Menschen ausgesetzt, sie hätten jedoch selbst nicht den Eindruck, in anderen Menschen je etwas bewirken zu können.

Es wird erwartet, daß es aufgrund solcher Neu-Erfahrungen mit einem antwortenden Beziehungspartner und aufgrund der vermittelten Einsichten in Interaktionszusammenhänge allmählich zur Transformation der bislang primitiven, pathologisch organisierten Dialogformen kommen wird. Weiterhin wird angenommen, daß sich durch die beschriebenen therapeutischen Dialogangebote die innere Objekt-Beziehungswelt des Patienten schrittweise modifizieren läßt, so daß dauerhafte Um- und Neustrukturierungsprozesse stattfinden, in die auch die Wünsche und Ängste, also der Umgang des Patienten mit seinen Trieb-Impulsen, einbezogen sind. Das Ziel einer solchen Behandlung wäre erreicht, wenn es beim Patienten zu einer stabileren Organisation des Ich gekommen ist.

Da es aber im Fall der für dieses Therapieangebot in Frage kommenden Patientengruppen nicht *nur* um nachholende Erfahrung, nicht nur um das Ingangsetzen bisher stagnierender Entwicklungen, also nicht *nur* um den Ausgleich von Mangel und nicht *nur* um das Auffüllen von »Lücken«, sondern immer *auch* um die Auflösung oftmals sehr stabil verinnerlichter Objektbeziehungspathologien geht, muß der Therapeut damit rechnen, daß seine an den Patienten gerichteten Dialogangebote auch zu *Konflikten* – im Patienten und zwischen dem Patienten und dem Therapeuten – führen. Denn im Verlauf einer solchen Therapie wird dem Patienten zugemutet, die ihm bisher vertrauten Strategien der Beziehungsaufnahme zu anderen Menschen aufzugeben. Und so leidvoll der Patient das ihm »Vertraute« bisher auch erlebt haben mag, so schwer fällt es ihm in der Regel dann doch, auf diese Interaktionsmodi zu verzichten, sie – beziehungsweise sich selbst – zu (ver-)ändern. Vom antwortenden Therapeuten wird deshalb erwartet, daß er sich auch solchen Konflikten aussetzt und die Mittel zu ihrer Lösung in der Interaktion mit dem Patienten bereitstellen kann. Das Festhalten an selbstdestruktiven Interaktionsweisen, das als zwanghafte Tendenz zur Wiederholung in der Beziehung zwischen dem Patienten und dem Therapeuten eindrucksvoll zu beobachten ist, dürfte übrigens die klinische Wirklichkeit gewesen sein, die FREUD zur theoretischen Annahme des »Wiederholungszwangs« bewogen hat.

Bei alledem muß beachtet werden, daß der frühgestörte Patient zunächst unfähig ist, innerseelische und interpersonelle Konfliktspannungen zuzulassen und die Konflikte mit Hilfe von Kompromißbildungen abzubauen. Denn Konflikte wären triadisch zu konstellieren (zwei Opponenten entwickeln als das Dritte einen Kompromiß) und haben daher triangulär organisiertes Erleben und Verhalten zur Voraussetzung. Die Entwicklung der Konfliktfähigkeit ist daher in der Therapie mit solchen Patienten ein wichtiges Ziel.

In Analogie zum Widerstandsphänomen bei der »klassischen« Behandlung zeigen sich also in der Therapie früh gestörter Patienten gerade dann negative Gefühlsreaktionen wie Unlust, Angst, Scham oder Schuldgefühle (die von Vergeltungs- und Strafverfolgungs-Drohungen begleitet werden), sobald der Patient beginnt, sein bisheriges Beziehungsangebot besser zu verstehen, und man eigentlich erwarten könnte, er werde es nun bald aufgeben. Die ausreichende Bearbeitung der nun einsetzenden negativen Gefühle ist daher eine weitere Voraussetzung dafür, daß der Patient die für ihn zwanghaften Wiederholungen schmerzlicher und leidvoller Interaktionsmuster tatsächlich beenden kann.

Schließlich gilt für die Behandlung strukturell ich-gestörter Patienten, daß der Therapeut – anders als im Verlauf der Behandlung einer »klassischen« Übertragungsneurose – nicht erst allmählich zum Stellvertreter der Phantasie-Objekte des Patienten *wird*. Vielmehr behandelt der Patient den Therapeuten schon von Anfang an so, als *sei* er die Verkörperung eines für den Patienten nicht als innen befindlich wahrnehmbaren »bösen« oder »guten« Objekts. Die therapeutische Arbeit zielt deshalb von Anbeginn darauf ab, dem Patienten zu helfen, zwischen dem »Real«-Objekt und dem externalisierten pathologischen (Teil-)Objekt unterscheiden zu lernen.

Der interaktionell arbeitende Therapeut bemüht sich dementsprechend darum, möglichst deutlich als eine zu den Erwartungen von Feindseligkeit oder Übergüte *kontrastierende* Person wahrgenommen zu werden. Das heißt, er vermeidet das Anwachsen stark ängstigender Phantasien, die Neu-Erfahrungen mit dem Therapeuten verhindern würden. Die therapeutisch wirksamen, strukturell verändernden Effekte der Therapie werden demnach eher vom Neuerfahren des Gegenwärtigen als vom Nacherleben des Vergangenen erwartet.

Die *wiederkehrende* Erfahrung, daß der Therapeut sich *anders* verhält und emotional *anders* reagiert, als er es als Repräsentant der verinnerlichten feindseligen, enttäuschenden, manipulierenden, ausbeuterischen, verfolgend-kontrollierenden, die Beziehung beherrschenden oder sich willkürlich entziehenden oder auch in Übergüte zerfließenden Objekte des Patienten entsprechend eigentlich tun sollte, ermöglicht es diesem endlich, nach und nach Vertrauen in die Durchschaubarkeit und Vorhersehbarkeit, aber auch in die ungewohnte, vielleicht aber Neugier erweckende Andersartigkeit der Beziehung zum Therapeuten und damit in die *eigene* Fähigkeit zur Mitgestaltung überwiegend guter Beziehungen zu gewinnen. Dieses Vertrauen ist wiederum Voraussetzung für die Verinnerlichung eines genügend guten und stabilen Objekts, das als Kern und tragendes Fundament einer differenzierten Ich-Organisation angesehen wird.

Die Unterschiede in der Technik des Prinzips »Deutung« und des Prinzips »Antwort« resultieren also aus den Unterschieden der Ich-Organisation und der Beziehungsmöglichkeiten, die Neurosekranke einerseits und strukturell ich-gestörte Patienten andererseits aufweisen. Die dadurch begründete *Differentia specifica*, die zwischen beiden Prinzipien besteht, fassen wir noch einmal wie folgt zusammen:

(1) Mit Hilfe des Prinzips »Deutung« wird im Falle einer Behandlung von Übertragungsneurosen ein *inner*seelischer Zusammenhang rekonstruiert. Dabei wird ein in Teilen eingeschränktes Ich *wieder* hergestellt. Hingegen soll nach dem Prinzip »Antwort« bei der Behandlung strukturell ich-gestörter Patienten ein *interaktionell-dialogischer* Zusammenhang auf der Linie der Verständigung hergestellt und begriffen werden, so daß ein bisher wenig entwickeltes Ich *erstmals* in die Lage versetzt wird, sich in reiferer Form zu organisieren.

(2) Nach dem Prinzip »Deutung« werden die *Phantasien* des Patienten interpretiert, wodurch dieser einen für ihn bis dahin unbewußten innerseelischen Zusammenhang neu erleben kann. Der Therapeut, der dem Prinzip »Antwort« folgt, gibt in seinen *Interventionen* hingegen keine Interpretationen von Phantasien; freilich ist er bemüht, die dem interaktionellen Ablauf unterliegenden Phantasien des Patienten ebenso wie seine eigenen diagnostisch zu registrieren, um sie bei der Gestaltung seiner »Antworten« zu berücksichtigen. Obgleich der nach dem Prinzip »Antwort« intervenierende Therapeut Phantasien *nicht* interpretierend aufgreift, sieht er den Patienten und sich selbst doch immer auch im Lichte (primitiver) Übertragung und (oft gleichfalls primitiver) Gegenübertragung. Darum weiß der Therapeut, doch er wird dieses Wissen in den Interventionen nach dem Prinzip »Antwort« nicht deutend einbringen, da er davon ausgeht, daß sich der früh gestörte Patient durch interpretierenden Umgang mit Übertragungsphantasien stärker in seine Pathologie verstricken würde, anstatt sich davon befreien zu können.

(3) Auf dem Wege der Identifizierung mit dem »antwortenden« Therapeuten und der damit einhergehenden Einbeziehung eines »dritten« Objekts, wie es in der Alterität des Therapeuten, in seinen *andersartigen* Standpunkten für den Patienten erlebbar wird, sowie des daraus

folgenden Anwachsens personaler Objektbeziehungen wird in Auswirkung der dialogischen Zusammenhangsbildung nach dem Prinzip »Antwort« auch eine innerseelische Zusammenhangsbildung erwartet, die in einer nunmehr differenzierteren Ich-Organisation zum Ausdruck kommt.

(4) Angesprochen wird *hier und jetzt* stets nur das Manifeste, das affektiv Erfahrbare, das im gegenwärtigen Dialog als bedeutsam Erlebte, während nach dem Prinzip »Deutung« gerade das Latente, das »Unbewußte« zur Sprache gebracht werden soll. Dennoch ist der manifeste, nach dem Prinzip »Antwort« organisierte Dialog gewiß auch von einem unbewußt-phantastischen Dialog begleitet, wobei die unbewußten Sinnzusammenhänge für den analytisch ausgebildeten Therapeuten mehr oder weniger offensichtlich sein mögen; doch in den Interventionen nach dem Prinzip »Antwort« wird dieser Dialog nicht angesprochen, da aufgrund theoretischer Vorannahmen und klinischer Beobachtungen die These gilt, daß dem interpretierenden Verfahren die (Teil-)Objektbeziehungsmuster und die zugehörigen Ich-Funktions-Defizite des früh gestörten Patienten im mehrfachen Sinne widersprechen – zum Beispiel weil die prekären Ich-Grenzen dieser Patienten durch solches Intervenieren weiter geschwächt werden könnten.

(5) Gegenstand eines therapeutisch *nützlichen* Dialogs nach dem Prinzip »Deutung« kann die unbewußt-phantastische Beziehung zwischen dem Patienten und dem Therapeuten nach unserer Überzeugung erst werden, wenn die notwendigen ich-strukturellen *Voraussetzungen* hierfür durch eine Behandlung nach dem Prinzip »Antwort« über die Bildung neuer innerer Strukturen geschaffen worden sind.

V

Die Unterscheidung, die wir hinsichtlich der genannten therapeutischen Prinzipien und der damit zu behandelnden Patientengruppen getroffen haben, findet, wie wir meinen, auch in einigen Grundannahmen und Ergebnissen der modernen Säuglingsbeobachtung Rückhalt, auf die wir deshalb abschließend noch kurz eingehen wollen. Wir beziehen uns dabei auf DORNES (1993), der diese Forschungsrichtung zusammenfassend referiert und kommentiert hat.

Wir haben das therapeutische Prinzip »Antwort« charakterisiert als ein Vorgehen, das sich am manifesten Kommunikationsverhalten (Beziehungsangebot) des Patienten orientiert. Dieser bekommt in der Expression selektive authentische Rückmeldungen über das Erleben seines Beziehungsverhaltens seitens des Therapeuten. Das geschieht im Medium der Sprache, also mit *Worten*, mit denen die in der Beziehung vom Therapeuten als konflikthaft erlebten Affekte angesprochen werden. Der antwortende Therapeut bietet sich demnach als ein Modell für die Wahrnehmung, Verarbeitung und Verbalisierung *eigener* Gefühle an. Damit demonstriert er, wie eine emotionale Beziehung durch verbale Äußerungen (mit-)*gestaltet* werden kann, indem die in der Beziehung manifest erlebten Gefühle Gegenstand eines Diskurses werden, ohne daß deshalb nach einem »Schuldigen« gesucht werden müßte.

Wenn der antwortende Therapeut hierbei unbewußte Phantasien und deren Bedeutungen *nicht* thematisiert, so verhält er sich so, als handle es sich um eine Beziehung, in der Phantasien noch keine Rolle spielten – eine Annahme, die in Hinsicht auf einen erwachsenen Patienten immer eine Abstraktion ist, die als solche aber vorübergehend therapeutisch nützlich sein kann. Denn es gibt tatsächlich eine Entwicklungsstufe, auf der beim Kind Erleben und Verhalten noch *nicht* getrennt vorliegen: Kinder bis zum Alter von etwa eineinhalb Jahren verfügen noch nicht über die Fähigkeit des Phantasierens, während sie mit ihrer Umwelt, also mit ihrem Beziehungspartner, bereits in einer hoch differenzierten Körpersprache kommunizieren können. Dabei sind »Körper und Psyche noch so eng verbunden, daß die Empfindungen und das Erleben sich direkt im Verhalten ausdrücken. Der Affektausdruck ist noch nicht sozialisiert, Gefühle können noch nicht verborgen und verdrängt werden, und deshalb sind Gefühlsausdrücke, Körpermotorik und andere Verhaltensmanifestationen die besten und zuverlässigsten Auskunftgeber für das Vorhandensein oder Nicht-Vorhandensein bestimmter Gefühle« (DORNES 1993, S. 26). Alle basalen Affekte stehen zu dieser Zeit dem Kind bereits zur Verfügung, und im Medium körperhaft-affektiven Verhaltens findet die Kommunikation mit der Umwelt (der Mutter) statt. Da die für das Phantasieren notwendigen kognitiven Operationen jedoch noch nicht verfügbar sind, kann das Kind bis zum Alter von etwa eineinhalb Jahren auch noch keine Phantasien *über* sich, sein Objekt oder seine Beziehung zum Objekt ausbilden.

Es ist nun zu vermuten, daß der Ausgangspunkt der strukturellen Ich-Störungen eben in diese Zeit fällt; daß also die Traumatisierungen und Kommunikationskonflikte der präverbalen und präsymbolischen Zeit den Kern eben jener pathologischen Interaktionsstile bilden, mit denen der Therapeut im Umgang mit strukturell ich-gestörten Patienten konfrontiert wird. Der Ausgangspunkt der zu behandelnden Basisstörung liegt damit in der Zeit eines noch phantasiefreien Erlebens, das *als Verhalten* kommuniziert wird, wenngleich diese basale Störung des Patienten durch spätere phasentypische Phantasien überlagert und ergänzt worden sein mag.

Wir müssen also versuchen, den Patienten auf dieser Ebene (der »Grundstörung«) zu erreichen. Zu diesem Zweck benutzen wir die Sprache, also jenes Medium, das dem höchsten psychischen Organisationsniveau entspricht. Auf diese Weise verknüpft der antwortende Therapeut – metaphorisch ausgedrückt – den Körper des Patienten mit seinen eigenen affektiven Reaktionen auf die Körpersignale des Patienten mittels Sprache, die er wiederum an die höchst entwickelten Anteile der Person des Patienten richtet. Damit stellt er, wie wir glauben, eine Verbindung her, die zur Grundlage einer stabilen Ich-Organisation werden könnte.

Das Prinzip »Antwort« ist also ein Versuch, das Verhalten des Patienten im Medium der in Sprache gefaßten Gefühlsreaktionen des Therapeuten auf dieses Verhalten zu erfassen, also indirekt eine Entwicklungsstufe zur Sprache zu bringen, auf der die basale Störung vermutungsweise stattgefunden hat. Das ist ein Bereich, der dem Prinzip »Deutung«, also dem durch die »klassische« Behandlungstechnik intendierten »Prozeß der verbalen Assoziation und symbolischen Kommunikation nur beschränkt zugänglich« (DORNES 1993, S. 22) ist. Während sich also ein nach dem Prinzip »Deutung« operierender Psychoanalytiker auf Entwicklungsstufen bezieht, auf denen Verhalten und Erleben durch den Einfluß der Erziehung, der Sozialisation, oder – wie FREUD sich ausdrückte – infolge der kulturell bedingten Triebschicksale getrennt worden sind, so daß bestimmte Anteile des Erlebens nur noch in phantastischer Weise auftreten, behandelt der nach dem Prinzip »Antwort« operierende Therapeut Patienten, bei denen vieles von dem, was in fortgeschrittenen Entwicklungsstadien nur noch in Form von Phantasien erscheint, mehr oder minder bewußtes körpernahes und körperhaftes *Erleben* ist, dessen wörtliche Darstellung jedoch so erscheint, als handle es sich dabei um Phantasien (vgl. NITZSCHKE 1985).

Eine Behandlung nach dem Prinzip »Antwort« unterscheidet sich aber auch von Behandlungsangeboten, die nach Erreichen der Ebene der »Grundstörung« (oder bereits vorher) wort-»loses« Kommunizieren bevorzugen. Indem wir vorschlagen, etwa auch die gestischen Signale des Patienten (die in der Couch-Situation weitgehend unsichtbar werden, weil in dieser Situation »Inneres«, also die Phantasien des Patienten provoziert werden sollen) im Vis-à-Vis zu beobachten und voll für den sprachlich gestalteten Dialog nutzbar zu machen, stellen wir eine Kommunikations- und Beziehungsebene in den Vordergrund der therapeutischen Aufmerksamkeit, von der wir annehmen, sie besitze für den Ausgangspunkt der (Kommunikations-)Pathologie strukturell ich-gestörter Patienten eine besondere Bedeutung. Und »während die Psychoanalyse sich auf den Konflikt und seine möglichen pathogenen Konsequenzen konzentriert, betrachten die Säuglingsforscher vor allem die adaptiven Potentiale des Subjekts, die wechselseitige Regulierung der Interaktion, ihr Zusammenpassen, fast könnte man sagen, ihre Harmonie« (DORNES 1993, S. 28). Diese Feststellung ließe sich – mit einer Einschränkung – auch auf den antwortenden Therapeuten übertragen: Denn auch bei ihm steht die »wechselseitige Regulierung der Interaktion« im Zentrum der Aufmerksamkeit, wenngleich vor allem Disharmonien beobachtet und indirekt – über den Umweg der vom Therapeuten erlebten Gefühle – angesprochen werden. Es wird vermutet, daß sich gerade hinter diesen Disharmonien vehement abgewehrte *Wünsche* des Patienten nach Harmonie verbergen.

Eben weil die »Harmonie« des frühen Dialogs mit dem mütterlichen Objekt bei strukturell ich-gestörten Patienten kaum vorhanden war, haben sich defekte und/oder unzureichend entwickelte Strukturen gebildet, als deren Manifestation die Ich-Störungen aufzufassen sind. Die Auflösung der pathologisch organisierten Strukturen und die Nachreifung der die Einheit des Ich erst ermöglichenden Strukturen findet deshalb im Verlauf einer Therapie statt, die jene kommunikative »Harmonie« anstrebt, die sich zwischen einer durchschnittlich gesunden Mutter und ihrem Kind gleichsam naturwüchsig ergibt.

Literatur

ALEXANDER, F; FRENCH, T.M. (1946): Psychoanalytic therapy. Ronald Press, New York.
ALEXANDER, F. (1950): Analyse der therapeutischen Faktoren in der psychoanalytischen Behandlung. Psyche 4: 401–416.
ARGELANDER, H. (1977): Diskussionsbeitrag zu P. Fürstenaus Arbeit »Die beiden Dimensionen des psychoanalytischen Umgangs mit strukturell ich-gestörten Patienten«. Psyche 31: 208–215.
ARGELANDER, H. (1982): Der psychoanalytische Beratungsdialog. Studien zur Textstruktur und Deutung an formalisierten Protokolltexten. Vandenhoeck u. Ruprecht, Göttingen.
ARLOW, J.A. (1969): Unconscious fantasy and disturbances of conscious experience. Psychoanalytic Quarterly 38: 1–22.
BALINT, M. (1966): Die Urformen der Liebe und die Technik der Psychoanalyse. Klett/Huber, Stuttgart/Bern.
BALINT, M. (1970): Therapeutische Aspekte der Regression. Die Theorie der Grundstörung. Klett/Huber, Stuttgart/Bern.
BEESE, F. (1993): Diskussionsbeitrag zu S. Freud (1918). Zeitschrift für Psychosomatische Medizin 39: 21–214.
BELLAK, L.; HURVICH, M.; GEDIMAN, H.K. (1973): Ego functions in schizophrenics, neurotics, and normals. A systematic study of conceptual, diagnostic, and therapeutic aspects. Wiley, New York.
BLANCK, G.; BLANCK, R. (1978): Angewandte Ich-Psychologie. Klett-Cotta, Stuttgart.
BLANCK, G.; BLANCK, R. (1980): Ich-Psychologie, II. Psychoanalytische Entwicklungspathologie. Klett-Cotta, Stuttgart.
BOYER, L.B. (1985): Psychoanalytische Arbeit mit einer Borderline-Patientin. Psyche 39: 1067–1101.
BRENNER, C. (1979): Praxis der Psychoanalyse. Fischer, Frankfurt a.M.
CREMERIUS, J. (1979a): Gibt es zwei psychoanalytische Techniken? Psyche 33: 577–599.
CREMERIUS, J. (1979b): Die Entwicklung der psychoanalytischen Technik. In: FISCHLE-CARL, H. (Hg.), Theorie und Praxis der Psychoanalyse. Bonz, Fellbach, S. 39–55.
CREMERIUS, J. (1981): Freud bei der Arbeit über die Schulter geschaut. Seine Technik im Spiegel von Schülern und Patienten. Jahrbuch der Psychoanalyse, Beiheft 6: 123–158.
CREMERIUS, J. (1982): Kohuts Behandlungstechnik. Eine kritische Analyse. Psyche 36: 17–46.
CREMERIUS, J. (1993): Die »tendenzlose Analyse« hat es nie gegeben,

sie ist einer jener ›Fliegenden Holländer‹, von denen wir einige konservieren. Zeitschrift für Psychosomatische Medizin 39: 215–218.

DORNES, M. (1993): Der kompetente Säugling. Die präverbale Entwicklung des Menschen. Fischer, Frankfurt a.M.

EISSLER, K. R. (1953): The effect of the structure of the ego on psychoanalytic technique. Journal of the American Psychoanalytic Association 1: 104–143.

FEDERN, P. (1978): Ichpsychologie und die Psychosen. Suhrkamp, Frankfurt a.M.

FENICHEL, O. (1938): Ich-Störungen und ihre Behandlung. In: Ders. (1981): Aufsätze, Bd. II, S. 122–145. Walter, Olten/Freiburg i.Br.

FERENCZI, S.; RANK, O. (1924): Entwicklungsziele der Psychoanalyse. Internationaler Psychoanalytischer Verlag, Leipzig/Wien/Zürich.

FREUD, A. (1956): Anwendungen des psychoanalytischen Wissens auf die Kindererziehung. Die Schriften der Anna Freud, Bd. X. Kindler, München 1980, S. 1861–1876.

FREUD, A. (1978): Die Hauptfrage der Kinderanalyse. Die Schriften der Anna Freud, Bd. X. Kindler, München, 1980, S. 2719–2732.

FREUD, S. (1894): Die Abwehr-Neuropsychosen. Ges. Werke, Bd. I. Fischer, Frankfurt a.M., S. 59–74.

FREUD, S. (1914): Erinnern, Wiederholen und Durcharbeiten. Ges. Werke, Bd. X. Fischer, Frankfurt a.M., S. 126–136.

FREUD, S. (1916/17): Vorlesungen zur Einführung in die Psychoanalyse. Ges. Werke, Bd. XI. Fischer, Frankfurt a.M., S. 1–482.

FREUD, S. (1919): Wege der psychoanalytischen Therapie. Ges. Werke, Bd. XII. Fischer, Frankfurt a.M., S. 183–194.

FREUD, S. (1928): Kurzer Abriß der Psychoanalyse. Ges. Werke, Bd. XIII. Fischer, Frankfurt a.M., S. 405–427.

FREUD, S. (1931): Über die weibliche Sexualität. Ges. Werke, Bd. XIV. Fischer, Frankfurt a.M., S. 517–537.

FREUD, S. (1937): Die endliche und die unendliche Analyse. Ges. Werke, Bd. XVI. Fischer, Frankfurt a.M., S. 59–99.

FÜRSTENAU, P. (1977): Die beiden Dimensionen des psychoanalytischen Umgangs mit strukturell ich-gestörten Patienten. Psyche 31: 197–207.

FÜRSTENAU, P. (1992): Entwicklungsförderung durch Therapie. Grundlagen psychoanalytisch-systemischer Psychotherapie. Pfeiffer, München.

GLOVER, E. (1955): The technique of psychoanalysis. Balliere & Tindall, London.

GREENSON, R.R. (1981): Technik und Praxis der Psychoanalyse, Bd. I. Klett-Cotta, Stuttgart.

HACKER, F. (1963): The discriminating function of the ego. International Journal of Psycho-Analysis 43: 395–405.
HARTMANN, H. (1939): Ich-Psychologie und Anpassungsproblem. Internationale Zeitschrift für Psychoanalyse 24: 62–135.
HEIGL, F. (1969): Zum strukturellen Denken in der Psychoanalyse. In: SCHELKOPF, A.; ELHARDT, S. (Hg.), Aspekte der Psychoanalyse. Vandenhoeck u. Ruprecht, Göttingen.
HEIGL, F.; HEIGL-EVERS, A.; RUFF, W. (1980): Möglichkeiten und Grenzen einer psychoanalytisch orientierten Suchtkranken-Therapie. In: GESAMTVERBAND FÜR SUCHTKRANKENHILFE (Hg.), Sozialtherapie in der Praxis. Psychoanalytisch orientierte Suchtkrankenhilfe. Nicol, Kassel, S. 16–29.
HEIGL-EVERS, A. (1975): Die Stufentechnik der Supervision – eine Methode zum Erlernen der psychoanalytischen Beobachtungs- und Schlußbildungsmethode im Rahmen der angewandten Psychoanalyse. Gruppenpsychotherapie und Gruppendynamik 9: 43–54.
HEIGL-EVERS, A.; HEIGL, F. (1979): Interaktionelle Gruppenpsychotherapie. Eine gruppenpsychotherapeutische Methode der Psychoanalyse nach dem Göttinger Modell. In: HEIGL-EVERS, A.; STREECK, U. (Hg.), Die Psychologie des 20. Jahrhunderts, Bd. VIII. Kindler, Zürich, S. 850–858.
HEIGL-EVERS, A.; HEIGL, F. (1980): Zur Bedeutung des therapeutischen Prinzips der Interaktion. In: HAASE, H.-J. (Hg.), Psychotherapie im Wirkungsbereich des psychiatrischen Krankenhauses. Perimed, Erlangen, S.87–103.
HEIGL-EVERS, A.; HEIGL, F. (1983): Das interaktionelle Prinzip in der Einzel- und Gruppentherapie. Zeitschrift für Psychosomatische Medizin 29: 1–14.
HEIGL-EVERS, A.; HEIGL, F. (1984): Was ist tiefenpsychologisch fundierte Psychotherapie? Praxis der Psychotherapie und Psychosomatik 29: 234–244.
HEIGL-EVERS, A.; HEIGL, F.; OTT, J. (1993): Abriß der Psychoanalyse und der analytischen Psychotherapie. In: Dies. (Hg.), Lehrbuch der Psychotherapie. G. Fischer, Stuttgart, S. 1–307.
HEIGL-EVERS, A.; HENNEBERG-MÖNCH, U. (1985): Psychoanalytisch-interaktionelle Psychotherapie bei präödipal gestörten Patienten mit Borderline-Strukturen. Praxis der Psychotherapie und Psychosomatik 30: 227–235.
HEIGL-EVERS, A.; SEIDLER, G.H. (1993): Die Alterität des Suchtkranken. In: HEIGL-EVERS, A.; HELAS, J.; VOLLMER, H.G. (Hg.), Eingrenzung und Ausgrenzung. Zur Indikation und Kontraindikation für Suchttherapien. Vandenhoeck u. Ruprecht, Göttingen.
HEIGL-EVERS; A.; STANDKE, G.; WIENEN, G. (1981): Sozialisationsstö-

rungen und Sucht – psychoanalytische Aspekte. In: FEUERLEIN, W. (Hg.), Sozialisationsstörungen und Sucht. Akademische Verlagsgesellschaft, Wiesbaden, S. 51–61.

HEIGL-EVERS, A.; STREECK, U. (1985): Psychoanalytisch-interaktionelle Therapie. Zeitschrift für Psychotherapie und medizinische Psychologie 35: 176–182.

HIRSCHMÜLLER, A. (1978): Physiologie und Psychoanalyse in Leben und Werk Josef Breuers. Huber, Bern.

HOFFMEISTER, M. (1977): Michael Balints Beitrag zur Theorie und Technik der Psychoanalyse. In: EICKE, D. (Hg.), Freud und die Folgen II. Die Psychologie des 20. Jahrhunderts, Bd. III. Kindler, Zürich, S. 250–300.

KERNBERG, O.F.(1978): Borderlinestörungen und pathologischer Narzißmus. Suhrkamp, Frankfurt a.M.

KERNBERG, O.F. (1981): Objektbeziehungen und Praxis der Psychoanalyse. Klett-Cotta, Stuttgart.

KERNBERG, O.F. (1992): Psychodynamische Therapie bei Borderline-Patienten. Huber, Bern.

KOHUT, H. (1973): Narzißmus. Eine Theorie der psychoanalytischen Behandlung narzißtischer Persönlichkeitsstörungen. Suhrkamp, Frankfurt a.M.

KRAUSE, R. (1983): Zur Onto- und Phylogenese des Affektsystems und ihrer Beziehungen zu psychischen Störungen. Psyche 37: 1016–1043.

KRAUSE, R. (1990): Zur Psychodynamik der Emotionsstörungen. In: SCHERER, K. (Hg.), Psychologie der Emotionen. Enzyklopädie der Psychologie, Bd.C/IV/3. Hogrefe, Göttingen, S. 630–705.

LAPLANCHE, J.; PONTALIS, J.-B. (1973): Das Vokabular der Psychoanalyse, Bde. I und II. Suhrkamp, Frankfurt a.M.

LICHTENBERG, J. (1991): Psychoanalyse und Säuglingsforschung. Springer, Berlin.

LOCH, W. (1976): Übertragung – Gegenübertragung. In: Ders. (Hg.), Zur Theorie, Technik und Therapie der Psychoanalyse. 2. Auflage. Fischer, Frankfurt a.M., S. 156–181.

MAHLER, M.S.; PINE, F.; BERGMAN, A. (1980): Die psychische Geburt des Menschen. Fischer, Frankfurt a.M.

MASTERSON, J. F. (1993): Die Sehnsucht nach dem wahren Selbst. Klett-Cotta, Stuttgart.

MERTENS, W. (Hg.) (1981): Neue Perspektiven der Psychoanalyse. Kohlhammer, Stuttgart.

NITZSCHKE, B. (1981): Die Zerstörung der Sinnlichkeit. Matthes u. Seitz, München.

NITZSCHKE, B. (1984): Frühe Formen des Dialogs. Musikalisches Erleben – Psychoanalytische Relexion. Musiktherapeutische Umschau 5: 167–187.

NITZSCHKE, B. (1985): Der eigene und der fremde Körper. Bruchstücke einer psychoanalytischen Gefühls- und Beziehungstheorie. Konkursbuchverlag, Tübingen.

NITZSCHKE, B. (1988): Freuds »technische Experimente« – Auf dem Wege zum psychoanalytischen Standardverfahren. Eine historische Reminiszenz unter aktuelle Aspekten. Luzifer-Amor 1: 49–78.

NITZSCHKE, B. (1990): Prostitutionswünsche und Rettungsphantasien – auf der Flucht vor dem Vater. Skizzen aus dem Leben einer Frau (»Anna O.« – »P. Berthold« – Berta Pappenheim). Psyche 44: 788–825.

NITZSCHKE, B. (1990): Zum Diskurs über die »Sexualität« in zeitgenössischen psychoanalytischen Entwürfen. In: ZEPF, S. (Hg.), »Wer sich nicht bewegt, der spürt auch seine Fesseln nicht ...« – Anmerkungen zur gegenwärtigen Lage der Psychoanalyse. Nexus, Frankfurt a.M., S. 155–190.

OGDEN, T. (1982): Projective identification and psychotherapeutic technique. Aronson, New York.

PULVER, S.E. (1984): Erhebung über die psychoanalytische Praxis 1976. Tendenzen und Konsequenzen. Psyche 38: 63–82.

ROHDE-DACHSER, C. (1982): Diagnostische und behandlungstechnische Probleme im Bereich sogenannter Ichstörungen. Zeitschrift für Psychotherapie und medizinische Psychologie 32: 14–18.

SCHAFER, R. (1976): A new language for psychoanalysis. Yale University Press, New Haven.

SCHEPANK, H. (1986): Epidemiologie psychogener Störungen. In: KISKER, K.P. et al. (Hg.), Psychiatrie der Gegenwart, Bd.1: Neurosen, psychosomatische Erkrankungen, Psychotherapie. Springer, Berlin, S.1–28.

SCHEPANK, H. (1987): Psychogene Erkrankungen der Stadtbevölkerung. Eine epidemiologisch-tiefenpsychologische Feldstudie in Mannheim. Springer, Berlin.

SPITZER, R.L.; ENDICOTT, J. (1979): Justification for separating schizotypical and borderline personality disorder. Schizophrenia Bulletin 5: 95–104.

STERBA, R. (1934): Das Schicksal des Ichs im therapeutischen Verfahren. Internationale Zeitschrift für Psychoanalyse 20: 66–73.

STERN, D. (1977): Mutter und Kind. Die erste Beziehung. Klett-Cotta, Stuttgart.

STERN, D. (1985) The interpersonal world of the infant. A view from psychoanalysis and developmental psychology. Basic Books, New York.

STERN, D. (1991): Tagebuch eines Babys. Was ein Kind sieht, spürt, fühlt und denkt. Piper, München.
THOMÄ, H. (1981): Schriften zur Praxis der Psychoanalyse: Vom spiegelnden zum aktiven Psychoanalytiker. Suhrkamp, Frankfurt a.M.
THOMÄ, H. (1993): Über einige therapeutische und wissenschaftliche Sackgassen im Zusammenhang mit Freuds Gold-Kupfer-Metapher. Zeitschrift für Psychosomatische Medizin 39: 238–245.
THOMÄ, H.; KÄCHELE, H. (1985): Lehrbuch der psychoanalytischen Therapie, Bd.1: Grundlagen. Springer, Berlin.
VOLKAN, V.D.; AST, G. (1992): Eine Borderline-Therapie. Vandenhoeck u. Ruprecht, Göttingen.

Ulrich Streeck

Über eine Art, in therapeutischer Interaktion zu reden

Zum antwortenden Modus in der psychoanalytisch-interaktionellen Therapie

Was FREUD von der psychoanalytischen Behandlung gesagt hat, daß sie nämlich ein Gespräch sei, trifft – wie könnte es anders sein – für die psychoanalytisch-interaktionelle Therapie nicht weniger zu. Gespräche können allerdings höchst unterschiedlich geführt werden, und ob ein Gespräch ein Streitgespräch ist, Liebesgeflüster, eine Fachdiskussion oder ein Therapiegespräch, hängt von der Art und Weise ab, *wie* die Beteiligten miteinander reden. Aber auch Therapiegespräche sind nicht gleich Therapiegesprächen: zu einer psychoanalytischen Therapie gehört eine andere Dialogform als zu einer Beratung oder zu einer psychoanalytisch-interaktionellen Behandlung. Hier, in der psychoanalytisch-interaktionellen Therapie, haben die »Interventionen« des Therapeuten nicht den Charakter von Deutungen, sondern von »selektiven emotionalen Antworten«. Statt mich jedoch solcher technizistischen Metaphern wie »Intervention« und »selektive emotionale Antwort« zu bedienen, spreche ich vorläufig lieber nur davon, daß Patient und Therapeut hier anders miteinander reden. Aber wie?

Patienten, die ›strukturell gestört‹ genannt werden

Die psychoanalytisch-interaktionelle Therapie ist eine Antwort auf die Herausforderungen, vor die sich Kliniker angesichts der Schwierigkeiten gestellt sehen, Patienten psychotherapeutisch zu behandeln, für die der diagnostische Terminus ›strukturelle Störung‹ inzwischen gebräuchlich ist. Strukturelle Störungen umspannen ein Spektrum von Krankheitsbildern, von denen einige als fest umrissene, eigenständige Pathologie, die sich von anderen Störungen spezifisch unterscheidet, beschrieben wurden, wie zum Beispiel die Borderline-Persönlichkeitsstörung, während andere weitaus heterogener erscheinen und vergleichbar konsistente psychodynamische und ätiopathogenetische Modelle wie für die Borderline-Störung oder auch für narzißtische Persönlichkeitsstörungen fehlen, zum Beispiel präpsychotische Störungen. Auch der von FROSCH (1988) beschriebene psychotische Charakter ist der Borderline-Störung ähnlicher als präpsychotischen Störungen, bei denen Selbst-Objekt-Grenzen instabil und die Realitätsprüfungsfunktion relativ eingeschränkt ist (vgl. MENTZOS 1988).

Charakteristisch für Patienten mit strukturellen Störungen ist ihr Bemühen, primitive paranoide Ängste, Haß, Schmerz, destruktiven Neid und vergleichbare, schwer erträgliche Zustände dadurch abzuwehren und zu bewältigen, daß sie sie aus sich heraus verlagern und dort – von sich getrennt – unter Kontrolle zu halten versuchen. Projektive Identifikation, Spaltung und Introjektion sind die nachhaltig zu diesem Zweck eingesetzten Mechanismen.

Für Autoren, die sich auf die psychoanalytische Ich-Psychologie und auf Objektbeziehungstheorien beziehen, ist eine defizitäre Entwicklung der Ich-Organisation und der Selbst- und Objektrepräsentanzen hervorragendes Kennzeichen von strukturell gestörten Patienten. Die Funktionen des Ich/Selbst, die auf neurotischem Niveau gewöhnlich das seelische und psychosoziale Gleichgewicht sichern, sind – korrespondierend zu den strukturellen Defizienzen – bei diesen Patienten nur begrenzt disponibel und manchmal gar nicht verfügbar. Die Mehrzahl dieser Arbeiten bezieht sich allerdings in erster Linie auf Borderline-Pathologien und auf narzißtische Persönlichkeitsstörungen, nur ausnahmsweise auf psychotische und präpsychotische Patienten (Z.B. BLANCK u. BLANCK 1974; 1980; KERNBERG 1979, 1981; ROHDE-DACHSER 1979; VOLKAN u. AST 1992).

Die therapeutische Situation mit schwerer strukturell gestörten Patienten ist von primitiven Übertragungen in Gestalt der Übertragung von Partialstrukturen geprägt, wobei ebenso Teil-*objekte* wie auch nicht integrierbare Teile des *Selbst* übertragen werden. Der Unterschied zwischen dem Arzt, mit dem sie eine gemeinsame therapeutische Beziehung herstellen, und der Person, die der Arzt sonst noch ist, zwischen Übertragung und realer Beziehung, ist nivelliert oder ganz aufgehoben (STREECK 1988). Es kann dann nicht von einem extraterritorialen Standort aus auf die gemeinsame therapeutische Situation und auf die gemeinsame Beziehung hingeblickt werden.

In der Nachfolge von MELANIE KLEIN, die diese Begriffe und die mit ihnen verbundenen Konzepte eingeführt hat, beschreiben Psychoanalytiker wie JOSEPH, ROSENFELD, SEGAL und andere ihre klinischen Erfahrungen mit strukturell gestörten Patienten – ohne allerdings diesen diagnostischen Begriff zu verwenden – in einer metapherngesättigten Sprache, um die Dichte und Intensität der Austauschprozesse des Patienten mit dem Analytiker zu veranschaulichen, die vergleichbar ist der Dichte und Intensität der Austauschprozesse zwischen Kleinkind und Mutter. In der Metaphorik der Kleinianischen Theoriesprache erscheinen diese Prozesse und die therapeutische Interaktion, in der sich der Arzt oft »schwer tolerierbaren Übertragungen« (WILDE 1994) ausgesetzt sieht, wie Hin- und Hertransporte von Substanzen zwischen Räumen, und es ist nicht immer leicht zu erkennen, daß es dabei nicht um substanzgebundene Vorgänge geht, sondern um begleitende Phantasien von kommunikativen Interaktionen – von Gesprächen also.

Wege der Psychotherapie von strukturell gestörten Patienten

Nur ausnahmsweise wird von psychoanalytischer Seite für Patienten mit strukturellen Störungen eine klassische psychoanalytische Behandlung empfohlen (vgl. JANSSEN 1994), bei der der Patient drei- bis fünfmal wöchentlich im Couchsetting behandelt wird und der Analytiker, orientiert an den behandlungs- und diskurstechnischen Regeln der Abstinenz, Neutralität und Anonymität, einen Dialog mit dem Patienten führt, mit » ... der Anforderung an den Analysierten, ohne Kritik und Auswahl alles zu erzählen, was ihm einfällt« (FREUD 1912, S.377), um schließlich den nicht bewußten, verborgenen Sinn der Mitteilungen des Patienten im Medium der aktuellen therapeutischen Beziehung zur Sprache zu bringen (›Deutung‹). Auch wenn der therapeutische Dialog der Psychoanalyse damit nur verkürzt wiedergegeben ist – im Hinblick auf die Frage, wieweit strukturell gestörte Patienten im klassischen psychoanalytischen Setting zu behandeln sind, ist vorrangig wichtig zu beurteilen, ob und wieweit sie an einer Diskursform teilnehmen können, in der sie tolerieren müssen, daß ihnen eine Person, die sie – unter dem Einfluß primitiver Übertragungen – als übermächtig, gefährlich, bemächtigend u.ä. wahrnehmen, über ihre psychische Innenwelt etwas sagt, was sie selbst nicht wissen; denn unter solchen dialogischen und interaktiven Bedingungen scheinen sich Übertragungsphantasien omnipotenter, von innen her kontrollierender Objekte gleichsam als faktische Realität zu bestätigen. Notwendigerweise müssen Abschirmungs- und Kontrollbemühungen dann verstärkt und meistens handelnd vollzogen werden; die Patienten überschütten den Analytiker zum Beispiel mit Haß, kommen nicht wieder und geraten – jetzt allerdings außerhalb des Wahrnehmungsfeldes des Analytikers – in schwere selbstzerstörerische Krisen.[1]

Deshalb werden für die Behandlung von Patienten mit strukturellen Störungen heute zumeist andere therapeutische Zugangswege empfohlen, wobei die Psychoanalyse zwar zum Verständnis der psychischen und interpersonellen Prozesse unverzichtbar ist, die therapeutische Haltung, die Gestaltung der therapeutischen Interaktion und das therapeutische Setting aber von der psychoanalytischen Behandlungssituation teilweise erheblich abweichen (vgl. z.B. BLANCK u. BLANCK 1974, 1980; FÜRSTENAU 1977; KERNBERG 1979, 1981).

Auch im Rahmen der psychoanalytisch-interaktionellen Therapie bedarf es zum Verständnis der ›gewöhnlichen‹ und klinisch

---

1 Einschränkend kann man allerdings davon ausgehen, daß die meisten Patienten, von denen hier die Rede ist, nur vergleichsweise selten in ambulanten psychoanalytischen Behandlungen auftauchen. Nach meiner Erfahrung hat es, unabhängig von der Therapeutendichte am jeweiligen Ort, ein großer Teil der – nicht-psychotischen – strukturell gestörten Kranken schwer, bei einem niedergelassenen Psychoanalytiker einen ambulanten Behandlungsplatz zu bekommen, während neurosekranke Patienten vergleichsweise leicht in ambulante psychoanalytische Weiterbehandlung zu vermitteln sind.

relevanten Ausdrucksformen und Symptome von und der therapeutischen Beziehung mit strukturell gestörten Patienten des Instrumentariums der theoretischen und klinischen Psychoanalyse. Die therapeutische Vorgehensweise ist jedoch soweit modifiziert, wie dies für eine effektive psychotherapeutische Behandlung angesichts der besonderen klinischen Umstände und Bedingungen bei diesen Patienten erforderlich ist (HEIGL-EVERS u. HEIGL 1980, 1983)

In dem Bemühen um ein strukturell gestörten Patienten angemessenes Behandlungssetting ist die psychoanalytisch-interaktionelle Therapie mehr oder weniger nahe mit therapeutischen Zugangswegen verwandt, die ausdrücklich oder unausdrücklich von der Überzeugung ausgehen, daß der Therapeut dem Patienten eine Haltung entgegenbringen müsse, die dieser in seiner frühen Kindheit entbehrt hat, damit im Verlauf der Behandlung strukturell sich manifestierende Entwicklungsdefizite ausgeglichen werden oder der Patient notwendige Entwicklungen nachholen kann.

Das trifft nach FERENCZIS ›aktiver Technik‹ – jener Behandlungstechnik, die FREUD in einem Brief vom 13. Dezember 1931 an FERENCZI die ›Technik der Mutterzärtlichkeit‹ genannt hat und die für ihn Anlaß zu einer ›Mahnung von brutaler väterlicher Seite‹ war (vgl. KÖRNER u. ROSIN 1985) – für so heterogene und auf theoretisch divergenten Annahmen beruhende Bemühungen zu wie ALEXANDERS Konzept der ›korrigierenden emotionalen Erfahrung‹, SPITZ' ›diatrophische Haltung‹, WINNICOTTS ›holding environment‹, BALINTS ›Heilkraft der Objektbeziehung‹, aber auch KOHUTS ›empathische Therapie‹. Allerdings: die Annahme, daß Entwicklungsdefizite durch eine wie auch immer geartete therapeutische Beziehung bei einer strukturierten erwachsenen Persönlichkeit aufgeholt werden könnten, indem ihr etwas entgegengebracht wird, was in der Kindheit gefehlt hat, ist auch auf heftige Kritik gestoßen (z.B. BLUM 1981; STONE 1981).

Die psychoanalytisch-interaktionelle Therapie unterscheidet sich unter anderem durch den spezifisch konzeptualisierten, nicht-deutenden Modus, in dem der therapeutische Dialog mit dem Patienten gehalten wird. In diesem Modus sehe ich den zentralen und wichtigsten therapeutischen Faktor in der Behandlung schwer strukturell gestörter Patienten. Es ist ein besonderer Modus der interaktiven Herstellung der therapeutischen Situation und der Übertragungs- und Gegenübertragungshandhabung, mit anderen Worten: ein besonderes therapeutisches Gespräch.

Psychotherapie und therapeutische Interaktion

Psychotherapie ist ein interaktives Geschehen – und auch in der psychoanalytischen Fachdiskussion des therapeutischen Prozesses setzt sich allmählich die Erkenntnis durch, daß in dem, was im Behandlungszimmer geschieht, nicht allein zum Tragen kommt, wie der Patient sich verhält, was er wie mitteilt, in welcher Weise er seine Widerstände zur Geltung bringt oder welche Übertragungen und Übertragungsbereitschaften er dem Analytiker gegenüber aktualisiert, sondern auch das Verhalten des Analytikers. Daß der Analytiker tatsächlich weder nur Spiegel noch nur »empfangendes Organ ... wie der Receiver des Telephons« (FREUD 1912, S. 381) ist und je sein könnte, wird inzwischen kaum noch bestritten und hat beispielsweise in der Markierung einer Entwicklung »vom spiegelnden zum aktiven Psychoanalytiker« (THOMÄ 1981) seinen Niederschlag gefunden. Gleichwohl scheint die »Annahme ..., daß die Psyche wie ein Spiegel sich zur Außenwelt verhalte«, als »erkenntnistheoretische Metapher« nach wie vor weithin unreflektiert angewendet zu werden und die psychoanalytische Theoriekonstruktion zu durchziehen (BUCHHOLZ 1988, S. 275).

So wird mit dem Hinweis, daß Psychotherapie ein interaktionelles Geschehen sei, unter Umständen nicht mehr als ein Bekenntnis abgelegt, mit der interaktiven Konstituierung des therapeutischen Prozesses[2] vielfach aber nur halbherzig ernst gemacht.

---

2 Auch die empirische Psychotherapieforschung hat maßgeblich zu der Erkenntnis beigetragen, daß Aussagen über den therapeutischen Prozeß dessen dyadische, interaktionelle Struktur in Rechnung stellen müssen (z.B. KÄCHELE u. FIEDLER 1985; RUDOLF, GRANDE u. PORSCH 1988). Vor allem auch LUBORSKYS empirische Analysen (z.B. LUBORSKY u. CRITS-CHRISTOPH 1988) haben die Bedeutung einer ›hilfreichen therapeutischen Beziehung‹ für die günstigen Effekte von Psychotherapie unterstrichen (BUCHHOLZ u. STREECK 1994).

In einem interaktionellen Modell des therapeutischen Prozesses können klinische Phänomene und Prozesse wie Widerstand, projektive Identifikation, Abwehr u.a. nicht mehr nur als Manifestationen verstanden werden, in denen sich – bewußte und unbewußte – seelische Dispositionen und Konflikte des Patienten ausdrücken; sie sind vielmehr als ›Produkte‹ zu erkennen, die von Patient und Analytiker *gemeinsam* hervorgebracht werden.

Davon ist auch das psychotherapeutische Be-Handeln nicht ausgenommen: sobald die therapeutische Situation als *soziale* Situation durchschaut wird – als Situation somit, die von den Anwesenden, indem sie miteinander sprechen und aufeinander bezogen handeln, gemeinsam ›definiert‹ (THOMAS 1966) und somit hergestellt wird – hört das Bild vom Arzt, der an seinem Patienten eine Operation vornimmt[3], dem Patienten bestimmte Interventionen verabreicht oder dessen Aktivitäten in Dosis-Wirkungs-Relationen zu bestimmen sind[4], auf, die Rolle des Psychoanalytikers im therapeutischen Prozeß angemessen veranschaulichen zu können: es wird falsch. Interaktive Herstellung der therapeutischen Situation heißt dann vielmehr, daß Patient und Analytiker im Gespräch die Kontexte ihrer gemeinsamen Situation produzieren, innerhalb derer sie sich bewegen und innerhalb derer ihre Äußerungen erst Sinn machen, und heißt weiter, daß das, was beide sagen, nicht einfach Kundgaben aus ihrem jeweiligen seelischen Binnenraum sind, die sie im Medium der Sprache vom einen zum anderen transportieren, sondern Elemente der Konstruktion ihrer gemeinsamen Situation, innerhalb derer sie die Bedeutung dessen, was sie sich sagen, miteinander gestalten und sich wechselseitig vor Augen führen.

Für die therapeutische Praxis bedeutet das schließlich, daß jedes Verhalten – gleich, ob das des Patienten oder das des

---

3 FREUD hatte die Psychoanalyse bekanntlich bisweilen mit einer Operation verglichen, beispielsweise dort, wo er »den Kollegen« empfiehlt, »sich während der Behandlung den Chirurgen zum Vorbild zu nehmen, der alle seine Affekte und selbst sein menschliches Mitleid beiseite drängt und seinen geistigen Kräften ein einziges Ziel setzt: die Operation so kunstgerecht als möglich zu vollziehen« (FREUD, 1912, S.380 f.).
4 Eine Analyse dieser und ähnlicher metaphorischer Kennzeichnungen des therapeutischen Prozesses finden sich z.B. bei BUCHHOLZ (1993).

Psychotherapeuten – immer auch im Hinblick auf seine *soziale*, die aktuelle Wirklichkeit, auch die Beziehungswirklichkeit im Behandlungszimmer, von Interesse ist. Was der Patient sagt, ist dann nie nur eine Aussage über ein Etwas, das sich in seinem seelischen ›Binnenraum‹ abspielt und *in* dieser Äußerung erkennbar wird, sondern ist auch eine Antwort auf vorangegangene Äußerungen des Analytikers; und was der Analytiker seinerseits äußert und wie er sich äußert, nimmt dann nie nur zu vorangegangenen Mitteilungen des Patienten – deutend, konfrontativ oder einfach nur klarifizierend und stützend – Stellung, sondern stellt selbst wiederum einen Kontext her, in dem nachfolgende Äußerungen sinnvoll und verstehbar werden.

Das hat handfeste, konkrete praktische Konsequenzen: dem Psychoanalytiker wird in hohem Maße abverlangt, sich jederzeit nicht nur dessen, was er inhaltlich sagt, sondern darüber hinaus der realitäts-, situations- und beziehungskonstituierenden ›Kraft‹ seines Sprechens und Handelns im therapeutischen Prozeß gewahr zu sein.

In besonderem Maße gilt dies für die Handhabung der therapeutischen Situation im Umgang mit strukturell gestörten Patienten, deren zentrale Probleme nicht *in* der Beziehung liegen, sondern deren Problem die Beziehung selbst ist (HOFFMANN 1986); die therapeutische Beziehung ist davon nicht ausgenommen.

Der deutende und der antwortende Redemodus

Mit der psychoanalytisch-interaktionellen Methode haben HEIGL-EVERS und HEIGL einen aus der Psychoanalyse heraus entwickelten therapeutischen Weg für die Behandlung von Patienten mit strukturellen Störungen aufgezeigt und deren behandlungstechnische Mittel unter dem Stichwort »Prinzip Antwort« zusammengefaßt (HEIGL-EVERS, HEIGL u. OTT 1993). Von den verschiedenen therapeutisch-technischen Mitteln, die den Autoren zufolge dieses ›Prinzip‹ konstituieren, halte ich den spezifischen Modus der Handhabung der therapeutischen Beziehung und damit der Übertragung und Gegenübertragung für zentral. Andere – beispielsweise die Grundeinstellung des Therapeuten, die »durch bestimmte Qualitäten seiner Haltung« wie ›Präsenz‹, ›Respekt gegenüber dem Kranken‹, ›emotionale Akzeptanz‹ und anderes ausgezeichnet sein soll (HEIGL-EVERS, HEIGL u. OTT 1993, S.207) – unterscheiden sich wahrscheinlich nicht spezifisch von Einstellungen, die die Haltung jedes Arztes kennzeichnen sollten.

Die ›antwortende‹ therapeutische Haltung beinhaltet unter anderem, daß der Analytiker auf die Äußerungen des Patienten seinerseits mit ›selektiven emotionalen Äußerungen‹ antwortet. In einem *deutenden* therapeutischen Modus sagt der Analytiker, wie er seinen Patienten versteht, welchen dem Patienten selbst nicht bewußten Sinn er in dessen Mitteilungen meint erkennen zu können, indem er mit seinen ›Interventionen‹ – und das heißt: mit seinen kontexterzeugenden Sprechhandlungen – gleichsam auf den Patienten hinzeigt, ihm ausdrückt, was er – der Patient – meint, sich wünscht, fürchtet, vermeidet usw. Wir haben in anderem Zusammenhang verschiedene beziehungskonstituierende Redemodi im therapeutischen Prozeß unter Gesichtspunkten der Handhabung der Übertragung dargestellt und gezeigt, wie ›Interventionen‹ in psychoanalytischen Behandlungen, also die Redemodi des Analytikers, den Patienten meist als Zentrum und Ausgangspunkt des Geschehens und Erlebens in der therapeutischen Situation benennen und so zum Ausdruck bringen, daß die beziehungs- bzw. übertragungsbezogenen Mitteilungen des Analysanden zwar ernstgenommen werden, aber doch fiktive, nur subjektiv erlebte und der Realität des Analytikers nicht angemessene Erlebensweisen sind (STREECK u. WEIDENHAMMER 1987). In einem deutenden Redemodus wird somit kenntlich gemacht, daß der Patient in der analytischen Situation zur selbstreflexiven Betrachtung seines Meinens, seiner Wünsche, seiner Befürchtungen und seines Vermeidens aufgerufen ist. Der Analytiker versteht diese Äußerungen zwar als Übertragungsmitteilungen auf sich gerichtet, bedient sich dabei aber zugleich eines Redemodus, mit dem er diese Wünsche, Befürchtungen und Phantasien als Wirklichkeit kontextualisiert, die doch nicht ganz wirklich ist.

In dem Redemodus dagegen, der in der psychoanalytisch-interaktionellen Therapie ›selektive emotionale Antwort‹ genannt wird, macht der Analytiker sich als erlebendes Subjekt kenntlich, wenn er mit dem Patienten spricht (›interveniert‹), und drückt mit seinen Äußerungen auch eigene emotionale Reaktionen aus, soweit diese sich auf die Beziehung zum Patienten beziehen und von ihrem Ausdruck potentiell entwicklungsförderliche Wirkungen erwartet werden können. Sein Verhalten ist somit ausdrücklich auf eine *interaktive* Dimension in der Aktualität der therapeutischen Beziehung eingestellt, auf das Gegenwarts-Unbewußte (SANDLER u. SANDLER 1985), das die aktuell ausgebreitete therapeutische Situation prägt. Aber er unterstützt den selbstreflexiven Erkenntnisprozeß des Patienten nicht dadurch, daß er *über* dessen Subjektivität spricht oder auf den Sinn seiner Mitteilungen *hin*zeigt – damit sich selbst in der therapeutischen Beziehung als Erkennenden, den Patienten als sich selbst aktuell nicht Erkennenden markierend –, sondern indem er sich mit seinen Redebeiträgen (›Interventionen‹) *über sich selbst als Subjekt in Beziehung zu seinem Gegenüber, dem Patienten,* äußert. Gleichwohl verläßt der Analytiker nicht den Rahmen *psychoanalytischen Verstehens* seines Patienten und der therapeutischen Beziehung. Im Gegenteil: würde ihm das psychoanalytische Instrumentarium fehlen, müßte er die aktuelle subjektive Wirklichkeit seines Patienten verfehlen, weil er weder in der Lage wäre zu erkennen, noch zu verstehen, daß und wie die therapeutische Beziehung von dessen Projektionen, projektiven Identifikationen, Verleugnungen, Idealisierungen, Entwertungen und Introjektionen bestimmt ist.

Weil der Analytiker im ›antwortenden‹ Modus selektiv eigene ›emotionale Antworten‹ mitteilt, besteht zudem die Gefahr, daß er dem Patienten gegenüber Gefühle zum Ausdruck bringt[5], die nicht seine eigenen sind, sondern die der Patient in ihn ›hineinverlagert‹ hat. Er muß deshalb in besonderem Maße darauf eingestellt sein, zwischen seinen eigenen und den vom Patienten projizierten Gefühlen zu unterscheiden, um der in der therapeutischen Beziehung mit strukturell gestörten Patienten immer drohenden Gefühlskonfusion zu entgehen. Ohne das psychoanalytische Handwerkszeug könnte dieser Gefahr auch im Gebrauch eines ›antwortenden‹, nicht-deutenden Modus des therapeutischen Gespräches kaum wirksam begegnet werden.

---

5 STAATS (1992) hat zudem darauf hingewiesen, wie leicht ›emotionale Antworten‹ zu stereotypisierten Äußerungen geraten, wenn der Therapeut – möglicherweise in der Absicht, die Toleranzgrenzen des Patienten nicht zu überschreiten – anfängt, seine ›emotionalen Antworten‹ zu quantifizieren und ›ein bißchen‹ von diesem, ›etwas‹ von jenem Gefühl usw. zu äußern. Damit gerät antwortende therapeutische Interaktion allenfalls zu einem Gesprächsritual.

Erst indem diese bewußten und unbewußten Austauschprozesse zwischen Patient und Analytiker verstanden werden, kann der Analytiker in einem alternativen, nicht-deutenden Modus sprechen (›intervenieren‹), ohne Gefahr zu laufen, in ein bloßes Gegenübertragungsagieren zu verfallen. In diesem antwortenden Modus nimmt der Analytiker projizierte, introjizierte und reprojizierte psychische Inhalte des Patienten nicht auf, um sie – wie im deutenden Modus – in veränderter und assimilierter Form an ihn zurückzugeben; er gibt sich vielmehr dort und soweit zu erkennen, daß dem Patienten ermöglicht wird zu verstehen, wie die aktuelle Beziehungsgegenwart von ihm selbst folgenreich ›gemacht‹ wird; der Patient kann diese ›Folgen‹ an der ihm selektiv vor Augen geführten Subjektivität des Analytikers ›ablesen‹.

Um schwerer strukturell gestörte Patienten potentiell psychotherapeutisch behandeln zu können, muß sich der Analytiker oft aktiv um eine therapeutische Arbeitsbeziehung bemühen. Dabei sieht er sich spezifischen Schwierigkeiten insofern gegenüber, als es für diese Patienten nicht auf der einen Seite den Therapeuten gibt, wie er vermeintlich tatsächlich ist, der sich aber aus therapeutischen Gründen als solcher in der therapeutischen Situation nicht zu erkennen gibt, und auf der anderen Seite eine im Sinne der therapeutischen Ich-Spaltung davon potentiell verschiedene Übertragungsfigur. Es gibt für den Patienten keinen subjektiv relevanten Unterschied zwischen realer Beziehung und therapeutischer Beziehung; Arbeitsbeziehung, reale Beziehung und Übertragungsbeziehung fallen vielmehr in eins (ADLER 1980; STREECK 1988).

Entgegen der daran geübten Kritik (KÖRNER 1989) halte ich das Konzept der therapeutischen Ich-Spaltung nicht nur für heuristisch wertvoll, sondern auch für den therapeutischen Umgang mit schwerer strukturell gestörten Patienten für unverzichtbar: das Konzept erfaßt die Fähigkeit, selbstreflexiv an dialogischer Verständigung teilzunehmen, was wiederum gleichbedeutend damit ist, virtuell von einer zur gegenwärtigen Situation exterritorialen Position auf die eigene Person und die aktuelle Interaktion hinzublicken. Realistisch einschätzen zu können, inwieweit ein Patient an einem von Deutungen bestimmten Dialogtyp selbstreflexiv teilnehmen kann, ist unter Umständen aber von therapieentscheidender Bedeutung: denn angesichts eines deutenden therapeutischen Modus und einer an Abstinenz und Anonymität orientierten Haltung ergreifen schwerer strukturell gestörte, besonders präpsychotische Patienten nicht selten die Flucht, spätestens dann, wenn droht, daß unerträgliche abgespaltene und per projektiver Identifikation oder Externalisierung in äußere Objekte verlagerte Selbstanteile per deutender ›Rückgabe‹ in das Selbst zurückverlagert werden.

Der nicht-deutende Redemodus (›Interventionsstil‹) kann im Umgang mit strukturell gestörten Patienten manchmal besonders gut geeignet sein, bis dahin versperrte Wege zu öffnen, auf denen allmählich doch noch eine therapeutische Kooperation zustandekommen kann, was insbesondere bei solchen Patienten, die – oft nach oder in Krisensituationen als ›geschickte‹ Patienten, nicht selten auch in Notfallsituationen – in stationäre Behandlung kommen, nicht vorausgesetzt werden kann. Daß der antwortende Redemodus dazu gut geeignet ist, dürfte auch damit zu tun haben, daß er manchmal – auf den ersten vordergründigen Blick – eher Interaktionen in Alltagssituationen ähnelt als Dialogen in einer therapeutischen Situation, besteht doch die Kunst des Analytikers hier auch darin, zwar *wie* im alltäglichen Dialog zu reden, aber sich zugleich therapeutisch gezielt und reflektiert dieser dialogkonstituierenden Redeweise zu bedienen.

Foci therapeutischer Interaktion

Der Analytiker fokussiert mit seiner antwortenden, interaktiven Redeweise (›Interventionen‹) in erster Linie auf Manifestationen der Ich-Organisation des Patienten mit den spezifisch pathologisch beeinträchtigten Selbst- und Objektbeziehungen bzw. Selbstobjekt-Beziehungen, wie sie sich in der therapeutischen Situation und in der Beziehung zum Therapeuten entfalten und in Gestalt von globalen, diffusen, übermächtigen, höchst bedrohlichen Teilrepräsentanzen sich manifestieren, vielfach ohne Grenzen ineinander verschwimmend, oft kaum integriert und wenig differenziert und mit den – ›primitive Abwehr‹ genannten – Mechanismen zu äußeren Gefahren ›gemacht‹; zu den Foci gehören auch Manifestationen nicht-disponibler Ich-Funktionen (FÜRSTENAU 1977). In anderem Zusammenhang habe ich auf die naheliegende Gefahr diagnostischer Verkürzungen hingewiesen, die leicht mit einer erklärenden, auf die Ich-Organisation zentrierenden diagnostischen Perspektive einhergehen kann, wenn die symbolische, sinnhafte Bedeutung von Äußerungen und Verhaltensweisen des Patienten verlorengeht (STREECK 1983). Der Psychotherapeut erliegt dann – besonders angesichts der schwerer strukturell gestörten Patienten gegenüber häufig negativen Gegenübertragungsgefühle und -einstellungen – leicht dem Irrtum, die Beschreibung von Merkmalen, die der Ich-Organisation zugerechnet werden, seien gleichzusetzen mit dem Verstehen von Sinn und Bedeutung der Äußerungen des Patienten. Die bei strukturell gestörten Patienten hinsichtlich ihrer Psychopathologie im Vergleich zu Triebkonflikten maßgeblicheren Konflikte innerhalb des Selbst und zwischen Selbst und Objekten (vgl. MENTZOS 1988) können im Behandlungsverlauf solange nicht in den Vordergrund gerückt werden, wie den Patienten die psychischen Funktionen nicht verfügbar sind, die für eine selbstkonfrontative Reflexion der eigenen Konflikthaftigkeit und deren therapeutische Bearbeitung erforderlich sind.

So beinhaltet der ›antwortende‹ therapeutische Modus mit den selektiven emotionalen Antworten sowohl konfrontierende wie übertragungssteuernde Elemente im Sinne eines Regulativs für die je aktualisierten archaischen Übertragungen auf den Analytiker sowie für die Aufrichtung und Aufrechterhaltung von Selbst-Objekt-Grenzen. Indem der Patient an das real anwesende Objekt attachiert wird und dort gleichsam mit den interpersonellen Folgen nicht-aktualisierter Funktionen in der therapeutischen Beziehung konfrontiert wird, kann auch dem Agieren primitiver Übertragungsverkennungen gezielt entgegengewirkt werden.

Therapeutische Wirkmechanismen im antwortenden Redemodus

Daß strukturell gestörte Patienten mit der antwortenden Haltung des Therapeuten narzißtisch bestätigt werden, um sich auf diesem Weg selbst ausreichend ernst und wichtig nehmen zu können, und darüber hinaus angeregt werden, die im interpersonellen Austausch in der therapeutischen Situation entwickelten Aktivitäten zu wiederholen und übend sich anzueignen (HEIGL-EVERS u. HEIGL 1980, 1983), benennt – mit Einschränkungen –

unspezifische Wirkfaktoren, die vermutlich in jeder Art von therapeutischer Beziehung mehr oder weniger zum Tragen kommen, soweit diese vom Patienten als ›helping alliance‹ (LUBORSKY 1988) erlebt wird. Fraglich ist aber, ob mit Hilfe des nichtdeutenden therapeutischen Redemodus und den selektiven emotionalen Antworten die strukturelle Störung mit den pathologischen verinnerlichten Objektbeziehungen beeinflußt werden und es zu Reidentifikationen mit einem vergleichsweise reiferen, beschützenden, potentiell haltenden, nicht-traumatisierenden Objekt in Gestalt des Therapeuten kommen kann.

Wie sind derartige Wirkmechanismen vorstellbar?

Anzunehmen ist, daß den Veränderungsprozessen bei strukturell gestörten Patienten, die auf den antwortenden therapeutischen Interaktionsmodus zurückgehen, sowohl imitative wie identifikatorische Prozesse zugrundeliegen.

Jeder Identifikation geht eine Objektbeziehung voraus. Es muß eine Beziehung zu dem realen Objekt gegeben haben, damit dieses erlebte Objekt ins Ich/Selbst aufgenommen werden kann. Wie aber ist mit reiferen Ich- und Über-Ich-Identifikationen (JACOBSON 1973) zu rechnen, wenn doch eine strukturelle Pathologie gerade die Objektbeziehungen verzerrt?

Der Analytiker muß sich strukturell gestörten Patienten gegenüber, die oft weder zu dyadischen noch zu triadischen Übertragungen in der Lage sind, meist aktiv darum bemühen, daß es überhaupt, worauf bereits hingewiesen wurde, zu einer zuträglichen und verläßlichen therapeutischen Beziehung kommt. Diese zuträgliche, verläßliche Beziehung beruht manchmal mehr auf einem schwer faßbaren ›Zusammenpassen‹ von Analytiker und Patient, das wiederum weniger von der therapeutischen Technik als davon bestimmt wird, wie der Analytiker tatsächlich für den Patienten ist (STREECK 1988), und setzt offenbar voraus, daß der Patient an diesem speziellen Analytiker Selbstobjekt-Übertragungen aufrichten und in der damit einhergehenden stützenden Funktion von ihm Gebrauch machen kann; dazu müssen dessen wahrnehmbare Eigenschaften ähnlich wie in einer ›allergischen Objektbeziehung‹ (MARTY 1957) innerhalb der Grenzen der Idealbildungen des Patienten liegen, weil das ›Objekt‹ ansonsten als Selbstobjekt nicht mehr zu gebrauchen ist. Solche Selbstobjekt-Übertragungen müssen, damit überhaupt ein längerfristiger therapeutischer Prozeß zustandekommen kann, solange unangetastet bleiben, wie sie einzige Grundlage der therapeutischen Kooperation sind. Gröbere Infragestellungen – gleich in welchem therapeutischen Modus zum Ausdruck gebracht – werden als traumatisierend erlebt und führen leicht zum Abbruch der noch kaum begonnenen therapeutischen Beziehung.

Antwortende Äußerungen (›Interventionen‹) bringen andererseits auch dann, wenn sie sich nicht auf die Idealisierung des Analytikers richten, unvermeidlich zum Ausdruck, daß der Analytiker mindestens insoweit ein vom Patienten mehr oder weniger getrenntes Objekt ist, als seine Gefühle allenfalls in Grenzen mit Äußerungen zu vereinbaren sind, die zu der Übertragungsrealität passen, in deren Gewand der Patient den Analytiker wahrnimmt. Die antwortenden Äußerungen scheinen im günstigen Fall wie nicht-traumatische, noch tolerierbare Infragestellungen primitiver Übertragungsverzerrungen zu wirken. Diese milden Traumatisierungen der Selbstobjekt-Übertragung, die im nächsten Schritt per Idealbildung und Imitation in der Phantasie wiederhergestellt werden, sind den optimalen Frustrationen vergleichbar, die KOHUT (1973, 1979) als Grundlage des ›fraktionierten Besetzungsentzuges‹ als Voraussetzung ›umwandelnder Verinnerlichung‹ beschrieben hat und die von RANGELL (1976) in Zusammenhang mit Mikroidentifikationen des Patienten mit den Funktionen des Analytikers beschrieben wurden.

Auf dem Hintergrund des Bedürfnisses, die infragegestellte Selbstobjekt-Übertragung wiederherzustellen, versucht der Patient zu sein, als was er sich in der übertragungsbestimmten Zusammengehörigkeit mit dem Therapeuten erlebt hat, ein Schritt, in dem CHASSEGUET-SMIRGEL (1981) die Quelle der Entwicklung neuer Idealbildungen gesehen hat. Dieses gleiche reparative Bedürfnis könnte dann auch zum Anlaß für imitative Schritte werden, die identifikatorischen Prozessen vorausgehen (GADDINI 1969).[6]

---

6 Die Frage, welche Bedeutung imitativem Verhalten im Hinblick auf Entwicklungsschritte in therapeutischen – aber auch in nicht-therapeutischen – Situationen zukommt, wird in der psychoanalytischen Literatur vernachlässigt; zudem wird Imitation meist geringschätzig betrachtet, und dies, obwohl – beispielsweise in Zusammenhang mit psychoanalytischer Ausbildung – nicht selten zu beobachten ist, wie Ausbildungskandidaten ihre Lehranalytiker

Die imitatorische Übernahme von bis dahin nicht disponiblen Funktionen des Ich und des Über-Ich durch den Patienten, die bis zu diesem Zeitpunkt der Analytiker im therapeutischen Prozeß vollzogen hat, kann initial den Charakter von ›Als-ob-Leistungen‹ haben, wie man diesen Vorgang in Anlehnung an die von DEUTSCH (1930) beschriebenen ›Als-ob-Persönlichkeiten‹ nennen könnte. Erst indem sie sich in der Realität der therapeutischen Situation im kompetenteren interaktiven Umgang mit der zum Analytiker hergestellten Beziehungswirklichkeit bewähren, werden sie narzißtisch – und im weiteren libidinös – besetzt und angeeignet, ein Schritt, der einem normalen Entwicklungsstadium des Kindes korrespondieren würde, wie dies von HENDRICK (1942) beschrieben wurde.

Mit Blick auf die Mechanismen, die Veränderungsprozessen von strukturell gestörten Patienten im Rahmen der psychoanalytisch-interaktionellen Therapie zugrundeliegen, tritt noch einmal nachdrücklich zutage, in welch hohem Maße es auf seiten des Analytikers einer Perspektive bedarf, die in der therapeutischen Situation nicht nur die psychische Wirklichkeit des Patienten in den Blick nimmt, sondern die sich in jedem Moment dessen bewußt ist, daß auch der Analytiker mit seinen eigenen Äußerungen und seinem eigenen Verhalten die gegenwärtige Beziehungswirklichkeit in der therapeutischen Situation konstituiert, und die schließlich und nicht zuletzt auch danach forscht, *wie* dies in der Beziehung mit diesem konkreten Patienten *wechselseitig* geschieht.

---

imitieren – manchmal über deren professionellen Stil hinaus bis hin zur Imitation von gestischen und sprachlichen Gewohnheiten.

Literatur

ADLER, G. (1980): Transference, real relationship, and alliance. International Journal of Psycho-Analysis 61: 547–558.

BLANCK, G.; BLANCK, R. (1974): Angewandte Ich-Psychologie. Klett, Stuttgart.

BLANCK, G.; BLANCK, R. (1980): Ich-Psychologie II. Psychoanalytische Entwicklungspsychologie. Klett, Stuttgart.

BLUM, H.P. (1981): Some current and recurrent problems of technique. Journal of the American Psychoanalytic Association 29: 47–68.

BUCHHOLZ, M.B. (1988): Die therapeutische Situation. Forum der Psychoanalyse 4: 273-291.

BUCHHOLZ, M.B. (1993): Metaphern in der ›talking cure‹ – die Rhetorik der ›Arbeit am Widerstand‹. In: BUCHHOLZ, M.B. (Hg.), Metaphernanalyse. Vandenhoeck & Ruprecht, Göttingen, S. 171–207.

BUCHHOLZ, M.B.; STREECK, U. (1994): Psychotherapeutische Interaktion: Aspekte qualitativer Prozeßforschung. In: BUCHOLZ, M.B.; STREECK, U. (Hg.): Heilen, Forschen, Interaktion. Psychotherapie und qualitative Sozialforschung. Westdeutscher Verlag, Opladen, S. 67–106.

CHASSEGUET-SMIRGEL, J. (1981): Das Ichideal. Psychoanalytischer Essay über die ›Krankheit der Idealität‹. Suhrkamp, Frankfurt a.M.

DEUTSCH, H. (1930): Psychoanalyse der Neurosen. Internationaler Psychoanalytischer Verlag, Wien.

FREUD, S. (1912): Ratschläge für den Arzt bei der psychoanalytischen Behandlung. Ges. Werke, Bd. VIII. Fischer, Frankfurt a.M., S. 375–387.

FROSCH, J. (1988): Psychotic Character versus Borderline. International Journal of Psycho-Analysis 69: 347-357 und 445–456.

FÜRSTENAU, P. (1977): Die beiden Dimensionen des psychoanalytischen Umgangs mit strukturell ich-gestörten Patienten. Psyche 31: 197–207.

GADDINI, I. (1969): On Imitation. International Journal of Psycho-Analysis 50: 475–484.

HEIGL-EVERS, A.; HEIGL, F. (1980): Zur Bedeutung des therapeutischen Prinzips der Interaktion. In: HAASE, H.J. (Hg.), Psychotherapie im Wirkungsbereich des psychiatrischen Krankenhauses. Perimed, Erlangen, S. 87–103.

HEIGL-EVERS, A.; HEIGL, F. (1983): Das interaktionelle Prinzip in der Einzel- und Gruppenpsychotherapie. Zeitschrift für Psychosomatische Medizin 29: 1–14.

HEIGL-EVERS, A.; HEIGL, F.; OTT, J. (1993): Lehrbuch der Psychotherapie. G. Fischer, Stuttgart.

HENDRICK, I. (1942): Instinct and the ego during infancy. Psychoanalytic Quarterly 11: 33–58.

HOFFMANN, S.O. (1986): Die sogenannte frühe Störung. Ein Versuch, ein frühes, seichtes und gelegentlich auch tiefes Gewässer etwas zu klären. Praxis der Psychotherapie und Psychosomatik 31: 179–190.

JACOBSON, E. (1973): Das Selbst und die Welt der Objekte. Suhrkamp, Frankfurt a.M.

JANSSEN, P. (1994): Zur psychoanalytischen Behandlung der Borderline-Störungen. In: STREECK, U.; BELL, K. (Hg.), Die Psychoanalyse schwerer psychischer Störungen. Pfeiffer, München.

KÄCHELE, H.; FIEDLER, I. (1985): Ist der Erfolg einer psychotherapeutischen Behandlung vorhersehbar? Zeitschrift für Psychotherapie und medizinische Psychologie 35: 201–206.

KERNBERG, O.F. (1979): Borderline-Störungen und pathologischer Narzißmus. Suhrkamp, Frankfurt a.M.

KERNBERG, O.F. (1981): Objektbeziehungen und Praxis der Psychoanalyse. Klett-Cotta, Stuttgart.

KOHUT, H. (1973): Narzißmus. Eine Theorie der psychoanalytischen Behandlung narzißtischer Persönlichkeitsstörungen. Suhrkamp, Frankfurt a.M.

KOHUT, H. (1979): Die Heilung des Selbst. Suhrkamp, Frankfurt a.M.

KÖRNER, J. (1989): Kritik der therapeutischen Ich-Spaltung. Psyche 43: 385–396.

KÖRNER, J.; ROSIN, U. (1985): Das Problem der Abstinenz in der Psychoanalyse. Forum der Psychoanalyse 1: 25–47.

LUBORSKY, L. (1988): Einführung in die analytische Psychotherapie. Ein Lehrbuch. Springer, Berlin.

LUBORSKY, L.; CRITS-CHRISTOPH, P. (1988): Measures of psychoanalytic concepts – The last decade of research from ›the Penn Studies‹. International Journal of Psycho-Analysis 69: 75–86.

MARTY, P. (1957). Die ›allergische Objektbeziehung‹. In: BREDE, K. (Hg.), Einführung in die psychosomatische Medizin. Klinische und theoretische Beiträge. Fischer Athenäum, Frankfurt a.M., 1974.

MENTZOS, S. (1988): Die präpsychotische Struktur unter psychoanalytischen Gesichtspunkten. In: JANZARIK, W. (Hg.), Persönlichkeit und Psychose. Enke, Stuttgart, S. 18–28.

RANGELL, L. (1976): Gelassenheit und andere menschliche Möglichkeiten. Suhrkamp, Frankfurt a.M.

ROHDE-DACHSER, C. (1979): Das Borderline-Syndrom. Huber, Bern.

RUDOLF, G.; GRANDE, T.; & PORSCH, U. (1988): Die Berliner Psychotherapiestudie. Zeitschrift für Psychosomatische Medizin 34: 2–18.

SANDLER, J.; SANDLER, A.-M. (1985): Vergangenheitsunbewußtes, Gegenwartsunbewußtes und die Deutung der Übertragung. Psyche 39: 800–829.

STAATS, H. (1992): Rituale in der psychoanalytisch-interaktionellen Therapie: Das ›Prinzip Antwort‹ und die Kinderbeobachtung. Gruppenpsychotherapie und Gruppendynamik 28: 40–57.

STONE, L. (1981): Panel Report ›Contemporary problems of psychoanalytic technique‹ (chaired by H.P.Blum; reported by R.C. Simons). Journal of the American Psychoanalytic Association 29: 643–658.

STREECK, U. (1983): Abweichungen vom ›fiktiven Normal-Ich‹: Zum Dilemma der Diagnostik struktureller Ichstörungen. Zeitschrift für Psychosomatische Medizin 29: 334–349.

STREECK, U. (1988): Das handwerkliche und das realistische Verhalten des Psychotherapeuten. Praxis der Psychotherapie und Psychosomatik 33: 12–20.

STREECK, U.; WEIDENHAMMER, B. (1987): Zum Redeverhalten des Analytikers im Übertragungsgeschehen. Psyche 41: 60–75.

THOMÄ, H. (1981): Schriften zur Praxis der Psychoanalyse: Vom spiegelnden zum aktiven Psychoanalytiker. Suhrkamp, Frankfurt a.M.

THOMAS, W.J. (1966): Person und Sozialverhalten. Soziologische Texte, Bd. 26. Luchterhand, Neuwied.

VOLKAN, V.D.; AST, G. (1992): Eine Borderline-Therapie: strukturelle und Objektbeziehungskonflikte in der Psychoanalyse der Borderline-Persönlichkeitsorganisation. Vandenhoeck u. Ruprecht, Göttingen.

WILDE, K. (1994): Bemerkungen zu schwer tolerierbaren Übertragungen. In: STREECK, U.; BELL, K. (Hg.), Die Psychoanalyse schwerer psychischer Störungen. Pfeiffer, München.

II

Praxis

Franz S. Heigl und Gerhard Reister

Die Indikation zur psychoanalytisch-interaktionellen Psychotherapie

Einleitung

S. FREUD pflegte – insbesondere in seinen technischen Schriften (vor allem 1911, 1919 und 1937) – vor der Überschätzung der therapeutischen Möglichkeiten der Psychoanalyse zu warnen, zumal er selbst sich nie als »therapeutischen Enthusiasten« sah (1933, S. 163). Schon in den gemeinsam mit BREUER verfaßten »Studien über Hysterie« (1895) begrenzte er das Ziel der Therapie skeptisch realistisch darauf, »hysterisches Elend in gemeines Unglück zu verwandeln« (1895, S. 312). Dieser prognostische Pessimismus findet auch seinen Niederschlag in dem »sehr beschränkten Anwendungsgebiet der analytischen Psychotherapie« (FREUD 1905, S. 22).

Heute kennen wir die Entstehungsbedingungen und Strukturen von psychogenen Erkrankungen und ihre Folgeerscheinungen genauer und können deshalb Art und Schweregrad einer psychischen Störung oft besser beurteilen. Die Indikationsstellung für eine bestimmte Form der Psychotherapie wird dadurch natürlich erleichtert. Allerdings hat die Nachprüfung klinisch behaupteter prognostischer Faktoren durch empirische Untersuchungen deren Relevanz bisher nicht bestätigen können (z. B. STRUPP, HADLEY u. GOMES-SCHWARTZ 1979).

Die Zunahme früher (KERNBERG 1978) oder basaler (HEIGL-EVERS, HEIGL u. OTT 1993) Störungen mit einer dyadischen Beziehungspathologie in der klinisch-psychotherapeutischen Praxis im Sinne eines Wandels des Krankheitsspektrums von den neurotischen Konfliktpathologien hin zu ausgeprägten Persönlichkeitsstörungen ist allgemein bekannt, wenn auch in ihren Ursachen noch weitgehend ungeklärt. Die Entwicklung von geeigneten Therapiemaßnahmen zur Behandlung von Patienten mit psychischen Störungen im Raum zwischen den traditionell psychiatrischen Krankheitsbildern und den »klassischen Neurosen« war daher auch aus sozialmedizinischen Gründen als dringlich anzusehen.

Die 1973 von HEIGL-EVERS und HEIGL erstmals vorgestellte und in ihren theoretischen Grundannahmen und therapeutischen Implikationen stets weiterentwickelte interaktionelle Methode (HEIGL-EVERS u. HEIGL 1973, 1979, 1980a, 1980b, 1983a, 1987, 1988a; HEIGL-EVERS, HEIGL u. OTT 1993; HEIGL-EVERS u. HENNEBERG-MÖNCH 1985; HEIGL-EVERS u. NITZSCHKE 1991, HEIGL-EVERS u. STREECK 1983; 1985) gehört zu den Modifikationen der Psychoanalyse für das Klientel der präödipalen, ich-strukturellen Störungen (FÜRSTENAU 1977). Für dieses gilt das Überwiegen von Teil-Objekt-Beziehungen mit der Folge von archaischen Übertragungsverzerrungen und der Konstellierung primitiver psychosozialer Konflikte.

Im folgenden wollen wir Kriterien diskutieren, die bei der Differential-Indikation zur psychoanalytisch-interaktionellen und klassisch-psychoanalytischen Therapie eine Rolle spielen und zugleich auf den behandlungstechnischen Umgang mit ihnen aufmerksam machen.

Phänomenale Kriterien der Indikation

Unter phänomenalen Kriterien der Indikation verstehen wir direkt beobachtbare Faktoren wie die Symptomatik des Patienten, seine soziale Situation, seine biologischen und konstitutionellen Voraussetzungen.

Art und Dauer der Symptomatik, ihr subjektiver und objektiver Krankheitswert, die Persistenz von Primordialsymptomen, Einstellung zu und Umgang des Patienten mit seinen Symptomen, die Art des Leidensgefühls (BLANKENBURG 1981), seine soziale Stellung, die Modifizierbarkeit seiner Lebenssituation, seine eventuelle Eingebundenheit in eine familiäre Neurose, sein Alter, sein Intelligenzniveau, Begabung und Talente, körperliche Behinderungen – all diese Merkmale sind von prognostischer und im engen Zusammenhang damit auch von indikatorischer Bedeutung.

Grundsätzlich gilt: Je chronifizierter und fixierter die Symptomatik, je unbeweglicher und starrer der Patient im Umgang mit ihr und in seinen sozialen Bezügen, je weniger gewachsen er dem »Leistungstest des Lebens« (ALEXANDER u. FRENCH 1946) ist, um so infauster ist die Prognose und um so zurückhaltender ist die Indikation für die »klassische« psychoanalytische Psychotherapie zu stellen. So ergibt sich bei Vorliegen dieser ungünstigen phänomenalen Kriterien unter Umständen die Notwendigkeit, auf eher sozialpsychiatrische, stützende und beschützende oder medikamentöse Maßnahmen zurückzugreifen (vgl. HEIGL 1976, 1978). In jedem Fall sind diese dann indiziert, wenn die äußeren (sozialen) Bedingungen dem Patienten keine oder nur äußerst geringe Möglichkeiten der Veränderung im Sinne einer alloplastischen Anpassung bei gleichzeitiger Unmöglichkeit autoplastischer Modifizierung erlauben, wie zum Beispiel bei einem chronisch dissozialen Polytoxikomanen, der sich auf seinen Modus vivendi eingerichtet hat, ohne jede Motivation, überhaupt etwas zu ändern.

Im Umgang mit solchen Patienten kommt es wesentlich darauf an, erst einmal eine therapeutische Beziehung herzustellen. Unter der Vorstellung, daß die psychoanalytisch-interaktionelle Psychotherapie geeignet ist, benigne Introjekte im Patienten zu etablieren (HEIGL-EVERS u. HEIGL 1983a), kann sich die Gesprächsführung bei solchen stützenden und beratenden Therapiemaßnahmen an der interaktionellen Technik orientieren. Es geht hier um eine Art »sozialpsychologisches Management« realer Beziehungen, bei dem ein aufdeckendes und deutendes Vorgehen schon allein deshalb verfehlt wäre, weil sich daraus keine realen Konsequenzen für die Betreuung ergeben würden.

Die phänomenalen Kriterien stellen noch undifferenzierte und für sich genommen nicht ausreichende Anhaltspunkte für die Entscheidung dar, welche Behandlungsmaßnahme sinnvoll sein könnte. Für Indikation und Prognose ausschlaggebend sind die im folgenden Abschnitt zu besprechenden strukturellen Kriterien.

Strukturelle Kriterien der Indikation

Damit bezeichnen wir die aus der Charakterstruktur des Patienten mit Hilfe tiefenpsychologischer Diagnostik erfaßbaren Faktoren, die spezifisch für seine individuelle Persönlichkeit und von relativer Dauer sind (HEIGL 1978, S. 81f.; HOFFMANN 1979; RAPAPORT 1973, S.43ff.). In Anlehnung an KERNBERG (1970, 1978, 1981) diskutieren wir die strukturellen Gegebenheiten, insofern sie sich auf die Indikation zur psychoanalytisch-interaktionellen Therapie beziehen, und zwar unter den Gesichtspunkten der Triebentwicklung, der Störungen des Ich und Über-Ich und der internalisierten Objekt-Beziehungen. Außerdem beschäftigen wir uns mit der Struktur der Abwehrorganisation.

Triebentwicklung

In der klassischen psychoanalytischen Theoriebildung hat der Ödipus-Komplex als Kernkonflikt der Neurosen eine zentrale Bedeutung. Das Studium der präödipalen (Trieb-)Entwicklung stand überwiegend im Zeichen des Interesses für regressive Vorgänge mit der Wiederbelebung der frühen oralen und analen Thematik und der entsprechenden Fixierung der Libido.

Die subtile Untersuchung der frühkindlichen Entwicklung (u.a. KLEIN 1962; MAHLER, PINE u. BERGMAN 1978; MAHLER 1983, 1985; SPITZ 1973, 1983) ließ im Zusammenhang mit den Ergebnissen der psychoanalytischen Ich-Psycholgie (u. a. BELLAK, HURVICH u. GEDIMAN 1973; BLANCK u. BLANCK 1978; HARTMANN 1960) und der Objektbeziehungstheorie der Psychoanalyse (u. a. FAIRBAIRN 1952; GUNTRIP 1968; KERNBERG 1981; SUTHERLAND 1963; VOLKAN 1978) ein neues Licht auch auf die typischen Triebinhalte präödipaler Konflikte fallen.

Wir wollen hier nicht in extenso auf die theoretischen genetisch-dynamischen Konzepte der frühen Triebentwicklung eingehen, die ohnehin nur im Gesamt der deskriptiven, strukturellen und dynamischen Betrachtungsweisen verstehbar sind (KERNBERG 1978, S. 25–67; KERNBERG 1981, S. 84–107). Wichtig scheint uns aber die zentrale Bedeutung prägenitaler, insbesondere oraler Aggressionen, die von M. KLEIN (1962) für die Borderline-Persönlichkeit betont und von KERNBERG (1978) in seinem Konzept dieser »frühen Störung« unterstrichen wurden; letzterer wies auf die »spezifische Verschränkung prägenitaler und genitaler Konflikte« und die »*vorzeitige* Entwicklung ödipaler Konflikte vor dem 2. oder 3. Lebensjahr« (1978, S. 63) besonders hin. Dabei dominieren die aggressiven Bedürfnisse, die KERNBERG unter anderem auf eine Häufung schwerer Frustrationen in der frühen Kindheit zurückführt. Daraus resultieren Objektbeziehungen mit einer mangelhaften Differenzierung von Selbst- und Objekt-Repräsentanzen. Dyadische Beziehungsmuster persistieren und führen zu Störungen im Affektsystem, in den Ich-Funktionen und zur Konstellierung primitiver psychosozialer Konflikte (HEIGL-EVERS, HEIGL u. OTT 1993).

Allgemein kann man, ohne pejorativ zu sein, von einer primitiven oder archaischen Trieb- und Affekt-Konstellation bei diesen basalen Störungsbildern sprechen. Im Gegensatz zur Konfliktverarbeitung bei primär ödipalen Störungen ergeben sich durchaus infantilere und die Gesamtpersönlichkeit in umfassenderem Maße betreffende Verhaltens- und Erlebensweisen des jeweiligen Individuums. Es mag unmittelbar einleuchten, daß Patienten mit solchen Störungen ständig bedroht sind, von ihren archaischen Triebimpulsen und Affekten überschwemmt zu werden – bei Gefahr der weiteren Desintegration der Persönlichkeit bis hin zur (psychotischen) Ich-Fragmentierung.

In der therapeutischen Arbeit mit ihnen sind daher sowohl die Aspekte des Schutzes und der Sicherheit vor Desintegration zu berücksichtigen als auch die Notwendigkeit, genügend Raum zur Äußerung und zum Erleben dieser primitiven Trieb- und Affektdispositionen zu geben. Die Deutung solch archaischer Triebbedürfnisse oder Impulse würde genauso wie ihre ausschließliche Behandlung als Widerstand die Gefahr heraufbeschwören, das sowieso schon fragile psychische Gleichgewicht vollends ins Wanken zu bringen.

Die interaktionelle Methode hat hier den Vorteil, eher synthetisierend zu wirken, indem der Beziehungsaspekt der Triebe und Affekte real durch die Reaktion des therapeutischen Gegenübers verdeutlicht wird. Es kann zu Angstminderung führen, wenn der Patient erfährt, daß seine archaischen Impulse, insbesondere die oral-aggressiven und destruktiven, eben nicht zum gefürchteten phantasierten Tod des Interaktionspartners führen (gefürchtet wird ja mehr als nur der Beziehungsabbruch) bzw. entsprechende Gegenreaktionen auslösen. Die Erfahrung, daß der Therapeut nicht dem frühen verfolgenden und frustrierenden Objekt gleicht, vielmehr mit einer Mischung aus aggressiven und libidinösen Gefühlen antwortet, kann Lernvorgänge über Identifizierung und Internalisierung in Gang bringen (HEIGL u. TRIEBEL 1977).

Nun könnte eingewendet werden, im klassischen psychoanalytischen Setting geschähe im Grunde nichts anderes. Wir sehen den Unterschied hier darin, daß wir bei der psychoanalytisch-interaktionellen Methode die Übertragung nicht anwachsen lassen, um sie später zu deuten, sondern sie auf der Ebene der Interaktion als primitive Übertragungsverkennung, die ja für den Patienten enorm ängstigend ist, direkt bearbeiten, indem wir sie gerade nicht annehmen, sondern als reales und benignes Objekt Modifizierungen der Objektrepräsentanzen durch Antworten ermöglichen.

Ich-Funktionen und Affekte

FREUD fordert – neben anderen Voraussetzungen – vom Analysanden in der psychoanalytischen Kur ein relativ reifes Ich, das »Normal-Ich« (FREUD 1937), das beim Menschen als »physiologischer Frühgeburt« erst mit dem Abschluß der für seine Konstituierung nötigen Identifizierungsvorgänge als stabile innere Struktur vorliegt. FREUD (1923) meint, daß dies mit dem Ende des Ödipuskomplexes zusammenfällt.

Die Entwicklung einer stabilen Ich-Identität ist auf dem Weg von frühen »Ich-Kernen« (GLOVER 1955) bis hin zum reifen erwachsenen Ich in mannigfacher Weise störbar; dabei spielen neben mangelhaften Entwicklungsbedingungen auch konflikthafte Faktoren eine Rolle. »Autonome Ich-Funktionen« (HARTMANN 1960) wie Wahrnehmung, Willensbildung, Aufmerksamkeit und Gedächtnis, Denken und andere stellen dagegen weit weniger störbare Ich-Sphären dar.

Die anderen Ich-Funktionen (Zusammenstellung bei BELLAK, HURVICH u. GEDIMAN 1973) konstellieren sich allmählich in einem Prozeß, in dem affektive, introjektive und identifikatorische Mechanismen von großer Bedeutung sind (ausführlich KERNBERG 1981, S. 13-135; vgl. CIOMPI 1982; ERIKSON 1966; JACOBSON 1973; M. KLEIN 1962; RAPAPORT 1973). Störungen dieser Vorgänge führen zu Schwächen oder gar zu Defiziten der Ich-Funktionen.

Ich-Stärke beruht auf der Verfügbarkeit von Ich-Funktionen; diese können gegliedert werden in solche Funktionen, die der Beziehung zur äußeren Realität dienen, ferner in die Funktion der Steuerung und Kontrolle der Triebe und Affekte und schließlich in die Funktionen, die der Beziehungsgestaltung dienen (Heigl 1976), das heißt den zwischenmenschlichen Austausch organisieren und strukturieren.

Bei der Einschätzung der Realitätsprüfungsfunktion eines Patienten kommt es vor allem darauf an, seine Fähigkeit zu beurteilen, zwischen den Reizen und Fakten der Außenwelt und den Wünschen und Phantasien seiner Innenwelt zu unterscheiden (Heigl 1978); damit einher geht die Fähigkeit zur Innenwahrnehmung (Binnenwahrnehmung; vgl. Sachsse 1984). Zur prognostischen Beurteilung der Ich-Funktion der Objekt-Beziehung sind vor allem deren Unterfunktionen der Kontaktinitiative, Beziehungskonstanz und der Art der interpersonellen Bezogenheit wichtig. Die Fähigkeit zur Steuerung von Affekten reicht vom impulsgetriebenen Charakter der sogenannten Soziopathen bis zum rigiden, überkontrollierten Gefühlsausdruck zwangsneurotischer Persönlichkeiten. Die Fähigkeit, Angst, Frustration, Enttäuschung, Aufschub erwarteter Befriedigung und Eintritt unerwarteter Ereignisse auszuhalten (Frustrationstoleranz) ist ein besonders wichtiges indikatorisches und prognostisches Kriterium.

Allgemein gilt: Schwere Defizite und Mängel in einer oder Schwächen in mehreren Ich-Funktionen, vor allem den oben dargestellten, stellen meist eine Kontraindikation für eine klassische psychoanalytische Psychotherapie dar – weil schon das Setting mit der Abstinenzhaltung des Psychoanalytikers und mit dem Fehlen der Sichtkontrolle des Patienen als zu beunruhigend und frustrierend erlebt wird (Heigl 1978).

Mängel und Defizite der Ich-Funktionen kommen bei allen basal gestörten Patienten vor. Ist die Realitätsprüfungsfunktion defizitär, steht der betreffende Patient – auch aufgrund seiner durchweg symbiotischen Beziehungsformen – ständig in Gefahr, seine Phantasien für Realität zu halten. Im Extremfall zeigt sich dieser Sachverhalt im psychotischen Erleben. Ist seine Frustrationstoleranz schwer beeinträchtigt, wird er häufig in unerträgliche Zustände geraten – entweder mit Selbstdestruktivität oder selbstschädigendem aggressiven Verhalten. Er wird auch enorme Schwierigkeiten mit den Begrenzungen und Versagungen haben, die die Therapie von ihm fordert. Die gestörte Fähigkeit zur Impulskontrolle kann ebenfalls selbstschädigende Formen annehmen, während eine mangelnde Objektkonstanz Phasen von totaler innerer Leere hervorzurufen in der Lage ist.

Solchen die Selbstintegration bedrohenden Zuständen muß therapeutisch rechtzeitig begegnet werden. Die Möglichkeit, sie eventuell psychodynamisch verstehen und interpretieren zu können, enthebt den Therapeuten nicht der Notwendigkeit, seinem Patienten auf längere Sicht eine Nachreifung der gestörten Ich-Funktionen zu ermöglichen. Eine Deutung nach dem Motto: »Sie verhalten sich jetzt so, weil ...«, würde das jeweilige Ich-Funktions-Defizit als gegeben hinnehmen und es nicht als pathologische Struktur kennzeichnen. Der Patient hätte keine Möglichkeit, die Störung seiner Ich-Funktion als solche zu erkennen, sich mit ihren (interpersonellen und innerpsychischen) Folgen auseinanderzusetzen und sie in der Therapie allmählich zu bearbeiten und aufzulösen.

In der therapeutischen Arbeit mit solchen Patienten besteht also die Notwendigkeit, frühzeitig Ich-Funktions-Mängel anzusprechen und sie in ihren Auswirkungen im interpersonellen Bereich zu verdeutlichen. Übernahme von Hilfs-Ich-Funktionen durch den Therapeuten können hier nützlich und förderlich sein. Dies kann dem Behandler, der nach der psychoanalytisch-interaktionellen Methode vorgeht, deshalb gut gelingen, weil er realer Interaktionspartner ist und nicht aufgrund der Abstinenz- und Neutralitätsregeln gehalten ist, zum Beispiel von bewertenden oder urteilenden Äußerungen, die etwa die Fähigkeit zur Realitätsprüfung fördern, Abstand zu nehmen. Im interpersonellen Austausch ist die Möglichkeit eröffnet, durch Antwort (statt Deutung) Hilfs-Ich-Funktionen zu übernehmen und so zu einer Nachreifung defizitärer Ich-Funktionen zu kommen.

Abwehr-Organisation

Die Abwehrmechanismen sind Leistungen des Ich (A. FREUD 1936). Wir behandeln sie hier getrennt vom vorhergehenden Kapitel und tragen damit einerseits ihrer besonderen Bedeutung für die Differential-Indikation Rechnung; zum anderen scheinen uns die Ich-Funktionen eher vom deskriptiv-phänomenologischen, die Abwehrmechanismen eher von einem dynamischen Standpunkt her beschreibbar.

Die psychoanalytische Entwicklungs-Psychologie (u.a. KLEIN 1962; MAHLER, PINE u. BERGMAN 1978; MAHLER 1983, 1985; SPITZ 1973, 1983) hat bestimmten Stufen in der psychosexuellen Entwicklung typische Abwehrmechanismen zuordnen können, die bei entwicklungsbedingten oder konflikthaften psychischen Störungen persistieren und einen guten Teil dessen ausmachen, was wir Charakter nennen (vgl. HOFFMANN 1979).

Etwas vereinfacht gesprochen kann man davon ausgehen, daß früh im Leben eines Menschen erworbene Störungen Abwehrmechanismen wie z.B. Spaltung in »nur gute« und »nur böse« Objekte, Affektzustände und Selbstbilder sowie den Mechanismus der projektiven Identifizierung (HEIGL-EVERS u. HEIGL 1983b; KLEIN 1962; OGDEN 1979) nötig machen, während spätere Störungsbedingungen Abwehrmechanismen vom Typus Verdrängung entstehen lassen. Dies hängt in erster Linie von der Art der zum jeweiligen Zeitpunkt vorherrschenden Objekt-Beziehung ab.

KERNBERG (1978, 1981) hat den aktiven Abwehrmechanismus der Spaltung als typisch für die Borderline-Persönlichkeit dargestellt und seine Entstehungsbedingungen ausführlich erläutert. Hier soll nur darauf verwiesen und betont werden, daß das Fortbestehen von Spaltungsmechanismen einen wichtigen Hinweis auf das Vorliegen einer schweren Charakter-Pathologie und unzureichend integrierte Ich- und Überich-Strukturen gibt.

Ähnliches gilt für den von M. KLEIN (1962) eingeführten und von OGDEN (1979) stringent konzeptualisierten Abwehrmechanismus der projektiven Identifizierung. Es handelt sich dabei um einen Prozeß, in dem Fantasie und sie begleitende Objekt-Beziehungen eingesetzt werden, um sich von einem unerwünschten oder gefährlichen Selbstanteil zu distanzieren und ihn gleichzeitig im Empfänger der Projektion zu deponieren, wo er kontrolliert und von dem er in metabolisierter Form reintrojiziert werden kann (vgl. das Konzept des »interaktionellen Anteils der Übertragung« von KÖNIG 1982).

Es mag aus dieser Beschreibung der beiden exemplarischen Abwehrmechanismen deutlich geworden sein, daß hier grundlegende Unterschiede bestehen zu den reifen Abwehrmechanismen wie Verdrängung, Rationalisierung und anderen. Die erstgenannten archaischen Abwehrmechanismen dienen dem Versuch, eine von Desintegration bedrohte Gesamtpersönlichkeit vor primitiven sadistischen und destruktiven Selbst- und Objekt-Imagines zu schützen. Das ist auch qualitativ etwas anderes als das konfliktbedingte Fernhalten bestimmter unverträglicher und angstmachender Triebimpulse bei einer ansonsten bezüglich ihres Ich und Über-Ich relativ reifen integrierten Persönlichkeit durch Verdrängung oder ähnliches.

Der antwortende Therapeut kann in einem System solcher introjektiv-projektiver Bezogenheiten deshalb synthetisierend und metabolisierend wirken, weil er es als eine Person mit realen Anteilen betritt und somit Übertragungsverzerrungen frühzeitig deutlich machen kann, die ausschließlich malignen Charakter haben. Deutungen könnten den Patienten dagegen kaum erreichen, da er keine guten inneren Objekte zur Verfügung hat; er muß sie deshalb überwiegend als feindliche und destruktive Äußerungen erleben.

Über-Ich-Entwicklung und Ich-Ideal

Das Über-Ich entwickelt sich nach den Vorstellungen S. FREUDS (1923) aus dem Ich und konstituiert sich in seiner reifen Form während der Lösung des Ödipus-Konfliktes. Wir sprechen dann mit KERNBERG (1978, S. 39, 62, 98) von einem abstrahierten, depersonifizierten und integrierten Über-Ich.

Früheste Über-Ich-Strukturen »leiten sich aus der Internalisierung von übertrieben feindlichen, außerordentlich unrealistischen Objektbildern ab und repräsentieren sadistisch determinierte Vorläufer des Über-Ich, die desto gewichtiger sind, je stärker die prägenitale Frustration und Aggression ist« (KERNBERG 1981, S 72). Die Integration internalisierter libidinöser und aggressiver Objekt-Imagines in Verbindung mit magischen, wunschbestimmten Ideal-Selbstvorstellungen und Ideal-Objektvorstellungen (primitive Idealisierung) kann letztlich nur durch »Internalisierung der realistischeren Forderungen und Verbote der Elterngestalten während der ödipalen Phase der Entwicklung« (KERNBERG 1981, S. 73) gelingen. »Der scharfe Gegensatz zwischen Über-Ich und Ich nimmt allmählich ab« (KERNBERG 1981, S. 74). Störungen der Über-Ich-Integration in der präödipalen Entwicklung führen zu einer unrealistischen, primitivsadistischen Qualität des Über-Ich. Exzessive Verdrängung von Triebbedürfnissen führt zu schweren neurotischen Erkrankungen. Frühe idealisierte Eltern-Imagines können zu extrem hohen, nicht realisierbaren Ich-Ideal-Bildungen führen, unter denen das Selbstwertgefühl eines Menschen im ständigen Vergleich mit den realen Möglichkeiten (Real-Selbst) entweder schwer beeinträchtigt ist oder mit dem Preis einer narzißtischen Störung, in der Real-Selbst, Ideal-Selbst und Ideal-Objekt verschmelzen, »bezahlt« werden muß (KERNBERG 1978). Permanente Mißerfolgserlebnisse bedingen dann nicht nur deletäre Folgen für Selbstwertgefühl und Selbstvertrauen, sondern schränken auch die Lernfähigkeit des Betreffenden dadurch ein, daß der wichtige Reiz des Lernens am Erfolg fehlt und damit auch der für jede konfliktzentrierte Psychotherapie so entscheidende Impuls zum emotionalen und sozialen Lernen (HEIGL 1978).

Patienten mit einem ungenügend integrierten archaischen Über-Ich und sadistisch-perfektionistischen Ich-Idealen sind im klassischen psychoanalytischen Setting auch aufgrund ihrer ausgeprägten Projektionsneigung nur schwer zu behandeln. Sie erleben Deutungen überwiegend als destruktiven Angriff und sind deshalb bestrebt, sich durch Zurückweisung zu schützen. »Der Skala: sich selbst anklagen – herabsetzen – verachten – hassen – vernichten wollen, entspricht eine zunehmend schwierige Psychotherapiearbeit, sind doch Art und Ausmaß dieser aggressiv-destruktiven Selbstkritik – im Gegensatz zu einer wohlwollenden, konstruktiven – ein Indikator für den Mangel an Selbstbejahung und für das Maß der Identitätsstörung« (HEIGL 1978, S. 142).

Die Notwendigkeit, die primitiv-verfolgenden Introjekte, so wie sie sich in den archaischen Über-Ich-Forderungen darstellen, in ihrer desintegrierenden Wirkung abzuschwächen, um stabile Identifizierungen zu erreichen, erfordert spezifische therapeutische Vorgehensweisen. Dazu gehört zum einen das frühzeitige Ansprechen archaischer Übertragungskonstellationen und primitiver Projektionen. Gelingt es dem Therapeuten, benigne Introjektionen zu fördern, kann es zu zunehmender Integration des Über-Ich kommen. Zum anderen besteht die therapeutische Aufgabe darin, den Patienten vor der selbstdestruktiven Wirkung seines Über-Ich und seines Ich-Ideals zu schützen. Dies kann durchaus in Form von Bestätigung und libidinöser Zuwendung geschehen. Es ist wohl nicht daran zu zweifeln, daß der interaktionell antwortende Therapeut hier entscheidend mehr Möglichkeiten hat als der deutende Analytiker, der darauf vertrauen kann, daß das integrierte Über-Ich seines Patienten auch wohlwollende Anteile hat. Libidinöse Äußerungen des Therapeuten sind dazu geeignet, benigne Internalisierungsprozesse in Gang zu bringen und letzlich damit libidinös-aggressiv gemischte Über-Ich- und Ich-Ideal-Forderungen zu erreichen.

Internalisierte Objekt-Beziehungen

Die Fähigkeit eines Individuums, mit anderen Menschen befriedigende Beziehungen einzugehen und aufrechtzuerhalten, ist Ausdruck einer Funktion des Ich (BELLAK, HURVICH u. GEDIMAN 1973). Das Vermögen zur Regulierung von Selbst-Objekt-Grenzen und zur Objekt-Konstanz, die Wahrnehmung und das Erleben von Objekten als unabhängige Einheiten, können einen unterschiedlichen Entwicklungsgrad aufweisen und geben damit ein Bild von der Infantilität oder Reife der Objektbeziehungen.

Es ist ein Verdienst der psychoanalytischen Objektbeziehungs-Theorien (u.a. FAIRBAIRN 1952; GUNTRIP 1968; KERNBERG 1981; VOLKAN 1978), die Entwicklung der psychischen Strukturen mit Internalisierungen bedeutsamer früher Objekt-Beziehungen in Verbindung gebracht und ihre Störungsbedingungen beschrieben zu haben. Danach können z.B. aufgrund des »Versagens« (WINNICOTT 1974) der Objekte sehr früh Fixierungen mit archaischen Introjekten und instabilen Identifizierungen persistieren, die die gegenwärtigen Beziehungen soweit prägen, daß für die realitätsgerechte Wahrnehmung des anderen wenig oder gar kein Platz mehr bleibt. Primitive Übertragungen führen zur Konstellierung schwerer psychosozialer Konflikte mit diffusen Enttäuschungs- und Kränkungsreaktionen (HEIGL-EVERS, HEIGL u. OTT 1993, S. 203). Die Möglichkeit, in dauerhaften Objektbeziehungen die Art der Beziehung flexibel und frei zu gestalten, Reziprozität, Empathie und Ungezwungenheit der Kommunikation sind dann stark eingeschränkt oder nicht vorhanden. Realitätsangepaßte, ambivalent erlebbare Beziehungen mit deutlicher Trennung von Selbst- und Objekt-Repräsentanzen kommen nicht vor, es überwiegen Partial-Objekt-Beziehungen.

Beim Neurosekranken, der über eine stabile Ich-Identität aufgrund gelungener Internalisierungen verfügt, sind die Übertragungsverkennungen durch Konflikte bedingt; in der Psychotherapie werden diese analysiert und gedeutet und geben realitätsgerechten Beziehungen Raum.

Bei den entwicklungsbedingten »frühgestörten« Patienten

sollten vor der eventuellen Bearbeitung von psychodynamisch relevantem Konfliktmaterial zunächst Internalisierungsprozesse nachgeholt werden, die in der frühen Sozialisation nicht möglich waren: pathogene Objekt-Beziehungen sollen durch benigne abgelöst werden (HEIGL-EVERS u. HEIGL 1983a). Andernfalls droht bei der instabilen Identität dieser Patienten deren Desintegration. Der interaktionell antwortende Therapeut ist in der Lage, auf direktem Weg, nämlich durch Introjektions- und Identifizierungs-Angebote, solche Prozesse einzuleiten. Er stellt ein Objekt dar, das aggressive und libidinöse Impulse in der therapeutischen Beziehung gemischt vermittelt, wodurch eine für den Patienten neue Objekt-Beziehung ermöglicht wird.

Therapeuten-geleitete Indikationskriterien

Die noch so differenzierte Aufstellung objektiver Indikationskriterien enthebt uns als Therapeuten nicht der Verpflichtung, unserer subjektiven Einbezogenheit in den diagnostischen und therapeutischen Prozeß Rechnung zu tragen. Sogar in den exakten Naturwissenschaften wird anerkannt »daß der Zugriff der Methode ihren Gegenstand verändert« (HEISENBERG 1965, S. 21) und daß nicht ein Bild der Natur beschrieben wird, sondern »ein Bild unserer Beziehung zur Natur« (a.a.O.).

So werden wir uns damit auseinandersetzen müssen, daß »die Struktur des Therapeuten auch seine Indikationsstellung beeinflußt« (HEIGL 1978, S. 147; vgl. RIEMANN 1959) – wie auch seine diagnostischen und therapeutischen Vorgehensweisen, wie wir wohl zu Recht hinzufügen dürfen (vgl. MENTZOS 1980, S. 104). Jenseits eines narzißtischen Allmachtsanspruchs, jeden Patienten gleich gut behandeln zu können, ist die Reflexion unserer eigenen Beteiligung bei Diagnostik und Indikationsstellung vonnöten, so wie wir es bei der Analyse unserer Gegenübertragungsgefühle in der täglichen therapeutischen Arbeit gewohnt sind (vgl. HEIGL 1960, 1966; SANDLER 1976).

Darüber hinaus erfordert der therapeutische Umgang mit frühgestörten Patienten ein hohes Maß an innerer Bereitschaft, sich auf deren pathologische Übertragungsverzerrungen einzulassen und sich ihnen zu stellen; insbesondere ihre archaisch-destruktiven Anteile fordern eine hohe Frustrationstoleranz vom Therapeuten, der zudem dabei gleichmäßig konstant und zuverlässig bleiben soll. Die Gefahr des Gegenübertragungs-Agierens ist hier – wie KERNBERG (1978, S. 80) zutreffend feststellt – vor allem zu beachten.

Ohne ein basales Sich-Einfühlen-Können, ohne Präsenz, Respekt und emotionale Akzeptanz wird die therapeutische Arbeit mit dieser Klientel nicht gelingen können. Die Fähigkeit zum Mitgefühl wird sich in Phasen heftiger Gegenübertragungs-Reaktionen manchmal nur über kognitive Urteile (wieder-)herstellen lassen, dann, wenn sich die Vergegenwärtigung der tragischen Elemente im Schicksal des Patienten als Erbarmen niederschlägt (HEIGL-EVERS, HEIGL u. OTT 1993, S. 208).

Der Therapeut sollte also gewisse psychosoziale Voraussetzungen mitbringen, die mit den Stichworten soziale Kompetenz, Expressivität, relativ konfliktfreier Exhibitionismus hier nur angedeutet werden können. In der psychoanalytisch-interaktionellen Psychotherapie wird der Therapeut als reale Person deutlich: er zeigt eigene – vor allem auch defensive, aversive und libidinöse – Gefühlsantworten, er urteilt und bewertet, äußert kognitive Urteile, macht normative Vorschläge. Dies kann die Gefahr heraufbeschwören, daß er sich vom verstehenden und benignen Interaktionspartner zu einer Art pädagogischer Über-Ich-Figur entwickelt, bei der fördernde Internalisierungsprozesse kaum noch stattfinden können; bestenfalls hat der Patient dann noch die Chance, sich durch Überanpassung und Unterwerfung vor diesem neuerlichen verfolgenden Objekt zu schützen. Damit wäre nichts gewonnen.

Die große Verantwortung des interaktionellen Therapeuten, insofern er gerade nicht das Maß aller Dinge sein will, findet ihren Niederschlag in seiner Bereitschaft, das Verfahren theoretisch und praktisch (Selbsterfahrung) zu erlernen und sich bewußt zu sein, daß er mit seiner Persönlichkeit auch einen limitierenden Faktor bei der Indikationsstellung darstellt.

Zusammenfassung

Für die Anwendung der psychoanalytisch-interaktionellen Psychotherapie gelten bestimmte Indikationskriterien, die eng mit prognostischen Faktoren verknüpft sind. Neben den phänomenalen Charakteristika wie Symptomatik, Leidensgefühl, sozialen Bedingungen, Motivation u.a. sind es vor allem die strukturellen Voraussetzungen, die für den Gebrauch gerade dieser psychoanalytischen Therapiemethode den Ausschlag geben. Dazu zählen von der Triebentwicklung her gesehen die prägenitalen Störungen mit ihrem Überwiegen oraler Aggressionen, meist aufgrund früher inadäquater Frustrationen in der Mutter-Kind-Beziehung. Wegen nicht gelungener Internalisierungsprozesse unzureichend integrierte Strukturen von Ich und Über-Ich, denen es der Depersonifizierung und Abstraktion ermangelt, verhindern in Verbindung mit sadistisch-perfektionistischen Ich-Ideal-Forderungen die Entwicklung einer stabilen Ich-Identität. Archaisch-primitive Abwehrmechanismen wie Spaltung und projektive Identifizierung persistieren und unterstützen den Partialcharakter der Objekt-Beziehungen, die ein Abbild der frühgenetischen interpersonellen Kommunikation zwischen dem betreffenden Individuum und seinen bedeutenden Bezugspersonen darstellen. Wir finden diese Bedingungen überwiegend bei Patienten mit basalen dyadischen Beziehungsstörungen (Borderline-, präpsychotischen und Suchtstrukturen, psychosomatischen Erkrankungen, narzißtischen Persönlichkeitsstörungen, Perversionskrankheiten und Impulsneurosen). Den Indikationskriterien auf seiten des Patienten stehen die therapeutengeleiteten Merkmale gegenüber. Zu fordern ist neben fachlicher und sozialer Kompetenz vor allem die ständige Analyse der eigenen Beteiligung am diagnostischen und therapeutischen Prozeß.

Literatur

ALEXANDER, F.; FRENCH, T.M. (1946): Psychoanalytic therapy. Ronald Press, New York.
BELLAK, L.; HURVICH, M.; GEDIMAN, H.K. (1973): Ego functions in schizophrenics, neurotics, and normals. Wiley, New York.
BLANCK, G.; BLANCK, R. (1978): Angewandte Ich-Psychologie. Klett-Cotta, Stuttgart.
BLANKENBURG, W. (1981): Der »Leidensdruck« des Patienten in seiner Bedeutung für Psychotherapie und Psychopathologie. Nervenarzt 52: 635–642.
CIOMPI, L. (1982): Affektlogik. Über die Struktur der Psyche und ihre

Enwicklung. Ein Beitrag zur Schizophrenieforschung. Klett-Cotta, Stuttgart.

ERIKSON, E.H. (1966): Identität und Lebenszyklus. Suhrkamp, Frankfurt a. M.

FAIRBAIRN, W.R.D. (1952): Psychoanalytic studies of the personality. Tavistock Publications, London.

FREUD, A. (1936): Das Ich und die Abwehrmechanismen. Internationaler Psychoanalytischer Verlag, Wien.

FREUD, S.; BREUER, J. (1895): Studien über Hysterie. Ges. Werke, Bd. I. Fischer, Frankfurt a. M., S. 75–312.

FREUD, S. (1905): Über Psychotherapie. Ges. Werke, Bd. V. Fischer, Frankfurt a.M.

FREUD, S. (1911): Die zukünftigen Chancen der psychoanalytischen Therapie. Ges. Werke, Bd. VIII. Fischer, Frankfurt a.M., S. 103–115.

FREUD, S. (1919): Wege der psychoanalytischen Therapie. Ges. Werke, Bd. XII. Fischer, Frankfurt a.M.

FREUD, S. (1923): Das Ich und das Es. Ges. Werke, Bd. XIII. Fischer, Frankfurt a.M., S. 235–289.

FREUD, S. (1933): Neue Folge der Vorlesungen zur Einführung in die Psychoanalyse. Ges. Werke, Bd. XV. Fischer, Frankfurt a.M., S. 1–197.

FREUD, S. (1937): Die endliche und die unendliche Analyse. Ges. Werke, Bd. XVI, S. 57–99.

FÜRSTENAU, P. (1977): Die beiden Dimensionen des psychoanalytischen Umgangs mit strukturell ich-gestörten Patienten. Psyche 31: 197–207.

GLOVER, E. (1955): The technique of psychoanalysis. International Universities Press, New York.

GUNTRIP, H. (1968): Schizoid phenomena, object relations and the self. Hogarth Press, London.

HARTMANN, H. (1960): Ich-Psychologie und Anpassungsproblem. Klett, Stuttgart.

HEIGL, F. (1960): Über Bedeutung und Handhabung der Gegenübertragung. Zeitschrift für Psychosomatische Medizin 6: 110–123.

HEIGL, F. (1966): Zur Handhabung der Gegenübertragung. Fortschritte der Psychoanalyse 2: 124–140.

HEIGL, F. (1976): Indikation zur Psychotherapie. Nervenarzt 47: 217–224.

HEIGL, F. (1978): Indikation und Prognose in Psychoanalyse und Psychotherapie. 2. Auflage. Vandenhoeck u. Ruprecht, Göttingen.

HEIGL, F.; TRIEBEL, A. (1977): Lernvorgänge in psychoanalytischer Theorie. Huber, Bern/Stuttgart/Wien.

HEIGL-EVERS, A.; HEIGL, F. (1973): Gruppenpsychotherapie: Interaktionell – tiefenpsychologisch fundiert (analytisch orientiert) – psychoanalytisch. Gruppenpsychotherapie und Gruppendynamik 7: 132–157.
HEIGL-EVERS, A.; HEIGL, F. (1979): Interaktionelle Gruppenpsychotherapie. In: HEIGL-EVERS, A.; STREECK, U. (Hg.), Die Psychologie des 20. Jahrhunderts, Bd. VIII. Kindler, Zürich.
HEIGL-EVERS, A.; HEIGL, F. (1980a): Zur Bedeutung des therapeutischen Prinzips der Interaktion. In: HAASE, H. (Hg.), Psychotherapie im Wirkungsbereich des Psychiatrischen Krankenhauses. Perimed, Erlangen, S. 87–103.
HEIGL-EVERS, A.; HEIGL, F. (1980b): Zum interaktionellen Prinzip in der Psychoanalyse. Schleswig-Holsteinisches Ärzteblatt 33: 234–238.
HEIGL-EVERS, A.; HEIGL, F. (1983a): Das interaktionelle Prinzip in der Einzel- und Gruppenpsychotherapie. Zeitschrift für Psychosomatische Medizin 29: 1–14.
HEIGL-EVERS, A.; HEIGL, F. (1983b): Die projekive Identifizierung. Gruppenpsychotherapie und Gruppendynamik 19: 316–327.
HEIGL-EVERS, A.; HEIGL, F. (1987): Die psychoanalytisch-interaktionelle Therapie. – Eine Methode zur Behandlung präödipaler Störungen. In: RUDOLF, G.; RÜGER, U.; STUDT, H. (Hg.), Psychoanalyse der Gegenwart. Vandenhoeck u. Ruprecht, Göttingen.
HEIGL-EVERS, A.; HEIGL, F.(1988a): Zum Prinzip ›Antwort‹ in der psychoanalytischen Therapie. In: KLUSSMANN, R.; MERTENS, W.; SCHWARZ, F. (Hg.), Aktuelle Themen der Psychoanalyse. Springer, Berlin.
HEIGL-EVERS, A.; HEIGL, F.; OTT, J. (Hg.) (1993): Lehrbuch der Psychotherapie. G. Fischer, Stuttgart, Jena.
HEIGL-EVERS, A.; HENNEBERG-MÖNCH, U. (1985): Psychoanalytisch-interaktionelle Psychotherapie bei präödipal gestörten Patienten mit Borderline-Strukturen. Praxis der Psychotherapie und Psychosomatik 30: 227–235.
HEIGL-EVERS, A.; NITZSCHKE, B. (1991): Das Prinzip ›Deutung‹ und das Prinzip ›Antwort‹ in der psychoanalytischen Therapie. Zeitschrift für Psychosomatische Medizin 37: 115–127.
HEIGL-EVERS, A.; STREECK, U. (1983): Theorie der psychoanalytisch-interaktionellen Therapie. In: KNISCHEWSKI, E. (Hg.), Sozialtherapie in der Praxis. Nicol, Kassel, S. 5–20.
HEIGL-EVERS, A.; STREECK, U. (1985): Psychoanalytisch-interaktionelle Therapie. Zeitschrift für Psychotherapie und medizinische Psychologie 35: 176–182.
HEISENBERG, W. (1965): Das Naturbild der heutigen Physik. Rowohlt, Hamburg.

HOFFMANN, S.O. (1979): Charakter und Neurose. Ansätze zu einer psychoanalytischen Charakterologie. Suhrkamp, Frankfurt a. M.

JACOBSON, E. (1973): Das Selbst und die Welt der Objekte. Suhrkamp, Frankfurt a. M.

KERNBERG, O.F. (1970): A psychoanalytic classification of character pathology. Journal of the American Psychoanalytic Association 18: 800–822.

KERNBERG, O.F. (1978): Borderline-Störungen und pathologischer Narzißmus. Suhrkamp, Frankfurt a.M.

KERNBERG, O.F. (1981): Objektbeziehungen und Praxis der Psychoanalyse. Klett-Cotta, Stuttgart.

KLEIN, M. (1962): Das Seelenleben des Kleinkindes. Klett, Stuttgart.

KÖNIG, K. (1982): Der interaktionelle Anteil der Übertragung in Einzelanalyse und analytischer Gruppenpsychotherapie. Gruppenpsychotherapie und Gruppendynamik 18: 76–83.

MAHLER, M.S.; PINE, F.; BERGMAN, A. (1978): Die psychische Geburt des Menschen. S. Fischer, Frankfurt a. M.

MAHLER, M.S. (1983): Symbiose und Individuation. 3. Auflage. Klett-Cotta, Stuttgart.

MAHLER, M.S. (1985): Studien über die ersten drei Lebensjahre. Klett-Cotta, Stuttgart.

MENTZOS, S. (1980): Hysterie. Zur Psychodynamik unbewußter Inszenierungen. Kindler, München.

OGDEN, T.H. (1979): On projective identification. International Journal of Psycho-Analysis 60: 357–373.

RAPAPORT, D. (1973): Die Struktur der psychoanalytischen Theorie, 3. Auflage. Klett, Stuttgart.

RIEMANN, F. (1959): Die Struktur des Therapeuten und ihre Auswirkungen in der Praxis. Psyche 13: 150–159.

SACHSSE, U. (1984): Die sogenannte Binnenwahrnehmung. Wiss. Arbeit für das Abschlußexamen der psychoanalytischen Weiterbildung am Institut für Psychoanalyse und Psychotherapie Göttingen, Göttingen.

SANDLER, J. (1976): Gegenübertragung und Bereitschaft zur Rollenübernahme. Psyche 30: 297–305.

SPITZ, R.A. (1973): Die Entstehung der ersten Objektbeziehungen. 3. Auflage. Klett, Stuttgart.

SPITZ, R. A. (1983): Vom Säugling zum Kleinkind, 7. Auflage. Klett-Cotta, Stuttgart.

STRUPP, H.H.; HADLEY, S.W.; GOMES-SCHWARTZ, B. (1979): Specific versus nonspecific factors in psychotherapy: A controlled study of outcome. Archives of General Psychiatry 36: 1125–1136.

SUTHERLAND, J.D. (1963): Theorie der Objektbeziehungen und die

Modellannahme der Psychoanalyse. In: KUTTER, P. (Hg.), Psychologie der zwischenmenschlichen Beziehungen. Wissenschaftliche Buchgesellschaft, Darmstadt, S. 143–174

VOLKAN, V.D. (1978): Psychoanalyse der frühen Objektbeziehungen. Klett-Cotta, Stuttgart.

WINNICOTT, D.W. (1974): Reifungsprozesse und fördernde Umwelt. Kindler, München.

Gerhard Reister und Franz S. Heigl

Vorbereitung und Einleitung des therapeutischen Prozesses in der interaktionellen Therapie

Vorbemerkungen

Das zentrale Ziel der psychoanalytisch-interaktionellen Psychotherapie ist die Veränderung der mangelnden Differenzierung von Objekt- und Selbstrepräsentanzen aufgrund basal gestörter innerer (Teil-)Objektbeziehungen in Richtung auf triadische Ganzobjektbeziehungen (HEIGL-EVERS, HEIGL u. OTT 1993). Damit verbunden ist im günstigen Fall eine Nachreifung unzureichend entwickelter Ich-Funktionen (BELLAK, HURVICH u. GEDIMAN 1973; HARTMANN 1960) hin zum »Normal-Ich« FREUDS (1937, S.80). Defizite in der Ich-Entwicklung lassen sich vor allem auf die Wirkung früher Objekte zurückführen, die in bestimmten Phasen der ersten Sozialisation »versagten« (WINNICOTT 1974). Sind aber die internalisierten Objekte als Introjekte primitiv oder archaisch geblieben, so kann es nicht zu stabilen Identifizierungen kommen, die eine Aufnahme dieser Objektvorstellungen in das Selbstbild voraussetzen (VOLKAN 1978).

Solche »frühen« (KERNBERG 1978), »ich-strukturellen« (FÜRSTENAU 1977) oder »basalen« bzw. »(pseudo-)dyadischen« (HEIGL-EVERS, HEIGL u. OTT 1993) Störungen weisen regelmäßig defizitäre Teilobjekt-Beziehungen, ein undifferenziertes und archaisches Affektsystem und primitive Übertragungsmuster auf; sie stellen sich vor allem in den interpersonellen Beziehungen dar, wo sie häufig zu ausgeprägten Störungen der Interaktion führen, mit Versuchen, diese durch verschiedene Kompensations- und Anpassungsmechanismen auszugleichen.

Für die Diagnostik solcher Störungen und die Therapie dieser Patienten ist somit deren spezielles und habituelles Verhalten im sozialen Umfeld, ihr Interaktionsverhalten von entscheidender Wichtigkeit. Interaktion verstehen wir dabei mit WATZLAWICK, BEAVIN und JACKSON (1969, S. 50f.) als »einen wechselseitigen

Ablauf von Mitteilungen zwischen zwei oder mehreren Personen«. Eine genau zu definierende Mitteilung nennt man auch Kommunikation, »eine Form sozialen Handelns, das mit einem ›subjektiven Sinn‹ verbunden und auf das Denken, Fühlen und Handeln anderer bezogen ist« (NOELLE-NEUMANN u. SCHULZ, Fischer Lexikon Publizistik). Sie nimmt Gestalt an etwa auch im sichtbaren Verhalten, in der Körperhaltung, der Bewegung, Mimik und Gestik, Erscheinungen, die neben dem gesprochenen Wort und paralinguistischen Phänomenen wie Tonfall, Schnelligkeit oder Langsamkeit der Sprache immer auch den Charakter von Mitteilungen haben. Allgemein gilt das »metakommunikative Axiom« von WATZLAWICK, BEAVIN und JACKSON (1969, S. 51): »Man kann nicht nicht kommunizieren«.

Einzelne Verhaltensweisen einer Person sind also immer mehr oder weniger bestimmbare Informationen, seien sie sprachlich kodiert oder nicht, die in unterschiedlichem Ausmaß von einer anderen Person dechiffriert werden können. Gleichzeitig erfolgt eine Veränderung der Situation durch einen Kommunikationspartner, auch durch einen Beobachter, die beide ja ebenfalls kommunizieren (Feedback-Mechanismen).

Die Interaktion zwischen Personen wird bestimmt und gestaltet durch objektive Gegebenheiten und allgemein anerkannte soziale Verhaltensnormen. Sie kann aber auch, ist die Situation offen, durch die Beteiligung ausgehandelt werden. Die »Definition der Situation« (THOMAS 1966) erfordert, wie STREECK (1980) am Beispiel der interaktionellen Gruppenpsychotherapie dargestellt hat, in einem wechselseitigen Prozeß der Interagierenden die Übereinstimmung der Konstituierung von Verhaltensregulierungen oder Normen, die mit Rollenzuteilungen verbunden sind.

Es geht also um das menschliche Verhalten, das RAPAPORT (1973) als das Objekt der Psychoanalyse bezeichnet, um die sozialen Beziehungen und ihre innerseelischen Auswirkungen und Niederschläge. Erstere hat die Psychoanalyse lange vernachlässigt; FREUD (1921, S. 73) sprach noch davon, daß »Individualpsychologie ... von Anfang an auch gleichzeitig Sozialpsychologie [ist]«, und meinte damit, daß es nicht notwendig sei, den sozialen Faktor einzuführen, da dieser in der Psychoanalyse als einer Psychologie internalisierter Objektbeziehungen enthalten sei (vgl. SCHÜLEIN 1979). Demgegenüber warnt CARUSO (1962) vor der Reduktion des Sozialen auf das Psychologische und

MOSER (1978) bemängelt, daß die Psychoanalyse keine Interaktionstheorie vorgelegt hat.

In der interaktionellen Psychotherapie wird die Wichtigkeit äußerer Objekte betont, mit denen das Individuum in mannigfaltigen Wechselbeziehungen steht, die zu gegenseitiger Beeinflussung führen. So legt uns etwa die neuere Säuglingsforschung eine angeborene »social responsiveness« des Säuglings nahe, womit er – von Anfang an aktiv auf der Suche nach Stimuli (»eliciting behavior«) – das Verhalten z.B. der Mutter zu beeinflussen sucht (BAUMGART 1991; DORNES 1993; EMDE 1981, 1991; LICHTENBERG 1991; STERN 1985). Auf einer anderen Ebene erinnern uns der Abwehrmechanismus der projektiven Identifizierung (OGDEN 1979) oder das Konzept des interaktionellen Anteils der Übertragung (KÖNIG 1982) an die Bedeutung der interpersonellen Kommunikation. Hier trifft sich das psychoanalytische Denken mit systemtheoretischen Erwägungen (u.a. VON BERTALANFFY 1950; MILLER 1975), die besonders in der Familientherapie eine große Rolle spielen (vgl. MINUCHIN 1981; PALAZZOLI 1982; STIERLIN 1980) und den modernen Kommunikations- und Informationstheorien (etwa WATZLAWICK, BEAVIN u. JACKSON 1969).

Wir gehen davon aus, daß der Kommunikationsstil eines Individuums, wie er sich in der Interaktion darstellt, durch die Erfahrungen mit seinen frühen Bezugspersonen weitgehend determiniert ist. Dies scheint uns zwanglos aus den theoretischen Annahmen und Begründungen der psychoanalytischen Objektbeziehungspsychologien zu folgen (u.a. BOWLBY 1961/62; FAIRBAIRN 1952; FRIEDMAN 1975; GUNTRIP 1968; KERNBERG 1981; SUTHERLAND 1963; WINNICOTT 1969). »Affektlogische Bezugssysteme« (CIOMPI 1982, S. 94) sind (größtenteils erworbene) Raster, die unser ganzes Fühlen, Denken, Wahrnehmen und Verhalten determinieren. Sie sind aus dem »Umgang mit der begegnenden Wirklichkeit« (a.a.O., S. 122) entstanden, d.h. aus der Interaktion mit (frühen) Objekten, stellen den innerpsychischen Niederschlag der dabei – im Sinne von Internalisierungsprozessen – gemachten affektiven und kognitiven Erfahrungen dar. Die Affekte spielen in der Entwicklung zu realitätsangepaßten, ambivalenten erlebbaren Beziehungsmustern mit klarer Trennung von Selbst- und Objektrepräsentanzen eine wichtige Rolle als Organisationsprinzip (KERNBERG 1981). Störungen dieser

Internalisierungs- und Entwicklungsvorgänge haben zur Folge, daß die Kommunikationsmuster mehr oder weniger archaische und infantile Züge behalten. Man kann annehmen, daß die Kommunikation mit äußeren Objekten, je früher die Störung, um so ähnlicher der der »Kommunikation mit den Introjekten« ist.[1] Der Umgang mit den inneren Objekten wird auf die äußere Situation projiziert und konstelliert so primitive psychosoziale Konflikte.

Die pathologischen Verzerrungen im Kommunikationsstil eines Patienten und ihre Kompensationsmechanismen werden also in der Interaktion mit anderen deutlich und sind der Beobachtung zugänglich. Von daher lassen sich Rückschlüsse ziehen sowohl auf die frühen Objektbeziehungen als auch auf die resultierenden Ichfunktionsdefizite. Damit ist die diagnostische Funktion des subtilen Studiums des interpersonellen Verhaltens eines frühgestörten Patienten angesprochen. In der psychoanalytisch-interaktionellen Psychotherapie ist der therapeutische Ansatzpunkt eben diese gestörte Interaktion.

Entsprechend muß der Therapeut in der interaktionellen Psychotherapie die psychoanalytischen Prinzipien der Abstinenz, der Anonymität und der Neutralität zugunsten des Prinzips Antwort partiell verlassen (HEIGL-EVERS u. HEIGL 1980a, 1980b); es geht nicht darum, die Entwicklung einer Übertragungsneurose zu fördern und sie durch Deutungen allmählich aufzulösen. Stattdessen nutzt der Therapeut seine Beteiligung an der Interaktion, indem er seine Gefühlsantworten auf die pathologischen Verzerrungen der Interaktionsmuster mitteilt und indem er sich evtl. durch modellhaftes Anbieten bestimmter Verhaltensregulierungen an der Definition der Situation beteiligt, womit er eine Hilfs-Ich-Funktion ausübt.

Gerade in der Phase der Vorbereitung und Einleitung der psychoanalytisch-interaktionellen Therapie gewinnt daher die Beobachtung und Registrierung interpersoneller Schwierigkeiten und Störungen eine besondere Bedeutung.

---

1 WATZLAWICK, BEAVIN und JACKSON (1969, S. 51, Anm. 1) halten es für möglich, daß die »inneren Kommunikationsabläufe denselben Regeln [gehorchen], denen die zwischenmenschliche Kommunikation unterworfen ist«.

*Vorbereitung und Einleitung
der interaktionellen Therapie*

Wir wollen als *Vorbereitung* der interaktionellen Psychotherapie all jene diagnostischen und therapeutischen Vorgehensweisen bezeichnen, die den Patienten in die Lage versetzen, eine Vorstellung von der Therapie zu bekommen. Dazu gehören auch und besonders Informationen und Hinweise, vor allem technischer Art, außerdem Ratschläge hinsichtlich der Beobachtung und Beachtung eigener Kommunikationsstörungen. So wird man etwa – wenn die Indikation dafür gegeben ist – einem Patienten mit Defiziten im Bereich der Ichfunktion der Antizipation raten, er möge auf die Wirkung seines Verhaltens bei anderen achten.

Als Phase der *Einleitung* verstehen wir *die* Schritte, welche den therapeutischen Prozeß als Interaktion zwischen zwei (Einzeltherapie) oder mehr (Paar-, Familien- und Gruppentherapie) Individuen im einzelnen begründen und voranbringen. Es gilt, eine »Konkordanz der Zielvorstellungen von Patient und Therapeut herzustellen oder zumindest anzunähern« (HEIGL-EVERS, HEIGL u. OTT 1993, S. 206).

Beide Phasen gehen ineinander über und sind vielfältig miteinander verknüpft. Ihnen gemeinsam ist die Entwicklung eines Arbeitsbündnisses (GREENSON 1973) oder einer Arbeitsbeziehung (KÖNIG 1974), also des Bündnisses zwischen dem vernünftigen Ich des Patienten und dem analysierenden Ich des Therapeuten (STERBA 1934) mittels einer Teilidentifikation des Patienten mit dem Vorgehen des Therapeuten (STERBA 1929).

Vorbereitungsphase

Im Erstkontakt – sofern darunter das erste persönliche Zusammentreffen von Patient und Therapeut verstanden wird – richten wir unser diagnostisches Augenmerk in besonderem Maße auf das Ausdrucksverhalten des Patienten, also auf seine Mimik, Gestik und und seine Stimme, und auf Unangemessenheiten und Defizientes in seinem Kommunikations- und Interaktionsstil und schließen von daher zurück auf seine dominierenden inneren Objektbilder. Außerdem beachten wir, wie es etwa von ARGELANDER (1967) beschrieben ist, die unbewußte Konfliktdynamik im Sinne von Trieb-Abwehr-Konflikten.

Nach diesem Erstgespräch erfolgt eine erste Einschätzung der Psychodynamik und der dominierenden Objekt- und Selbstrepräsentanzen. Etwas vereinfacht gesagt geht es darum, ein – natürlich nur vorläufiges – Bild hinsichtlich des Überwiegens von Konflikt- oder Ich-Pathologie zu gewinnen. Sind ausgeprägte Störungen des Interaktionsverhaltens mit dem Resultat primitiver psychosozialer Konflikte zu diagnostizieren, so ist nach unserer Auffassung ein interaktionelles therapeutisches Vorgehen indiziert. Kommt eine stärkere allgemeine Ichschwäche im Sinne des Ausfalls mehrerer Ichfunktionen oder des Fehlens oder Mangels einiger besonderes valenter Ich-Funktionen hinzu, sind unter dem Gesichtspunkt der adaptiven Indikation (ZIELKE 1979) Modifikationen der klassischen psychoanalytischen Methode nicht zu umgehen.

Der Therapeut wird also, ist die Entscheidung für die interaktionelle Therapie gefallen, schon in den nun folgenden weiteren diagnostischen Gesprächen seine überwiegend abstinente Haltung verlassen zugunsten der selektiven Anwendung des Prinzips Antwort, der Übernahme von Hilfs-Ich-Funktionen und einer Betonung des Umgangs mit Affekten. Der Patient erhält so schon in der diagnostischen Phase einen ersten Eindruck von der Arbeitsweise des Therapeuten und kann sich darauf einstellen.

Im Rahmen der Vorbereitungsphase werden dem Patienten weitere Informationen gegeben, wie die Therapie im einzelnen aussieht. Der Therapeut übernimmt dabei eine aktive Rolle, aktiver als im psychoanalytischen Setting.

Einzeltherapie

Für die Einzeltherapie gilt, daß dem Patienten erklärt wird, der Therapeut werde häufiger, wenn es ihm angezeigt erscheine, mitteilen, wie ein bestimmtes Verhalten auf ihn wirke, welche gefühlshaften Reaktionen es bei ihm auslöse. Der Patient soll sich also zunächst einmal seiner habituellen Kommunikationsmuster und ihrer Kompensationsmechanismen, seines die interpersonellen Beziehungen störenden Interaktionsstils im ersten Ansatz bewußt werden. Dieses Vorgehen dient auch der Erzeugung eines Leidensgefühls, welches bei frühgestörten Patienten häufig nur in relativ diffuser und vager Form besteht. Es überwiegen Gefühle von Unzufriedenheit und »Unglück« ohne Symptomleidensdruck (HOFFMANN 1979). Der Patient beginnt dann im günstigen Fall an seiner Kommunikationsstörung zu leiden, erlebt sie als Symptom und entwickelt erst dadurch eine Motivation, etwas bei sich zu ändern

Dem Patienten wird außerdem mitgeteilt, daß es sinnvoll sei, in der Therapie über alltägliche Begebenheiten zu sprechen, die ihn beschäftigen, vor allem über solche, wo es zu Schwierigkeiten oder Auseinandersetzungen mit anderen kam. Der Therapeut werde dann versuchen, sich entweder in die Situation des Patienten oder die seiner Interaktionspartner hineinzuversetzen und seine eigenen Gefühle dazu zu äußern und zu erklären.

Schon relativ früh, nämlich dann, wenn dem Patienten in der Vorbereitungsphase bestimmte Parameter der interaktionellen Psychotherapie erklärt und verdeutlicht werden sollen, wird also sein Augenmerk sowohl auf die Wahrnehmung der Wirkung des eigenen Verhaltens auf andere (Ich-Funktion der Antizipation) als auch auf die des inneren Erlebens (z.B. Affektwahrnehmung, Affektdifferenzierung) gerichtet. Damit ist die psychosoziale oder interaktionelle Komponente des Verhaltens angesprochen. Theoretisch gesprochen übernimmt der Therapeut hier Hilfs-Ich-Funktionen, indem er selbst sich bemüht, ein bestimmtes differentes modellhaftes Interaktionsverhalten zu zeigen.

Bereits in der Vorbereitungsphase der interaktionellen Psychotherapie sollte dem Patienten deutlich werden, daß es um sein psychosoziales Verhalten geht, welches auch in der Interaktion mit dem Therapeuten aufscheint. Der Patient erhält eine modellhafte Vorstellung einer bestimmten Aufmerksamkeitsausrichtung. Ihm sollte, auch in der Einzeltherapie, klar werden, daß es um Interpersonelles mit wechselseitigen Beeinflussungen geht.

Gruppenpsychotherapie

In der interaktionellen Gruppenpsychotherapie zeigt sich in der Regel für den Patienten noch sehr viel deutlicher, daß es um kommunikative Prozesse geht. In der Einführung zur Gruppenpsychotherapie weist der Therapeut zunächst darauf hin, daß psychische Symptome immer Auswirkungen auf das soziale Umfeld, auf die soziale Gruppe haben, in welcher der Patient sich bewegt, sei es in der Familie, am Arbeitsplatz, in der Freizeit; immer geht es um veränderte, teilweise gestörte Beziehungen.

Einem depressiven Patienten etwa wird man erklären, daß seine Traurigkeit und sein Rückzugsverhalten zu Besorgnis oder auch zur Verärgerung Anlaß geben können in der Gruppe von Menschen, mit der er es zu tun hat. Gruppentherapie sei dann eine Möglichkeit, seine Symptome quasi indirekt zu behandeln, da in einer therapeutischen Gruppe vermutlich ähnliche Reaktionen deutlich würden. Solche wechselseitigen Austauschprozesse könnten dann, häufig anders als in der gewohnten sozialen Umgebung, wo auch reale Konsequenzen zu gewärtigen sind, angesprochen und bearbeitet werden.

Handelt es sich um eine Gruppe von Patienten auf einer psychotherapeutischen Station, wird man noch auf den Unterschied hinweisen, der zwischen dem alltäglichen Zusammenleben auf der Station und der interaktionellen Gruppenpsychotherapie besteht, denn für letztere gilt die freie Interaktionsregel. Diese wird dem Patienten etwa so mitgeteilt: »Es gibt nur eine Regel für diese Gruppenpsychotherapie. Sie lautet, jeder Teilnehmer an dieser Gruppe möge sich so freimütig wie möglich, und wie es für den andern erträglich ist, äußern.« Mit dem letzten Teil dieses Hinweises wird indirekt schon die Ich-Funktion der Antizipation und der Angemessenheit (BELLAK, HURVICH u. GEDIMAN 1973) angesprochen, ohne die der Patient mit Sicherheit im sozialen Leben scheitern würde (vgl. HEIGL u. HEIGL-EVERS 1983). Gerade diese beiden Ich-Funktionen sind bei frühgestörten Patienten häufig in ausgeprägtem Maße defizitär. Der Therapeut erklärt dann, daß es therapeutisch nützlich sei, auch über seine Gefühle zu sprechen, und daß er selbst dies auch tun werde. Gefühle und Affekte spielen eine wichtige Rolle in der Regulierung von Nähe und Distanz, sind also für den Kommunikationsstil des Einzelnen und das Interaktionsverhalten einer Gruppe von entscheidender Bedeutung. Sie sind sozusagen »Interaktionsregulierer« (vgl. CIOMPI 1982; KRAUSE 1981).

Zusammenfassend rechnen wir zur Vorbereitungsphase zunächst einmal alle grundlegenden diagnostischen Schritte (Erstinterview, Anamneseerhebung, Zweitsicht), die sich in Sonderheit auf die gestörten Objektbeziehungs-Muster mit ihren Auswirkungen im interpersonellen Bereich beziehen. Zusätzlich erfolgt in dieser Phase die Einführung in das therapeutische Vorgehen, in die therapeutische Arbeitsweise. Diese verfolgt für die Einzel- wie für die Gruppenpschotherapie das gleiche Ziel, nämlich dem Patienten zu verdeutlichen, daß seine Störung vor allem im Interpersonellen liegt und daß es in der interaktionellen Psychotherapie um sein Interaktionsverhalten geht. Damit einher geht in den Fällen, wo es angezeigt ist, der Versuch der Erzeugung eines Leidensgefühls zur Stärkung der Therapiemotivation.

Einleitung der interaktionellen Therapie

Die Einleitungsphase der interaktionellen Psychotherapie ist gekennzeichnet von dem ständigen Bemühen des Therapeuten, das Interesse des Patienten auf seine gestörte interpersonelle Beziehung zu lenken. Es wird also häufig nötig sein, Erklärungen und Erläuterungen zu bringen. Gleichzeitig geht es darum, das in der Vorbereitungsphase angebahnte Arbeitsbündnis weiter zu festigen oder es überhaupt erst herzustellen.

Direkte Hinweise, Ratschläge und spezielle Vereinbarungen sind vor allem in der Einleitungsphase der Therapie angebracht. Dann hat der Patient in der Regel schon ein erstes Gespür für seine Kommunikationsstörung und ein eventuell über Ansätze hinausgehendes Leidensgefühl entwickelt, so daß eine äußere Strukturierung besonders wichtig ist, um ein weiteres Regredieren zu verhindern.

Mit einem durch seine aggressiven und destruktiven Impulse bedrohten Patienten wird man etwa vereinbaren, daß er bei Gefahr des Impulsdurchbruches kurzzeitig den Raum verläßt, um nicht andere und dadurch sich selbst zu gefährden. Man wird ihm anbieten, möglichst bald mit ihm über solch eine Situation zu sprechen, damit er sich über seine dabei auftretenden Gefühle klar werden kann.

Die von KERNBERG (1978, S. 79) besonders unterstrichene Bedeutung der äußeren Strukturierung bei schwer regredierten Patienten läßt sich in der interaktionellen Psychotherapie unter Einschränkungen gut handhaben, da sich der Therapeut als selektiv antwortende Person in die Interaktion mit einbringt, aus der Anonymität hervortreten und Stellung beziehen kann, etwa indem er an der Situationsdefinition mitwirkt, ohne die gewählte therapeutische Ebene verlassen zu müssen. Er hat dabei selbstverständlich die bei frühgestörten Patienten größere Gefahr des Gegenübertragungsagierens (so auch KERNBERG 1978, S. 80) zu berücksichtigen (vgl. HEIGL-EVERS, HEIGL u. OTT 1993, S. 207).

Einzeltherapie

In der Einleitungsphase der interaktionellen Einzeltherapie spielen die genannten Gesichtspunkte vor allem in der Beziehung des Patienten zum Behandler eine wichtige Rolle, da er der einzige ständige therapeutische Interaktionspartner ist. Dabei geht es nicht darum, die Übertragung anwachsen zu lassen, um sie schließlich zu deuten, sondern um das eventuell frühzeitige Ansprechen des gestörten Interaktionsverhaltens mit seinen Kompensations- und Anpassungsmechanismen. Immer wieder bringt der Therapeut auch die vermuteten oder wahrscheinlichen Gefühlsantworten der alltäglichen Interaktionspartner des Patienten stellvertretend für diese zum Ausdruck, um so die für den Patienten oft unerklärlichen Schwierigkeiten und Störungen im Zusammenleben mit anderen zu verdeutlichen und sie auf ihre Ursachen zurückzuführen.

Dazu ein klinisches Beispiel aus einer Einzeltherapie:

Frau W. hatte im Erstgespräch davon berichtet, daß Menschen, die ihr sympathisch waren und mit denen sie gut in Kontakt gekommen war, sich in für sie unerklärlicher Weise bald wieder von ihr zurückzogen und weiteren Kontakt mieden. Der Therapeut hatte am Ende des Gesprächs größere Mühe, den Termin zu beenden, da die Patientin immer noch weiter reden wollte. Offensichtlich bemerkte sie die mehrfachen Signale in dieser Richtung überhaupt nicht. Für den Therapeuten war dies Anlaß, dieses Verhalten später etwa so anzusprechen: »Ich merke jetzt, daß ich etwas ungeduldig werde, weil Sie gar nicht zu bemerken scheinen, daß ich das Gespräch jetzt beenden möchte.«

Frau W. wurde also mit der Wirkung ihres Verhaltens auf den Gesprächspartner bekannt gemacht. Noch in der Einleitungsphase der Behandlung wies der Therapeut in ähnlichen Situationen unter Mitteilung seiner Gefühlsantwort auf das Festhaltende und Umklammernde, das Raumgreifende und Verdrängende dieses Verhaltens hin, wobei er die Vermutung äußerte, dies könnte mit dem der Patientin bekannten Rückzugsverhalten anderer Menschen ihr gegenüber zu tun haben. Er sagte etwa folgendes: »Ich hab' Ihnen jetzt gesagt, wie mir zumute ist, wenn Sie so gar nicht Schluß machen wollen. Ich hab' das getan, weil ich mir vorstellen könnte, daß dieses Ihr Verhalten bei anderen Menschen ähnliche Gefühle erzeugt, sie vielleicht sogar dazu veranlassen könnte, den Kontakt mit Ihnen zu meiden.« Die Patientin versuchte daraufhin, auf die Wirkung ihres Verhaltens auf andere mehr zu achten, und es gelang ihr schließlich in einem längeren Prozeß, ihre eigenen gekränkten und verbitterten Rückzüge als Reaktion auf das Verhalten ihrer Umgebung zu erkennen. – Natürlich gehen diese Patienten nicht immer gleich auf die Anregungen des Therapeuten ein.

Gruppenpsychotherapie

Für die Einleitungsphase der interaktionellen Gruppenpsychotherapie ergeben sich ähnliche Gesichtspunkte (HEIGL-EVERS u. HEIGL 1973, 1979a; HEIGL-EVERS, HEIGL u. MÜNCH 1976; HEIGL-EVERS, HEIGL u. OTT 1993, S. 269 ff.). Hier wird der Therapeut sein Verhalten auch danach auszurichten haben, ob es sich um eine geschlossene, eine offene oder eine halboffene interaktionelle Gruppe handelt. In geschlossenen Gruppen wird er in der Einleitungsphase vermehrt und häufiger Erklärungen und Erläuterungen für seine Interventionen geben müssen als in offenen und halboffenen Gruppen, die schon über eine gewisse »interaktionelle Kultur« verfügen.

STREECK (1980) hat die Bedeutung des »Normbildungsprozesses« in der interaktionellen Gruppenpsychotherapie hervorgehoben (vgl. HEIGL-EVERS u. SCHULTE-HERBRÜGGEN 1977) wie auch die Bemühungen, durch »Situationsdefinitionen« die Offenheit der Situation zu reduzieren. Bei letzterer geht es um die – meist stillschweigende – Vereinbarung, wie die Situation in der Gruppe und die Beziehungen unter den Gruppenmitgliedern zu definieren sind. Auf sie hat der Gruppentherapeut, vor allem in der Einleitungsphase der Therapie, besonders zu achten.

Auch hier ein klinisches Beispiel:

Frau Groß und Frau Still, Patientinnen einer Station in einer psychotherapeutischen Klinik, trafen die Verabredung, mit dem Taxi in die Stadt zu fahren. Die hinzukommende Patientin Sturm teilte den beiden anderen mit, sie würde mitfahren, dann wären die Fahrtkosten für jede von ihnen geringer. Frau Groß murmelte nun etwas, was man für Zustimmung hätte halten können. Als Frau Sturm dann im Taxi mitfahren wollte, sprach Frau Groß plötzlich davon, daß sie und Frau Still lieber alleine fahren würden. Frau Sturm blieb zurück, um sich dann selbst ein Taxi zu bestellen. In der dieser – wie man meinen könnte, alltäglichen – Situation folgenden Gruppensitzung schilderte Frau Sturm mit zunehmender Empörung diese Begebenheit, was Frau Groß zu einem gereizten Schlagabtausch veranlaßte, während Frau Still sich, wie auch in der fraglichen Situation selbst, merklich zurückhielt. Die Atmosphäre in der Gruppe – bei fast allen Teilnehmern handelte es sich um Patienten mit frühen Störungen – wurde zunehmend gespannter, es kam schließlich zu einer Polarisierung der Gesamtgruppe, ohne jedes Anzeichen von Kompromißbereitschaft. In vollkommen unnachgiebiger, starrer Art wurden absolute Standpunkte einander entgegengehalten. Jeder schien des anderen Feind zu sein.

In einem ersten diagnostischen Akt versuchte der Gruppenleiter während der Sitzung, sich die dominante Objektbeziehung der Gruppenteilnehmer untereinander klarzumachen, die ihm keineswegs auf Anhieb deutlich war. Er orientierte sich dabei an den deskriptiven Merkmalen der aktuellen Beziehungen der Patienten untereinander. Dabei fiel ihm die allseitige Kränkbarkeit, das heißt die Verletzlichkeit im Selbstwertgefühl der Teilnehmer auf, ihre Einstellung der Unversöhnlichkeit, das völlige Fehlen von Einfühlen in den jeweils anderen, die sofortige gekränkte Gereiztheit als Reaktion auf Bemerkungen des Therapeuten, wenn er nicht völlig mit der Meinung des oder der von ihm Angesprochenen übereinstimmte, die ausgeprägte allgemeine (narzißtische) Gereiztheit. Gleichzeitig registrierte der Therapeut aufmerksam seine Gegenübertragungsgefühle. Er spürte seine Beunruhigung und Sorge, Beunruhigung wegen einer ihm möglich erscheinenden Ausartung der Empörung in Handgreiflichkeiten und sein Erschrecken über die Kompromißlosigkeit der Gruppenteilnehmer.

Aus diesen deskriptiven Merkmalen sowie aus seinen Gegenübertragungsaffekten des Erschreckens, der Beunruhigung und der Sorge entwickelte der Gruppenleiter seine Diagnostik und die daraus resultierenden Interventionen während dieser Sitzung. In einem Akt integrierender Schlußbildung kam er zu folgenden Überlegungen: Die Gruppennorm lautet etwa so: In dieser Auseinandersetzung darf man keinen Fußbreit Boden aufgeben; man muß seinen Standpunkt verteidigen bis zum letzten, komme, was da wolle. Dabei können es die Patienten im Augenblick nicht ertragen, voneinander getrennte Einheiten zu sein, sich wechselseitig als anders fühlende, anders urteilende und anders handelnde Wesen erleben zu müssen. Es handelt sich um eine in dieser Sitzung weitgehend von der Fantasie symbiotischer Beziehungen bestimmte Gruppe. Die Teilnehmer erleben im Verlauf der Sitzung, daß an die Stelle des ersehnten bedürfnisbefriedigenden Objektes ein anderes, bedürfnisversagendes Objekt getreten ist, ein »nur böses« Partialobjekt, gegen das sich Impulse destruktiver, vor allem oral-sadistischer Wut richten, die vom Ich nicht ausreichend kontrolliert werden können. Das Verhalten der Teilnehmer ist also durch primitive, archaische pathologische Objekte bestimmt, mit denen die Patienten nur mit Hilfe von Spaltungsmechanismen umgehen können.

In Auswirkung dieser Objektbeziehungen stellten sich auch wichtige Ich-Funktionen als besonders defizitär dar, so die Realitätsprüfungsfunktion, die verläßliche Unterscheidung von Innen und Außen, von Ich und Du, die Funktion der Frustrationstoleranz, die Subfunktion des Urteilens der Antizipation der Wirkung des eigenen Verhaltens auf andere sowie die Subfunktion, das eigene Handeln in einer gegebenen Situation angemessen zu gestalten (BELLAK, HURVICH u. GEDIMAN 1973).

Der Therapeut versuchte nun unter vorsichtiger Mitteilung seiner Gegenübertragungsgefühle (nämlich Erschrecken, Beunruhigung und Sorge) und indem er wechselseitig Verständnis für die gefühlshaften Reaktionen, vor allem der Protagonisten äußerte, den Gruppenmitgliedern deutlich zu machen, wie ihr Interaktionsverhalten zu einer schweren Störung der Beziehungen geführt hatte. Durch diese wechselseitige Identifizierung tat er das, was die Gruppenteilnehmer unterließen, nämlich sich in den jeweils anderen hineinzuversetzen. So sagte der Gruppenleiter zum Beispiel zu Frau Groß gewandt: »Ich verstehe ja Ihren Unmut, Frau Groß, natürlich haben Sie das Recht, mit Frau Still alleine in die Stadt zu fahren. Aber ich hatte den Eindruck, daß Sie Frau Sturm bei Ihrem ersten Gespräch dies auch nicht annähernd deutlich gemacht haben und daß Sie dann, als Frau Sturm wie selbstverständlich mitfahren wollte, nicht bedacht haben, wie Ihre plötzliche Absage auf sie wirken würde.« Und zu Frau Sturm: »Ich glaube, ich verstehe Ihren heftigen Affekt der Empörung, weil Sie sich zurückgestoßen fühlen, aber ich habe den Eindruck, daß Sie mit der Möglichkeit einer Absage überhaupt nicht gerechnet hatten.« Der Therapeut hatte mit diesen Ja-aber-

Sätzen seine wechselseitige oder vikariierende Identifizierung mit beiden Teilnehmerinnen der Interaktion zum Ausdruck gebracht, sich damit als verstehendes und dennoch getrenntes, nicht symbiotisch-verschmolzenes Objekt dargestellt, also quasi ein Modell für eine nicht-symbiotische Beziehung vorgestellt und die Hilfs-Ich-Funktionen der Antizipation und der Angemessenheit übernommen. Zur Gruppe gewandt sagte der Therapeut: »Ich bin schon etwas erschrocken und besorgt darüber, wie absolut und unversöhnlich Sie Ihre Standpunkte hier vertreten. Es scheint mir fast, als ob die Reaktionen Ihrer Kontrahenten für Sie absolut nicht einfühlbar wären. Ich teile Ihnen das jetzt so mit, weil ich glaube, daß dies ein Beispiel ist, wie es im Zusammenleben zu Schwierigkeiten kommen kann, wenn man die Reaktion des anderen so gar nicht mitbedenkt.«

Indirekt wurden durch diese Interventionen des Gruppenleiters auch verschiedene Ich-Funktionen angesprochen, vor allem die der Frustrationstoleranz, der Antizipation der Wirkung des eigenen Verhaltens auf andere, der Angemessenheit und der Realitätsprüfung. Modellhaft wurde eine Möglichkeit aufgezeigt, wie diese Interaktionsstörung eventuell anders zu handhaben sei und welche Behinderungen in dieser Phase der Gruppe dem entgegenstanden. Die Gruppennorm wurde nicht per Deutung angesprochen, sondern in ihren Auswirkungen kenntlich gemacht. Durch Übernahme von Hilfs-Ich-Funktionen, Affektidentifizierung und -klarifizierung sowie durch klare Stellungnahme im Sinne des Prinzips Antwort konnte die von der Gruppe gefundene Verhaltensregulierung ansatzweise arrodiert und das Interesse der Patienten auf ihre interpersonellen Schwierigkeiten und damit auf ihre eigenen Ich-Funktionsmängel gerichtet werden.

In der beschriebenen Sequenz in dieser Einleitungsphase einer interaktionellen Gruppenpsychotherapie hat der Therapeut verschiedene Aufgaben wahrgenommen. Zum einen hat er sich aktiv ab einem gewissen Zeitpunkt mit einem etwas differenten Kommunikationsstil in die Interaktion eingeschaltet, er hat also ebenfalls interagiert, vor allem auch durch Mitteilung seiner eigenen Gefühlsantworten. Er hat mit seinem eigenen Kommunikationsstil an der Definition der Situation mitgewirkt und dadurch einen Anstoß gegeben für eine angemessenere Verhaltensregulierung im Falle dieser Auseinandersetzung. Er hat einen differenten Normbildungsvorschlag gemacht, nämlich den, sich in den anderen hineinzuversetzen, um dessen Reaktion auf eigenes Verhalten besser verstehen zu können. Zugleich hat er der Gesamtgruppe erklärt, warum er dies tut und daß er gewillt ist, mit seinen therapeutischen Interventionen auf das Interpersonelle zu fokussieren. Er hat damit auch einen Normvorschlag für die Gruppenarbeit gemacht: Laßt uns hier über unsere Interaktionen und deren Störungen reden, Störungen, die auftreten, weil etwas in der Wahrnehmung der anderen und im Umgang mit ihnen fehlt. Oder theoretisch ausgedrückt: Wir fokussieren hier auf Interaktionen und deren pathologische Verzerrungen und Kompensationsmechanismen, die auftreten, weil bestimmte Ich-Funktionen mangelhaft ausgebildet sind.

In keinem der beiden genannten Beispiele aus einer Einzel- und einer Gruppenpsychotherapie nach der interaktionellen Methode hat der Therapeut Deutungen verwendet. Er hat sich strikt an die Beschreibung von Interaktionen, interpersonellen Auseinandersetzungen und, damit einhergehend, von Ich-Funktions-Defiziten gehalten, dabei Abstinenz, Anonymität und Neutralität zugunsten des Prinzips Antwort passager aufgegeben. Er hat die interpersonellen Schwierigkeiten und bestimmte habituelle Verhaltensweisen nicht auf ihre genetischen Ursprünge und unbewußten Determinanten zurückgeführt, noch hat er sie in der Übertragung angesprochen. Für die Gruppentherapie gilt, daß er die auf einer tieferen Regressionsebene liegenden psychosozialen Kompromißbildungen (die Teilung der Gruppe in gute, bedürfnisbefriedigende, übereinstimmende Mitglieder und in böse, bedürfnisversagende, nicht-übereinstimmende Mitglieder) oder das unbewußte gemeinsame Tagträumen (die gemeinsame unbewußte Fantasie der symbiotischen All-Einheit) nicht angesprochen hat (vgl. HEIGL-EVERS u. HEIGL 1973, 1975, 1976, 1979b).

Zusammenfassung

Die Vorbereitung und Einleitung des therapeutischen Prozesses in der interaktionellen Psychotherapie orientiert sich an der Diagnostik der dominanten Objektbeziehungen des Patienten. Die Tatsache, daß man nicht nicht-kommunizieren kann, betont die Wichtigkeit interpersoneller Verhaltensweisen, deren pathologische Formen sowohl in der Einzel- wie auch in der Gruppenpsychotherapie deutlich gemacht werden müssen. Der Therapeut hat sich in der Vorbereitungsphase, die der Diagnostik, der Motivierung des Patienten durch Entwicklung eines Leidensgefühls sowie ersten Hinweisen und Ratschlägen dient, ein Bild dieser beim Patienten gestörten Kommunikation und Interaktion zu machen, um es ansprechen und dadurch dem Patienten deutlich machen zu können. In der Einleitungsphase wird die Diagnostik im Sinne einer Verlaufsdiagnostik fortgesetzt, das Arbeitsbündnis weiter entwickelt und gefestigt und das Leidensgefühl verstärkt. Der Therapeut achtet weiter auf die Kommunikationsstörung des Patienten und insbesondere darauf, wie dieser die Situation definiert und mit ihr umgeht. Er wird ihm immer wieder mit Erläuterungen und Erklärungen die therapeutische Vorgehensweise nahebringen und des Patienten Augenmerk auf die interpersonellen Schwierigkeiten als Ausdruck seiner psychischen Störung richten. Dabei muß der Therapeut besonders seine Gegenübertragungsgefühle reflektieren und kritisch sichten, um nicht durch Gegenübertragungsagieren die Gefahr heraufzubeschwören, daß sich für den Patienten frühe und oft traumatische Kindheitserfahrungen in der Therapie wiederholen. Indem der Therapeut antwortet und nicht deutet, kann beim Patienten eine Veränderung seiner primitiven Objekt-Beziehungs-Muster in Richtung auf triadische Gesamtobjektbeziehungen in einem längeren Prozeß erreicht werden.

Literatur

ARGELANDER, H. (1967): Das Erstinterview in der Psychoanalyse. Psyche 21: 341–368 / 429-467 / 473–512.
BAUMGART, M. (1991): Psychoanalyse und Säuglingsforschung: Versuch einer Integration unter Berücksichtigung methodischer Unterschiede. Psyche 45: 780–806.
BELLAK, L.; HURVICH, M.; GEDIMAN, H.K. (1973): Ego functions in schizophrenics, neurotics, and normals. Wiley, New York.
BERTALANFFY, L. VON (1950): An outline of general systems theory. British Journal of Philosophical Sciences 1: 134–165.
BOWLBY, J. (1961/62): Ethologisches zur Entwicklung der Objektbeziehungen. Psyche 15: 508–516.

Caruso, I.A. (1962): Soziale Aspekte der Psychoanalyse. Klett, Stuttgart.

Ciompi, L. (1982): Affektlogik. Über die Struktur der Psyche und ihre Entwicklung. Ein Beitrag zur Schizophrenieforschung. Klett-Cotta, Stuttgart.

Dornes, M. (1993): Der kompetente Säugling. Die präverbale Entwicklung des Menschen. Fischer, Frankfurt a.M.

Emde, R.N. (1981): Changing models of infancy and the nature of early development. Journal of the American Psychoanalytic Association 29: 179–219.

Emde, R.N. (1991): Die endliche und die unendliche Entwicklung. Psyche 9: 745-779 und Psyche 10: 890–913.

Fairbairn, W.R.D. (1952): Psychoanalytic studies of the personality. Tavistock Publications, London.

Freud, S. (1921): Massenpsychologie und Ich-Analyse. Ges. Werke, Bd. XIII. Fischer, Frankfurt a.M., S. 71–161.

Freud, S. (1937): Die endliche und die unendliche Analyse. Ges. Werke, Bd. XVI. Fischer, Frankfurt a.M., S. 57–99.

Friedman; L.J. (1975): Current psychoanalytic object relations theory and its clinical implications. International Journal of Psycho-Analysis 56: 137–146.

Fürstenau, P. (1977): Die beiden Dimensionen des psychoanalytischen Umgangs mit strukturell ich-gestörten Patienten. Psyche 31: 197–207.

Greenson, R.R. (1973): Technik und Praxis der Psychoanalyse. Klett, Stuttgart.

Guntrip, H. (1968): Schizoid phenomena, object relations and the self. Hogarth Press, London.

Hartmann, H. (1960): Ich-Psychologie und Anpassungsproblem. Klett, Stuttgart.

Heigl, F.; Heigl-Evers, A. (1984): Die Wertprüfung in der Psychoanalyse. Überlegungen zu einem von Heinz Hartmann geprägten ichpsychologischen Begriff. Zeitschrift für Psychosomatische Medizin 30: 72–82.

Heigl-Evers, A.; Heigl, F. (1973): Gruppenpsychotherapie: Interaktionell – tiefenpsychologisch fundiert (analytisch orientiert) – psychoanalytisch. Gruppenpsychotherapie und Gruppendynamik 7: 132–157.

Heigl-Evers, A.; Heigl, F. (1975): Zur tiefenpsychologisch fundierten oder analytisch orientierten Gruppenpsychotherapie des Göttinger Modells. Gruppenpsychotherapie und Gruppendynamik 9: 237–266.

Heigl-Evers, A.; Heigl, F. (1976): Zum Konzept der unbewußten Phantasie in der psychoanalytischen Gruppentherapie des Göttinger Modells. Gruppenpsychotherapie und Gruppendynamik 11: 6–22.

Heigl-Evers, A.; Heigl, F. (1979a): Interaktionelle Gruppenpsychotherapie. In: Heigl-Evers, A.; Streeck, U. (Hg.), Die Psychologie des 20. Jahrhunderts, Bd. VIII. Kindler, Zürich.

Heigl-Evers, A.; Heigl, F. (1979b): Die psychosozialen Kompromißbildungen als Umschaltstellen innerseelischer und zwischenmenschlicher Beziehungen. Gruppenpsychotherapie und Gruppendynamik 14: 310–320.

Heigl-Evers, A.; Heigl, F. (1980a): Zur Bedeutung des therapeutischen Prinzips der Interaktion. In: Haase, H. (Hg.), Psychotherapie im Wirkungsbereich des Psychiatrischen Krankenhauses. Perimed, Erlangen, S. 87–103.

Heigl-Evers, A.; Heigl, F. (1980b): Zum interaktionellen Prinzip in der Psychoanalyse. Schleswig-Holsteinisches Ärzteblatt 33: 234–238.

Heigl-Evers, A.; Heigl, F. (1983a): Das interaktionelle Prinzip in der Einzel- und Gruppenpsychotherapie. Zeitschrift für Psychosomatische Medizin 29: 1–14.

Heigl-Evers, A.; Heigl, F.; Münch, J. (1976): Die therapeutische Kleingruppe in der Institution Klinik. Gruppenpsychotherapie und Gruppendynamik 10: 50–63.

Heigl-Evers, A.; Heigl, F.; Ott, J. (Hg.) (1993): Lehrbuch der Psychotherapie. G. Fischer, Stuttgart, Jena.

Heigl-Evers, A.; Schulte-Herbrüggen, O.W. (1977): Zur normativen Verhaltensregulierung in Gruppen. Gruppenpsychotherapie und Gruppendynamik 12: 226–241.

Hoffmann, S.O. (1979): Charakter und Neurose. Ansätze zu einer psychoanalytischen Charakterologie. Suhrkamp, Frankfurt a. M.

Kernberg, O.F. (1978): Borderline-Störungen und pathologischer Narzißmus. Suhrkamp, Frankfurt a.M.

Kernberg, O.F. (1981): Objektbeziehungen und Praxis der Psychoanalyse. Klett-Cotta, Stuttgart.

König, K. (1974): Arbeitsbeziehungen in der analytischen Gruppenpsychotherapie – Konzept und Technik. Gruppenpsychotherapie und Gruppendynamik 8: 152–160.

König, K. (1982): Der interaktionelle Anteil der Übertragung in Einzelanalyse und analytischer Gruppenpsychotherapie. Gruppenpsychotherapie und Gruppendynamik 18: 76–83.

Krause, R. (1981): Sprache und Affekt. Das Stottern und seine Behandlung. Kohlhammer, Stuttgart.

Lichtenberg, J. (1991): Psychoanalyse und Säuglingsforschung. Springer, Berlin.

MILLER, J.G. (1975): General systems theory. In: FREEDMAN, A.M.; KAPLAN, H.J.; SADOCK, B.J. (Hg.), Comprehensive textbook of psychiatry. William and Wilkins, Baltimore.

MINUCHIN, S. (1981): Familie und Familientherapie. Theorie und Praxis struktureller Familientherapie. 4. Auflage. Lambertus, Freiburg i.Br.

MOSER, U. (1978): Affektsignale und aggressives Verhalten. Psyche 32: 229–258.

NOELLE-NEUMANN, E.; SCHULZ, W. (Hg.): Fischer-Lexikon der Publizistik. Fischer, Frankfurt a. M.

OGDEN, T. (1979): On projective identification. International Journal of Psycho-Analysis 60: 357–373.

PALAZZOLI, M.S. (1982): Magersucht. Von der Behandlung Einzelner zur Familientherapie. Klett-Cotta, Stuttgart.

RAPAPORT, D. (1973): Die Struktur der psychoanalytischen Theorie. 3. Auflage. Klett, Stuttgart.

SCHÜLEIN, J.A. (1979): Freuds Sozialpsychologie. In: HEIGL-EVERS, A; STREECK, U. (Hg.), Psychologie des 20. Jahrhunderts, Bd. VIII. Kindler, Zürich, S. 78–85.

STERBA, R.R. (1929): Zur Dynamik der Bewältigung des Übertragungswiderstandes. Internationale Zeitschrift für Psychoanalyse 15: 456–470.

STERBA, R.R. (1934): Das Schicksal des Ich im therapeutischen Verfahren. Internationale Zeitschrift für Psychoanalyse 20: 66–73.

STERN, D. (1985) The interpersonal world of the infant. A view from psychoanalysis and developmental psychology. Basic Books, New York.

STIERLIN, H. (1980): Von der Psychoanalyse zur Familientherapie. 2. Auflage. Klett-Cotta, Stuttgart.

STREECK, U. (1980): »Definition der Situation«, soziale Normen und interaktionelle Gruppenpsychotherapie. Gruppenpsychotherapie und Gruppendynamik 16: 209–222.

SUTHERLAND, J.D. (1963): Theorie der Objektbeziehungen und die Modellannahme der Psychoanalyse. In: KUTTER, P. (Hg.), Psychologie der zwischenmenschlichen Beziehungen. Wissenschaftliche Buchgesellschaft, Darmstadt, S. 143–174.

THOMAS, W.J. (1966): Person und Sozialverhalten. Luchterhand, Neuwied.

VOLKAN, V.D. (1978): Psychoanalyse der frühen Objektbeziehungen. Klett-Cotta, Stuttgart.

WATZLAWICK, P.; BEAVIN, J.H.; JACKSON, D.D. (1969): Menschliche Kommunikation. Formen, Störungen, Paradoxien. Huber, Bern.

WINNICOTT, D.W. (1969): Übergangsobjekte und Übergangsphänomene. Psyche 23: 666-682
WINNICOTT, D.W. (1974): Reifungsprozesse und fördernde Umwelt. Kindler, München.
ZIELKE, M. (1979): Indikation zur Gesprächspsychotherapie. Kohlhammer, Stuttgart.

Annelise Heigl-Evers, Ulrich Rosin und Franz S. Heigl

Psychoanalytisch-interaktionelle Annäherung an Patienten mit strukturellen Störungen

Salvo errore[1]

Einleitung

Seit längerem beschäftigt sich die Diskussion unter Psychoanalytikern mit der Frage, ob und wie die sogenannte Standardtechnik flexibler gehandhabt werden könnte. So wurde zum Beispiel von BRÄUTIGAM (1983) ausführlich dargelegt, daß die als klassisch bezeichnete Technik nicht dem entspreche, was SIGMUND FREUD darunter verstanden wissen wollte; FREUD sei »weniger analytisch als die Mehrzahl der heute praktizierenden Analytiker« gewesen (BRÄUTIGAM 1983, S. 221). – FREUDS Empfehlungen zur Abstinenz sowie die Spiegelhaltung des Therapeuten (FREUD 1912, S. 380; 1915, S. 313), wurden nicht selten mißverstanden und führten zu einem Verhalten, das STONE (1961, S. 553 u. S. 162) als »eine Art von psychoanalytischem Neoklassizismus« bezeichnete und das beim Therapeuten, so STONE, zu einem »vollkommenen schafsgesichtigen Gesichtsausdruck« führen könne.

Auf der einen Seite werden bestimmte Positionen wie der Primat des »Auffindens der Erscheinungsformen unbewußter Vorgänge«, d.h. des Zentrierens auf Übertragung und Deutung, hervorgehoben. Eine dazu kontroverse psychoanalytische

---

1 Salvo errore (calculi) bedeutet »Irrtum (Rechenfehler) vorbehalten«. FERENCZI (1927/28, S. 298) meinte, das Salvo errore wäre als »das nach uralter Sitte des Handelsmannes der Verrechnung angehängte Zeichen ... auch bei jeder analytischen Deutung zu erwähnen.«

Grundeinstellung berücksichtigt – in Fortführung der sogenannten ungarischen Schule – Arbeitsbündnis (ZETZEL 1958, S. 184) und Realbeziehung (GREENSON 1965, 1967, S. 202ff.; 1971; GREENSON und WEXLER 1969). Diese Differenzierung verschiedener Beziehungsformen zwischen Psychoanalytiker und Patient wurde von den Nachfolgern der sogenannten Wiener Schule nicht akzeptiert; so wurden Arbeitsbündnis und Realbeziehung von ihnen nicht als eigenständige Interaktionsformen bewertet; bei den so bezeichneten Prozessen handle es sich vielmehr um Manifestationen der Übertragung, die zu analysieren seien (vgl. BRENNER 1976).

GREENSON jedoch wollte drei Arten des Sich-in-Beziehung-Setzens des Patienten zum Analytiker unterscheiden: Übertragungsbeziehung, Arbeitsbündnis und Realbeziehung. Diese drei Modalitäten würden sich wechselseitig beeinflussen, sie könnten sich auch gegenseitig weitgehend verdecken. Es sei aber sehr nützlich, sie klinisch und theoretisch zu trennen.

So sei das Arbeitsbündnis »ein relativ rationales, entsexualisiertes und von Aggressionen befreites Übertragungsphänomen« (GREENSON 1967, S. 202–228). Das Arbeitsbündnis verdiene, in der Beziehung zwischen dem Therapeuten und dem Patienten gleichsam als ein voller und gleichgestellter Partner der Übertragungsneurose betrachtet zu werden. Die Übertragungsneurose und das Arbeitsbündnis seien »Elemente von gleichgroßer Bedeutung für die optimale analytische Situation«. Die reale Beziehung zwischen Patient und Analytiker wurde von GREENSON nicht genau definiert, auch nicht in den Arbeiten von 1969 und 1971, die im Titel die Begriffe ›übertragungsfreie Beziehung‹ und ›reale Beziehung‹ zwischen Patient und Psychoanalytiker ausdrücklich enthalten.

BRENNER (1976, S. 121 u. S. 132) hingegen ist der Überzeugung, der Begriff ›Arbeitsbündnis‹ beschreibe lediglich einen von vielen Übertragungsaspekten. Die entsprechenden Darstellungen bei GREENSON werden (nach MALCOLM 1980, S. 93ff.) von BRENNER und anderen Psychoanalytikern des New Yorker Psychoanalytischen Instituts als »herzzerreißend, rührend und völlig verfehlte Geschichten« beurteilt. Die von GREENSON vorgeschlagene Unterscheidung sei trügerisch, denn sie lenke von der Analyse der Übertragung ab und verführe zu dem technischen Fehler, als Analytiker in der Beziehung zum Patienten etwas anderes als

Analytiker sein zu wollen. Arbeitsbündnis und Real- bzw. übertragungsfreie Beziehung seien »Erfindungen im Dienste des Widerstandes«; Therapeuten, die solche Ansichten hätten, seien wie GREENSON weichherzige Leute, die den Anforderungen analytischer Abstinenz nicht genügen könnten; mit den Begriffen ›Arbeitsbündnis‹ und ›Realbeziehung‹ versuchten sie, ihre antineutralen Entgleisungen zu rechtfertigen.

Zu diesem Thema gab es auch einen Disput zwischen BRENNER und STONE. Sie diskutierten die Frage, ob ein »Wort des Mitleids oder einer freundlichen Nachfrage« (zum Beispiel im Zusammenhang mit Tod, schwerer Krankheit oder anderen Unglücksfällen) gegenüber dem Patienten angebracht sei. STONE sprach sich entschieden dafür aus, daß der Psychoanalytiker auch Anteilnahme äußern solle, während BRENNER strikt dagegen votierte (STONE 1961, S. 34).

Weitere Vorschläge zur Modifikation der therapeutischen Praxis und ihrer Theorie wurden in den 70er Jahren von KOHUT und KERNBERG entwickelt. KOHUT (1972, S. 284ff.) empfahl – in der Tradition von FERENCZI und speziell seiner Arbeit über »Kinderanalysen mit Erwachsenen« aus dem Jahre 1931 – einen akzeptierenden Umgang des Therapeuten mit den Größenphantasien des Patienten, die als normale Phänomene der kindlichen Entwicklung anzusehen seien. KERNBERG hingegen betrachtet solche Phänomene, wenn sie bei erwachsenen Patienten auftreten, als Abwehrmanifestationen; er schlägt für die Therapie dieser und anderer Erscheinungsformen präödipaler Störungen Interventionen vor, die eine Stärkung des Ich und die Aufarbeitung infantilpathologischer Objektbeziehungen bewirken sollen (KERNBERG 1980, S. 84ff.).

Die hier in kürzester Form angedeutete Vielfalt von Kontroversen im angelsächsischen Bereich der Psychoanalyse findet sich in ähnlicher Form auch in der deutschsprachigen Fachliteratur. FÜRSTENAU leitete 1977 eine solche Kontroverse ein, indem er zwei Dimensionen des psychoanalytischen Umgangs mit strukturell ich-gestörten Patienten beschrieb. Von seiner Position setzten sich damals ARGELANDER (1977) und LOCH (1977) deutlich ab (vgl. HEIGL-EVERS u. NITZSCHKE in diesem Band).

Diese Kontroverse ist unklar geblieben. Die danach entstandene Situation könnte mittels der Überschrift eines Artikels von CREMERIUS (1979a) als »Die Verwirrungen des Zöglings T. Psychoanalytische Lehrjahre neben der Couch« charakterisiert werden. – Wir möchten in diesem Zusammenhang auf FERENCZI hinweisen, der bereits früh betont hatte, daß sich unter den Psychoanalytikern Desorientierung ausbreite, insbesondere in bezug auf viele praktisch-technische Fragen. Dies mag, wie wir meinen, zum Teil darin begründet gewesen sein, daß Psychoanalytiker, damals wie heute, ihre Theorie-Diskussionen häufig von der Praxis abgehoben führen. CREMERIUS, der sich mit der Frage der Unterscheidung zweier psychoanalytischer Techniken beschäftigt, beklagt sich über seine Kollegen: Kaum einer der Autoren beschreibe genau, was er in seinen Therapien tatsächlich tue; vielmehr werde meist dargestellt, was der Verfasser sich über sein therapeutisches Tun denke (1979b, S. 588). So sei es nur schwer möglich, zwischen den beiden Praktiken einer ›paternistischen Vernunfttechnik‹ (in der Tradition der Wiener Schule) und einer ›mütterlichen Holding-Therapie‹ (in Fortführung der ungarischen Schule) zu differenzieren.

Die Vielfalt der Meinungen, die aus der Auseinandersetzung mit diesen Fragestellungen resultiert – THOMÄ (1981, S. 23) spricht von einer »revolutionär-anarchischen Lage in der Psychoanalyse« – mag als ein Zeichen dafür gelten, daß wir uns in der Psychoanalyse seit längerem in einer Zeit der Neuorientierung befinden. Ein interessantes Beispiel dafür ist SANDLER, der sich bereits auf dem Weg zu einem »Grundmodell der Psychoanalyse« (1970) wähnte, dann jedoch die Theorie der Triebabfuhr in ihrer Bedeutung einschränkte zugunsten eines Modells, nach dem das Individuum immer wieder darauf ausgerichtet sei, innere und äußere Sicherheit herzustellen (SANDLER 1983). SANDLER empfiehlt ferner ausdrücklich, die in der Fachsprache der Psychoanalyse benutzten Begriffe als »elastisch« zu betrachten und zu handhaben. FERENCZI hatte 1927/28 von einer Elastizität nicht der Begriffe, sondern der Technik gesprochen; nach seiner damals formulierten Forderung habe der Psychoanalytiker »wie ein elastisches Band den Tendenzen des Patienten nachzugeben, doch ohne den Zug in der Richtung der eigenen Ansichten aufzugeben, solange die Haltlosigkeit der einen oder der anderen Position nicht voll erwiesen ist« (FERENCZI 1927/28, S. 390).

Was die Begriffe anbetrifft, so ist ihre Bedeutung von dem Kontext abhängig; und da die wissenschaftliche Forschung immer wieder veränderte Perspektiven entstehen läßt, werden, so gesehen, auch die Begriffe neu bestimmt. Daß dies so ist, muß nicht nur mit Bedauern festgestellt werden (SANDLER 1983). Eine Berücksichtigung dieser Tatsache kann für die Weiterentwicklung der psychoanalytischen Theorie und Praxis nur förderlich sein.

Die Notwendigkeit der Modifizierung der sogenannten psychoanalytischen Standardtechnik für die Behandlung von Patienten mit strukturellen Ich-Störungen

Für viele Psychoanalytiker ist SIGMUND FREUD beispielhaft in seiner Bereitschaft, die von ihm entwickelten und für zutreffend gehaltenen wissenschaftlichen Einsichten zu relativieren, zu modifizieren oder zu revidieren. Zu solchen Relativierungen gehört die einschränkende Bemerkung FREUDS in seinem Artikel »Ratschläge für den Arzt bei der psychoanalytischen Behandlung« (1912, S. 376), daß sich die von ihm entwickelte und vorgelegte Behandlungstechnik zwar als die einzig zweckmäßige für seine Individualität ergeben habe, daß andere Psychoanalytiker aufgrund ihrer Persönlichkeit aber durchaus auch eine andere Einstellung zum Patienten wie zu der zu lösenden Aufgabe beziehen könnten. Einige Aspekte der von FREUD in ihrer Frühzeit praktizierten Psychoanalyse – so zum Beispiel die »Bruchstücke einer Hysterieanalyse« (1905, S. 238) – bezeichnete er im Rückblick (1923) als »eine extreme Auffassung, die ich heute nicht mehr vertreten würde.« Und ein Kapitel in seiner »Neuen Folge der Vorlesungen zur Einführung in die Psychoanalyse« überschrieb er 1933 mit dem Titel: »Die Revision der Traumlehre«.

Die Notwendigkeit, psychoanalytische Techniken zu modifizieren, ergab sich auch daraus, daß Psychoanalytiker sich zunehmend nicht nur mit Neurosekranken als den klassischen Adressaten der Psychoanalyse beschäftigten, sondern auch mit solchen Patienten, die man bis dahin als psychoanalytisch nicht behandelbar betrachtet hatte. So hatten JUNG, ABRAHAM, NUNBERG und SCHILDER, um nur einige dieser Autoren zu nennen, analytische und analytisch orientierte Therapieverfahren bei Psychosekranken eingesetzt. Beispielhaft wirkte hier vor allem FERENCZI. Er empfahl, Mißerfolge in der Behandlung zunächst einmal als eine Konsequenz des eigenen therapeutischen Ungeschicks anzusehen. Ferner forderte er, daß die Psychoanalytiker bei schweren Fällen, bei denen die übliche Technik versage, sich um eine Änderung ihrer Technik bemühen sollten. Nicht nur Widerstände oder Narzißmus der Patienten seien Ursache der Mißerfolge, sondern »vielmehr unsere eigene Bequemlichkeit, die es verschmäht, sich den Eigenarten der Person, auch in der Methodik, anzupassen« (FERENCZI 1931, S. 493). Bei FERENCZI (1931, S. 498) finden sich auch Beschreibungen dessen, was Spätere als ›Realbeziehung‹ und als ›selektiv-expressive Authentizität‹ bezeichnet haben. So heißt es bei ihm, falls Patienten Sarkasmus, Zynismus und verschiedene »Unarten« zeigten, dann sei es nicht günstig, wenn der Therapeut den immer Guten und Nachsichtigen spiele. Es sei vielmehr ratsam, dem Patienten gegenüber einzugestehen, »sein Benehmen berühre uns unangenehm, daß wir uns aber beherrschen müßten, wissend, daß er sich nicht ohne Grund der Mühe des Schlimmseins unterziehe« (FERENCZI 1931, S. 498). – Auf der Linie dieser Tradition beschäftigt sich BALINT (1968) in seiner Auseinandersetzung mit den therapeutischen Aspekten der Regression ausführlich mit den »Grenzen der klassischen psychoanalytischen Technik« und mit den »Gefahren der konsequenten Deutetechnik«. Seine Konzepte von der sogenannten »Grundstörung« und der »primären Liebe« führten zu einer Anschauung vom »Neubeginn« des Patienten, an dem der »unaufdringliche Analytiker« einen großen Anteil habe. – THOMÄ bestätigt in seiner Darstellung des Stammbaums psychoanalytischer Techniken und der Entwicklung vom »spiegelnden zum aktiven Psychoanalytiker«, »daß gerade die Flexibilität in der Handhabung der Regeln psychoanalytische Entdeckungen ermöglicht und ihr therapeutisches Potential erweitert hat« (1981, S. 23). Andererseits plädiert er (1984, S. 541) für eine »Entmythologisierung des Neubeginns«; es handele sich bei BALINTS Konzeptionen nicht um »wunderbare Veränderungen«. Der Beitrag des Psychoanalytikers zur Übertragung bestehe darin, wie ein »neues Objekt« zu wirken (1984, S. 29). Dann könne die künstliche Übertragungsneurose neu bearbeitet werden, und insbesondere werde die Hoffnung erweckt, »einmal etwas anders machen zu können« (THOMÄ 1984, S. 541).

Der so eingeleiteten Entwicklung von Therapiemodifikationen für psychotisch Kranke und für Patienten mit sogenannter Grundstörung (einschließlich der Patienten, die heute als Kranke mit präödipalen Störungen bezeichnet werden), entsprechen wichtige Ergebnisse der klinischen Forschung: Es wurde beobachtet, daß bei solchen Kranken nicht nur intersystemische Konflikte wie bei den Neurosen vorliegen, sondern auch intrasystemische Beeinträchtigungen des Ich und Über-Ich wie auch des Es.

Basierend auf solchen Beobachtungen stellt FÜRSTENAU (1977) den funktionellen die strukturellen Ich-Störungen gegenüber. Er plädiert für einen Paradigmawechsel in der Psychoanalyse und schlägt eine neue, eine erweiterte Bestimmung des Begriffs »unbewußt« im Sinne von »nicht-integriert« vor (FÜRSTENAU 1983, S. 122). – Wir möchten dazu folgendes anmerken: Ein wichtiges Synonym für deskriptiv wie dynamisch »unbewußt« ist »unbekannt«; die Erlebnis- und Verhaltensweisen von Kranken mit strukturellen Ich-Störungen können von ihnen selbst durchaus registriert werden; sie sind ihnen also oft nicht unbekannt; unbekannt und somit »nicht integriert« sind dem Träger der jeweiligen Störung jedoch deren Entstehenszusammenhänge, Funktionen und Bedeutungen. – Die Unterscheidung von ›unbewußt‹ im Sinne von ›unbekannt‹ und von ›zwar bekannt, jedoch unverstanden‹, scheint uns für die Wahrnehmungseinstellung und diagnostischen Einschätzungen des Psychoanalytikers ebenso wie für seine therapeutische Praxis nützlich zu sein. FÜRSTENAU (1983, S. 124) empfiehlt dem Therapeuten, sich bei strukturell ich-gestörten Patienten um eine Einstellung zu bemühen, die eher dem organmedizinisch ausgebildeten Kliniker als dem Psychoanalytiker geläufig sei; er solle über die Möglichkeiten therapeutischen Intervenierens frei verfügen, »wie auch sonst im Bereich der Medizin«. Es sei ein Irrtum zu meinen, die Mannigfaltigkeit klinischer Situationen lasse sich mit wenigen Handlungsmaximen wie Konfrontation, Interpretation und Durcharbeiten bewältigen.

Die Bedeutung der manifesten psychischen und psychopathologischen Phänomene ist, im Vergleich mit interpretierenden Erwägungen, von Psychoanalytikern oft vernachlässigt worden, so daß die Hinweise von FÜRSTENAU sicherlich sehr wichtig sind. Freilich kann, so meinen wir, die Wendung »frei verfügen« auch mißverstanden werden in dem Sinne, als sei nunmehr in der analytischen Psychotherapie »alles erlaubt«. Das kann FÜRSTENAU nicht gemeint haben. Die »Methode der Wahl« ist keine

»Methode der freien Wahl«, sondern eine sich aus den jeweiligen Befunden folgerichtig ergebende Indikation. Je präziser die psychotherapeutische Diagnostik erfolgt und je klarer die therapeutischen Ziele formuliert werden, um so mehr engen sich die Interventionsmöglichkeiten ein. Diagnostik bedeutet hier nichts anderes als in der Medizin überhaupt: mit Hilfe von aus theoriegeleiteter Fremd- und Eigenwahrnehmung gewonnenen Informationen unter Einsatz gleichfalls konzeptorientierter Schlußbildungen ein klinisches Urteil (Diagnose) zu entwickeln und zu formulieren. Präzision und Differenziertheit der Diagnostik sind also immer auch vom Entwicklungsstand der Theorie, einschließlich deren empirischer Abstützung, abhängig.[2]

Zum Theorie-Praxis-Verhältnis in der Psychoanalyse

Bei Patienten mit schweren strukturellen Ich- und Über-Ich-Veränderungen ist deren manifestes Verhalten – in noch größerem Ausmaß als bei neurotisch Kranken – mit Hilfe alltagsweltlicher Kategorien und psychologischem Common sense nicht mehr zu erfassen und zu erklären. Damit das Verhalten dieser Patienten dem diagnostizierenden und therapierenden Analytiker plausibel und einfühlbar wird, bedarf es, wie bereits gesagt, theoretischer Konzepte als Verständnis- und Erklärungshilfen. Nur mit Hilfe theoretischer Begründung kann der Therapeut Anhaltspunkte für diagnostisches und therapeutisches Handeln entwickeln, das geeignet ist, zu einer Veränderung in Richtung Heilung zu führen. Eine solche Therapie beruht, nicht anders als in der Heilkunde überhaupt, auf verlaufsorientierter Diagnostik.

---

2 »Zum Dilemma der Diagnostik struktureller Ich-Störungen« stellt STREECK (1983 und 1984) anschaulich dar, daß der Psychoanalytiker auch in der Interaktion mit sogenannten frühgestörten Kranken kein distanzierter Beobachter, sondern Partner in einem Verständigungsprozeß ist. STREECK bezieht sich dabei auf das von HEIGL-EVERS und HEIGL vorgeschlagene Prinzip »Antwort«, das dann eingesetzt wird, wenn die Krankheitslehre und therapeutische Techniken der Psychoanalyse auf Patienten mit nicht neurotischen seelischen Krankheiten angewendet werden.

Das Problem der Beziehung zwischen psychoanalytischer Theorie und psychotherapeutischer Behandlungspraxis hat FREUD bereits 1922, auf dem Psychoanalytischen Kongreß in Berlin, dazu veranlaßt, einen Preis für eine Arbeit zum Thema »Beziehung zwischen analytischer Technik und analytischer Theorie« auszusetzen. Die Aufgabe bestand darin zu prüfen, wie die Technik die Theorie beeinflußt hat und wie beide, Theorie und Technik, sich fördern oder behindern. Die von FERENCZI und RANK (1924) gemeinsam eingereichte Arbeit »Entwicklungsziele der Psychoanalyse. Wechselbeziehungen von Theorie und Praxis« bot keine zufriedenstellende Lösung an. Einige der Autoren, die sich heute mit diesem Thema beschäftigen, meinen, daß die Diskrepanz zwischen Praxis und Theorie der Psychoanalyse nicht aufhebbar sei (z.B. POHLEN u. WITTMANN 1980, S. 11; ZEPF 1981, S. 22).

Wir möchten betonen: Je schwerer eine seelische Störung ist, je weniger sie mit alltagsweltlichen Überlegungen und sogenanntem gesunden Menschenverstand erklärbar ist, desto wichtiger ist es für den Therapeuten, sich an einem Konzept zu orientieren. Die Theorie der Katharsis, die auf die Behandlung hysterischer Symptome angewandt worden war, entsprach einer weit verbreiteten lebenspraktischen Vorannahme, daß es nämlich gut sei, sich auszusprechen und abzureagieren. Die Wahnideen und Halluzinationen jedoch, die der Patient Schreber beschrieb – Gott bestrahle ihn, Gott wolle mit ihm wie mit einer Frau Geschlechtsverkehr haben – würden auch heute noch den meisten Menschen eindeutig als verrückt, als dem unmittelbaren Verständnis entzogen erscheinen.

Auch den meisten klassisch-psychiatrischen Betrachtungsweisen sind Denkstörungen wie die des Patienten Schreber ein zufälliger Inhalt eines erkrankten Gehirns; sie seien »als Blasen anzusehen, die ohne Sinn aus der Somatose aufsteigen« (K. SCHNEIDER)[3]. Obgleich die Ätiopathogenese und die bioche-

---

3 Kurt SCHNEIDER (1966, S. 108) postulierte »absolute Grenzen zwischen schizophrener Psychose und abnormer Erlebnisreaktion«; allerdings räumte er für die Wahneinfälle ein, »daß auch das Kriterium des Unableitbaren häufig versagt« (K. SCHNEIDER 1966, S. 116), auch wenn manche Einfälle »noch so abwegig, befremdend und grotesk« seien.

misch-physiologischen Zusammenhänge zwischen körperlichen und seelischen Vorgängen »noch nicht« geklärt werden konnten, ist es die Überzeugung der meisten biologisch orientierten Psychiater, daß ein »einst erkennbares somatisches Geschehen« (JASPERS)[4] vorliege. Die Hypothese FREUDS (1911, S. 308) dagegen, wonach solche Wahnideen als Selbstheilungsversuche angesehen werden können, hat die »Sicht des distanzierten Beobachters« (STIERLIN 1959) verändert und dazu geführt, daß Ärzte sich mehr mit Schizophreniekranken beschäftigen (STIERLIN 1957). Solche Konzeptionen haben für einen Therapeuten, während der verwirrenden Interaktion mit einem in dieser Art gestörten Patienten, eine verständnisfördernde und handlungsorientierende Funktion.

FREUD hat sich vielfach mit der Beziehung zwischen Begriffen und ihrer Bestimmung durch den Kontext einer Theorie einerseits und Erfahrungen mitsamt der dazugehörigen Praxis andererseits beschäftigt. Bei der wissenschaftlichen Beschreibung von Phänomenen, so stellte FREUD (1915, S. 200) dar, könne nicht vermieden werden, gewisse abstrakte Ideen auf das wissenschaftlich zu ordnende Material anzuwenden. Und die späteren Grundbegriffe der Wissenschaft seien ihrerseits dem Erfahrungsmaterial unterworfen; somit hätten alle Grundbegriffe »streng genommen den Charakter von Konventionen«, die allerdings »durch bedeutsame Beziehungen zum empirischen Stoffe bestimmt sind«. Und an anderer Stelle schrieb FREUD (1923, S. 229), die Psychoanalyse sei kein System, das von einigen scharf definierten Grundbegriffen ausgehe: Sie sei »immer unfertig, immer bereit, ihre Lehren zurechtzurücken oder abzuändern. Sie verträgt es so gut wie die Physik oder die Chemie, daß ihre obersten Begriffe unklar, ihre Voraussetzungen vorläufig sind, und erwartet eine schärfere Bestimmung derselben von zukünftiger Arbeit«.

---

4 JASPERS (1965, S. 382) bezeichnet den GRIESINGER zugeschriebenen Satz »Geisteskrankheiten sind Gehirnkrankheiten« als ein Dogma. Es sei »ein mögliches, dann jedoch in der Unendlichkeit liegendes Ziel der Forschung«. Und weiter führte er aus: »Solche Sätze werden um so mehr aus der Psychiatrie verschwinden, je mehr die philosophische Spekulation aus der Psychopathologie verschwindet.«

Aus FREUDS Darstellungen wird deutlich, wie sich bei ihm die Praxiserfahrung auf die Theoriebildung ausgewirkt hat: Seine Initiative zum Überdenken und Neuformulieren von Theorien geht nachweislich darauf zurück, daß er mehrfach ein Scheitern der ihm bis dahin verfügbaren Praxiskonzepte und therapeutischen Techniken erleben mußte. So zum Beispiel bei seinen Versuchen mit der Hypnose, mit karthartischem Abreagieren sowie bei seiner suggestiv-detektivistischen Gesprächsführung mit der Patientin Dora (FREUD 1905). Aus dem Scheitern dieser Techniken entwickelte FREUD einen differenzierten Begriff der Übertragung und des Widerstands sowie ein spezielles Konzept der Übertragungsbearbeitung. Ohne eine die Persönlichkeit FREUDS auszeichnende offenbar sehr große Kränkungstoleranz hinsichtlich eigenen therapeutischen Scheiterns wären solche progressiven Entwicklungen in Theorie und Praxis nicht möglich gewesen. Hier stellt sich die Frage, ob eine geringere Fähigkeit zum Ertragen von Enttäuschungen bei manchen Psychoanalytikern dazu geführt hat, daß einige Gruppen von Patienten, zum Beispiel Abhängigkeits- und Suchtkranke, aus dem Indikationsbereich der Psychoanalyse, zumindest zeitweise, ausgeschlossen worden sind.

Die Bedeutung der Behandlungspraxis für die Psychoanalyse und speziell für deren Theoriebildung wird von GREENSON (1967, S. 17) recht hoch eingeschätzt. Er meint, in der allgemein praktizierten Technik hätten sich, gemessen an den technischen Schriften FREUDS aus den Jahren 1912 und 1915, keine anerkannt größeren Veränderungen durchgesetzt. In der Praxis der Therapie geschehe freilich vieles, was theoretisch nicht vorbereitet und was auch später nicht systematisch konzipiert worden sei. Wohl in diesem Sinne meint KERNBERG (1981, S. 673), daß die psychoanalytische Theorie nicht mit den Entwicklungen schrittgehalten habe, die sich bereits seit Jahren oder gar Jahrzehnten in der therapeutischen Praxis ergeben hätten.

Die Geschichte der psychoanalytischen Technik wird von einigen Autoren wie zum Beispiel CREMERIUS (1979b, S. 579) nicht als eine Anwendung der psychoanalytischen Theorie auf die therapeutische Praxis angesehen. In der Psychoanalyse sei es kaum möglich, praktisches Handeln aus theoretischen Grundannahmen abzuleiten. Zur Begründung dafür, daß der Analytiker den therapeutischen Prozeß nicht methodisch-operational bestimmen könne und daß die Theorie der Technik nicht quasi automatisch in Behandlungsverfahren umsetzbar sei, wird am häufigsten angeführt: Der Therapeut sei als individuelle Person an diesem Prozeß beteiligt; seine persönliche Gleichung könne nicht ausgeschaltet werden, weil damit ein wesentlicher Aspekt der Heilwirkung verlorengehe. Aus den Bemühungen des Analytikers, sein therapeutisches Handeln auch auf seine Persönlichkeit abzustimmen – eine therapeutische Intervention ist nach BRENNER (1982, S. 46) immer auch eine Kompromißbildung im Inneren des Analytikers – kann eine subjektiv sehr eindrucksvolle klinische Evidenz resultieren. Diese Evidenz (die Gewißheit: »Ich sehe, daß der Patient innerlich so ist« oder sogar: »Das Innere des Patienten ist so, wie ich es sehe«) mag wiederum eine der Ursachen für das große Maß apodiktischer Sicherheit sein, mit dem manche Psychoanalytiker gelegentlich ihre wissenschaftlichen Annahmen, Hypothesen und Theorien vertreten, dabei die Vorläufigkeit jedweder wissenschaftlicher Erkenntnis außer acht lassend. Wir erinnern an FERENCZIS Motto: Salvo errore! – Wechsel in der Betonung bestimmter Techniken, wie sie manchmal für einige Jahre zu beobachten sind, könnten, wie zum Beispiel manche Therapieverfahren in der organischen Medizin auch, als Modeströmungen angesehen werden; bei diesen modischen Akzenten sind, wie KRIS (1951, S. 175) erwähnt, »keine offenkundigen direkten Beziehungen zu bestimmten theoretischen Ansichten« dargestellt oder erkennbar.

Eine dazu entgegengesetzte Position unter den Psychoanalytikern betont die Notwendigkeit, sich an der Theorie der Psychoanalyse zu orientieren, um in der Praxis effektiv arbeiten zu können. NUNBERG (1932, S. 380) meinte, aus der Theorie der Psychoanalyse »ergeben sich die theoretischen Gesichtspunkte für die Behandlung neurotischer Erkrankungen gewissermaßen von selbst«, und HARTMANN (1966, S. 172) betonte, die Ausarbeitung einer psychoanalytischen Behandlungstechnik sei hinter den erfolgten theoretischen Entwicklungen zurückgeblieben. Viele Folgerungen aus der Ablösung des Schichtenmodells der Psychoanalyse durch die Strukturtheorie seien für die Praxis noch nicht gezogen worden, die durchaus mögliche rationale Planung der therapeutischen Arbeit geschehe zu wenig. HARTMANN hoffte, eines Tages könne, aufgrund von Folgerungen aus der Strukturtheorie, die Wirkung von Interventionen systematisch vorhergesagt werden. Eine gute Theorie vermittle eine genauere und differenziertere Technik. Diese Position vertrat auch LOEWENSTEIN (1951, S. 188). Und ähnlich meinte ROSS (1974, S. 7), daß selbst die geschicktesten Analytiker, sofern sie die Fortschritte in der analytischen Ich-Psychologie auf die therapeutische Technik noch nicht anwandten, bei der Behandlung der Borderline-Kranken nur allzu oft in eine Sackgasse gerieten. Es bedürfe voraussehender Persönlichkeiten, die die ungenügende Konzeptualisierung der Psychoanalyse und ihre »Folklore der Technik« (GERTRUDE BLANCK 1966, S. 201) überwänden. Empirismus, Pragmatismus und die Techniken ohne Theorie seien weit verbreitet: Dagegen würden aus der analytischen Ich-Psychologie für die Behandlungspraxis entwickelte Schlußfolgerungen die diagnostischen Methoden verfeinern und zuverlässigere Kriterien für die Analysierbarkeit liefern können: Progressive Theorienbildung führe zu besseren Techniken (BLANCK u. BLANCK 1974, S. 12). – Dem Einwand, die Praxis könnte in das Prokrustes-Bett einer orthodoxen Theorie eingezwängt werden, beugte RAPAPORT (1959, S. 145) mit den Worten vor: »Nicht die unterstellte Starrheit der Theorie, sondern vielmehr die Unvertrautheit mit ihr ist das Hindernis auf dem Weg des therapeutischen Fortschritts.« Eine Ansicht, der wir uns anschließen möchten.

Einige der Kontroversen und Unklarheiten im Verhältnis zwischen Theorie und Praxis in der Psychoanalyse können auf dogmatische Reglementierungen während der psychoanalytischen Weiterbildung, auf Unterschiede zwischen verschiedenen Analytikerpersönlichkeiten und auf den Mangel an ausreichend konkreten Darstellungen der eigenen Behandlungspraxis zurückgeführt werden. BALINT meinte, an vielen analytischen Weiterbildungsinstituten werde eine apostolische Nachfolge, wie er es nannte, mit systematischer Über-Ich-Intropression vermittelt. Und über einige kaum miteinander vereinbar scheinende »Neufassungen« oder »Grundpfeiler« der Psychoanalyse schreibt CREMERIUS (1982, S. 487): Die Ursache liege »in privaten, sehr intimen Aversionen und Idiosynkrasien zwischen Persönlichkeiten, die sich nicht miteinander arrangieren können.« – Hier könnten die Dokumentation des eigenen Tuns, elektromagnetische Aufzeichnungen und Transkriptionen die Möglichkeit zur Diskussion und Anwendung unterschiedlicher Konzeptualisierungen auf ein- und dasselbe Material bieten (zur Verwendung von Verbatim-Protokollen siehe KÄCHELE, SCHAUMBURG und THOMÄ 1973 sowie HEIGL u. TRIEBEL 1977). Aufgrund eigener Erfahrungen meinen wir, auch für die Zukunft sollte die Aussage von KRIS (1951, S. 173) gelten, daß »die Geschichte der Psychoanalyse als eine fortschreitende Integration von Hypothesen betrachtet werden kann.« Wir teilen die Meinung von CREMERIUS (1979a, S. 563), daß nicht nur die Technik der klassischen Einsichts-, der paternistischen Vernunftstheorie, und die Verfahren des Erlebens, die mütterliche Holding-Theorie, miteinander verknüpft werden könnten, sondern daß auch Konvergenzen zwischen den sogenannten Klassikern und den so bezeichneten Dissidenten bezüglich der von ihnen entwickelten Techniken möglich sind. Dieses Ziel ist noch nicht erreicht, es fehlt, wie in anderen psychologischen Bereichen auch, eine metatheoretische Vermittlung unterschiedlicher Konzepte. Aus eigenen Untersuchungen wissen wir aber, wie sich unterschiedliche Konzepte, auch unterschiedliche Krankheitsbegriffe, auf die Arzt-Patient-Beziehung auswirken (ROSIN 1981, 1982; ROSIN, LEHMANN u. HEIGL-EVERS 1984).

Begründungen der psychoanalytisch-interaktionellen Diagnostik und Therapie

Unser eigener Beitrag zu den Bemühungen, den Theorie-Bestand der psychoanalytischen Ich-Psychologie und -Pathologie sowie der Objektbeziehungstheorie in therapeutische Praxis umzusetzen, ist die von uns bei präödipal oder ich-strukturell gestörten Patienten eingeführte psychoanalytisch-interaktionelle Therapie; diese Vorgehensweise und Anteile ihrer theoretischen Begründung sollen im folgenden dargelegt werden (HEIGL-EVERS u. HEIGL 1980, 1983; STREECK 1983; HEIGL-EVERS u. STREECK 1985; HEIGL-EVERS u. HENNEBERG-MÖNCH 1985; HEIGL-EVERS, HEIGL u. OTT 1993).

Kranke, deren Symptomen intrasystemische (HARTMANN 1964; RAPAPORT 1959) oder strukturelle (FÜRSTENAU 1977) Störungen des Ich zugrundeliegen, sind von Patienten mit neurotischen Erkrankungen, die, gemäß der psychoanalytischen Strukturtheorie, aus intersystemischen Konflikten resultieren, hinsichtlich der

Störungsgenese zu unterscheiden. Es ist anzunehmen, daß jeder Patient sowohl ein präödipales wie ödipales Störungspotential in sich trägt. Im Zusammenwirken mit der symptomauslösenden Situation spezifischer psychosozialer Belastung wird überwiegend entweder das eine oder das andere Potential mobilisiert und erstmalig oder erneut pathogen. Unzureichende oder beeinträchtigte Formen der Interaktion mit den frühen Bezugspersonen, vor allem der Mutter, haben es bei Patienten mit Störungssyndromen, die überwiegend von intrasystemischen Beeinträchtigungen herrühren, im Zusammenwirken mit Faktoren der genetischen Anlage[5] und eventuell mit exogenen traumatischen Einwirkungen[6] nicht ermöglicht, eine geordnete Welt der inneren Repräsentanzen vom Selbst und von den Objekten sowie der Makrostrukturen Ich, Über-Ich und Es kulturspezifisch entstehen zu lassen (vgl. HEIGL-EVERS u. OTT in diesem Band).

Bei der Diagnostik solcher Ich-Störungen empfiehlt es sich deswegen, das Augenmerk zunächst auf die Objektbeziehung zu richten, weil Einschränkungen der Ich-Funktionen sich daraus ableiten lassen; sie können als Auswirkung der dominanten pathologischen Objektbeziehungsphantasien und des dadurch bestimmten interaktionellen Verhaltens verstanden werden. Die Fähigkeit, Beziehungen zu Real-Objekten herzustellen, ist bei präödipal gestörten Kranken häufig durch Objektrepräsentanzen und verinnerlichte Kommunikationsmuster beeinträchtigt, die einem früh-infantilen Entwicklungsniveau entsprechen.

Die im Phantasieleben persistierenden und dominierenden pa-

---

5 Daß die interindividuelle Varianz psychogener Störungen, insbesondere die Strukturen der Persönlichkeit, auch erblich bedingt sind, konnte mit Hilfe der Zwillingsmethode durch Untersuchungen an Zwillingsgeschwistern festgestellt werden (HEIGL-EVERS und SCHEPANK 1981).
6 Solche Beeinträchtigungen der Frühentwicklung können sehr unterschiedlich geartet sein: Es kann sich einerseits um extreme Makrotraumen handeln, zum Beispiel einen Pylorospasmus, der einen operativen Eingriff mit Klinikaufenthalt des Säuglings zur Folge hat, oder einen Unfall (etwa eine Schädelfraktur) in der Frühphase des Kindes, andererseits z.B. um aversive Einstellungen der Mutter gegenüber dem Kind, die sich in uneinfühlsam drastischen Pflegemaßnahmen ausdrücken können, oder um sexuelle Überstimulierung von seiten einer frühen Bezugsperson.

thologischen, das heißt primitiv-archaischen Objekte führen zu primitiven Partial-Objekt-Übertragungen. Entsprechend sind die Beziehungen solcher Patienten zu den Mitmenschen auffallend apersonal: Sie sind häufig mehr wahrnehmungs- als vorstellungsgeleitet; sie sind nicht selten durch einen überwiegend imitierenden Bezug gekennzeichnet und auf unmittelbare Bedürfnisbefriedigung durch den anderen ausgerichtet. Die Frustrationstoleranz ist bei diesen Patienten häufig eben deswegen gering, weil andere Individuen weitgehend unter dem Aspekt der Befriedigung eigener Bedürfnisse wahrgenommen und behandelt werden; die Art der daraus resultierenden Abhängigkeit vom anderen führt zu einer erhöhten Frustrationsempfindlichkeit. Diese infantil-archaischen Befriedigungsmuster haben die Ausbildung differenzierterer Ich-Funktionen mehr oder weniger beeinträchtigt, so daß dadurch die Bewältigung der realen Objektwelt, die auto- wie alloplastische Anpassung im Sinne HARTMANNS, erschwert wird.

Da bei strukturell Ich-Gestörten häufig kein ausreichendes Holding (WINNICOTT 1949) und Containing (BION 1962) von seiten der frühen Bezugspersonen angeboten wurde, konnte auch keine Objektkonstanz erreicht werden. Mit Objektkonstanz (MAHLER 1975) sind zwei wesentliche Fähigkeiten gemeint: als erste die Integrationsleistung, nämlich Bindungen an eine wichtige und geliebte Person bzw. an die innere Vorstellung von dieser Person auch dann aufrechtzuerhalten, wenn diese nicht räumlich präsent ist und/oder wenn in der Beziehung zu ihr Frustration oder feindselige Aggression auftauchen; die zweite Fähigkeit besteht darin, die guten und bösen Aspekte des Selbst, genauer der inneren Vorstellungen vom Selbst, bei sich zu tolerieren und in die Identität der eigenen Person (ERIKSON 1959) zu integrieren.

Die solche Störungen kennzeichnenden defizitären Ich-Funktionen stellen sich gleichsam an der psychischen Oberfläche dar; oder sie werden durch besonders gut ausgebildete kompensatorisch wirksame Ich-Funktionen gleichsam überdeckt. Diese Störungsanteile sind ihrem Träger in ihren manifesten Erscheinungen, wenngleich nicht in ihrer Bedeutung bekannt, sind jedoch nicht in sein Ich integriert und somit vom Ich auch nicht steuerbar. Sie werden als manifestes Sozialverhalten auch für die anderen direkt wahrnehmbar (HEIGL-EVERS 1980, S. 100), sie sind in ihren Phänomenen unmittelbar zu beobachten und somit diagnostisch erfaßbar (KERNBERG 1976, S. 262; ROHDE-DACHSER 1979).

Die nicht bestehende Reflektierbarkeit und Steuerbarkeit defizitärer Ich-Funktionen ist wiederum auf ein Ich-Funktionsdefizit zurückzuführen, nämlich auf eine mangelhaft ausgebildete oder unzureichend verfügbare Funktion der Beurteilung, vor allem der Selbstbeurteilung. Als solche ist sie unter den Aspekten der Strukturtheorie dem System Über-Ich zuzuordnen. Die Funktion der Selbstreflexion, der Selbstbeurteilung, der Selbstkritik benötigt zu ihrer Entwicklung folgende Bedingungen: Es muß in der Entwicklung des betreffenden Individuums möglich gewesen sein, einen Referenzpunkt außerhalb oder quasi oberhalb der frühen Dyade zu entwickeln und zu beziehen, eine Verhaltensmöglichkeit, die an die Einführung eines dritten Objektes gebunden ist, das sich auf die beiden ersten Objekte in unterschiedlicher Weise bezieht und damit die Selbstverständlichkeit der Beziehung der beiden Erstobjekte (Ich-Syntonie) in Frage stellt (HEIGL-EVERS u. SEIDLER 1993). Was geschieht mit mir und der Mama, wenn der Papa dazukommt? Was hat der Papa mit der Mama, was hat die Mama mit dem Papa? Wie steht der Papa zu mir? Wieweit gehört die Mama zu mir? usw. usf. Die auf diese Weise begünstigten kognitiven Funktionen des Ich werden weiterhin gefördert, wenn in der frühkindlichen Entwicklung durch die Erfahrung entsprechender Frustrationen die Notwendigkeit eines Triebbefriedigungsaufschubs erlebt wird.

Eine weitere Förderung erfährt die Funktion der Selbstbeurteilung durch die Bildung eines (ödipalen) Über-Ich mit den dazugehörigen Orientierung vermittelnden Werten und Normen. Diese Voraussetzungen sind bei Patienten mit ich-strukturellen Störungen in der Regel nicht oder nicht in ausreichendem Umfang gegeben, so daß es zu den genannten Defiziten kommt. Ein vergleichender Blick auf die Beurteilungsfunktion bei Neurosekranken läßt erkennen, daß die Inhalte verdrängter Konflikte oder Konfliktanteile kein Gegenstand von Selbstbeurteilung sein können, daß sie einer Beurteilung wegen der ihnen anhaftenden Qualität ›unbewußt‹ entzogen sind. Die für den Betreffenden wahrnehmbaren, die ihm bekannten Elemente des eigenen Erlebens sind jedoch dieser Beurteilung zugänglich.

Ist das klinische Bild also durch intrasystemische Beeinträchtigung von Ich und Über-Ich, im Sinne von Defiziten bestimmter Funktionen dieser beiden Systeme oder Instanzen gekennzeichnet und daneben auch durch ein Überwiegen niedrig organisierter

Strukturen im Es (COHEN 1980), dann legt es sich nahe, geleitet von der Theorie der Psychoanalyse, Wahrnehmungseinstellung, Aufmerksamkeitsausrichtung und Intervention auf die Pathologie von Ich und Über-Ich, unter Berücksichtigung der niedrigen Es-Organisation, zu richten.

Soweit das aktuelle Erleben und Verhalten des Individuums durch primitive, das heißt apersonale Objektbeziehungsmuster bestimmt ist, werden, wie gesagt, auch Defizite anderer Ich-Funktionen im manifesten Verhalten in Erscheinung treten. Mit anderen Worten: Aus der dominanten infantil-archaischen Objektbeziehung eines Individuums ergeben sich folgerichtig Einschränkungen, Schwächen und Defizite weiterer Funktionen. Ist zum Beispiel das Muster des Umgangs mit früh internalisierten und später evtl. externalisierten oder aktualisierten Objekten durch ein Streben nach Verschmelzung, nach Fusion, nach Eins-Sein bestimmt, dann werden, je mehr ein solches Objekt für die Welt schlechthin steht, also das Beziehungsmuster des betreffenden Subjekts durchgängig determiniert, bestimmte Funktionen wenig ausgebildet sein, denn sie sind, eine solche Objektbeziehung vorausgesetzt, gleichsam überflüssig. Dies gilt im Fall einer nach Symbiose tendierenden Objektbeziehung für die Realitätsprüfung, speziell für eine verläßliche Trennung von Innen- und Außenreizen, da innere und äußere Realität – teilweise und zeitweise – als ein ungetrenntes Ganzes phantasiert werden; es gilt für die Frustrationstoleranz, da in einer – phantasierten – symbiotischen Beziehung selbstverständlich eine Sofortbefriedigung aller auftauchenden Bedürfnisse erwartet wird. Ferner ist die Urteilsfunktion beeinträchtigt, insbesondere die Antizipation der Wirkung des eigenen Verhaltens auf andere Menschen, da es den Anderen als abgegrenzte Entität im Erleben eines so beeinträchtigten Menschen sozusagen nicht gibt. Das Angstniveau ist in solchen Fällen durch die Gefahr eigener Vernichtung (Vernichtung des Selbst) oder eines Objektverlustes gekennzeichnet.

Über die Befriedigung von Triebwünschen sowie über solche Bedürfnisse, die sich aus dem Prozeß der Separation und Individuation entwickeln, nämlich Bedürfnisse nach Sicherheit, Vertrautheit und Bestätigung des eigenen Wertes sowie der eigenen Identität, schreibt SANDLER (1983, S. 592): »Der Austausch von Signalen mit dem Objekt, der Dialog mit dem Objekt, ist ein lebenswichtiger Teil unserer Existenz.« Im Laufe der Entwicklung werden die äußeren Objekte (zusammen mit ihren Verzerrungen durch Wunschphantasien und Abwehrmaßnahmen) internalisiert. Die so introjizierten Objekte bilden im unbewußten Phantasieleben die Grundlage für den Dialog mit den Objekten. Das gilt für Neurose-Kranke. Präödipal gestörte Patienten sind zu einem »Dialog«, zu einer Austauschbeziehung im eigentlichen Sinne des Wortes, nicht oder nicht ausreichend fähig, eben deswegen, weil sie nicht in ausreichendem Maße über Ganzobjekt- oder personale Repräsentanzen verfügen. Sie müssen die Fähigkeit zum Dialog erst entwickeln. Es gehört zu den Techniken der analytisch-interaktionellen Therapie, die in der Regel stark verzerrt wahrgenommenen äußeren Objekte durch die Bemühung um die Entwicklung eines Dialogs mit Hilfe des Prinzips »Antwort« allmählich zu entzerren.

Ein solcher Dialog wird von seiten des Therapeuten durch authentische emotionale Antworten gefördert, wird reguliert durch das Prinzip einer auf das Therapieziel gelenkten, an den Toleranzgrenzen des Patienten orientierten und daher in der Expression selektiven authentischen Gefühlsantwort des Therapeuten. Der Therapeut versucht, sich durch solche Antworten als ein abgegrenzt-andersartiges und ›ausreichend gutes‹ Objekt erkennbar zu machen; auf die von ihm registrierten Ich-Funktionsdefizite des Patienten gibt er gleichfalls emotional authentische Antworten. So teilt er dem Patienten etwa mit, daß dessen mangelhafte Frustrationstoleranz (das natürlich in Alltagssprache ausgedrückt) bei ihm Sorge auslöse, ihn aber auch etwas anstrenge; oder der Therapeut vermittelt seinem Patienten, daß ihn dessen mangelnde Unterscheidung von Innen- und Außenreizen beunruhige und ihm die Orientierung erschwere; vielleicht zeigt er ihm auch, daß die Archaik bestimmter Über-Ich-Forderungen, daß deren Erbarmungslosigkeit ihn erschrecke. Daneben bietet sich der Therapeut dem Patienten als Hilfs-Ich an, das dessen Funktionsdefizite zunächst stellvertretend ausfüllt und sich in diesem Zusammenhang zur Identifizierung anbietet. Die Gestaltung des Dialogs durch den Therapeuten zeigt gewisse Entsprechungen zur Beziehung der Mutter zum Kleinkind. Die ›ausreichend gute‹ Mutter hat im Auge, was das Kind schon kann und was noch nicht; sie bestätigt das schon Gelernte und lenkt die Aufmerksamkeit auf die noch nicht entwickelten Fähigkeiten. Wenn es sich darum handelt, daß das Kind Gefühle noch nicht benennen kann, dann gibt sie ihm quasi Encodierungshilfen für seine noch namenlosen Affekte durch deren Benennung, durch Zuordnung von Sprachzeichen und auch durch Klärung der Entstehenszusammenhänge der betreffenden Affekte, etwa der von Schmerz und Angst; so können diese allmählich eine Signalfunktion gewinnen (HEIGL-EVERS u. HEIGL 1985).

Die Komponente des Mitgefühls in den »Antworten« des Therapeuten, die nach unserer Vermutung neben der Einfühlung in die seelischen Prozesse des Patienten ein entscheidender therapeutischer Wirkfaktor ist, kann sich beim Analytiker dadurch entwickeln, daß er sich die Auswirkungen der Funktionsdefizite auf das Erleben und Verhalten seines Patienten und auf dessen Realitätsbewältigung verdeutlicht. Dabei ist zu beachten, daß es sich bei Einfühlen und Mitfühlen um unterschiedliche interpersonelle Reaktionsweisen handelt: Einfühlen ist auf die Erlebnisqualitäten und Zusammenhänge der Innenbefindlichkeit des Patienten gerichtet und kann im Extremfall »kühlen Herzens« geschehen; Mitfühlen ist dagegen ein Akt libidinöser Zuwendung, eine libidinöse Einstimmung auf die Innen- und Außenbefindlichkeit des Patienten, die im Extremfall auch einmal ohne genaueres Erfassen der Affekte und Motive vollzogen werden kann. Wenn der Therapeut sich zum Beispiel klarmacht, was es bedeutet, wenn ein Patient sich eine Zigarette im Handteller ausdrückt, ohne ein Schmerzsignal zu empfinden, dann wird er hinsichtlich dieser durch Ich-Defizite bewirkten Selbstgefährdung in der Regel spontanes Mitgefühl erleben.

Eine weitere Wirkkomponente der analytisch-interaktionellen Therapie besteht nach unseren Erfahrungen darin, daß der Patient am »antwortenden« Therapeuten erlebt: »Ich kann im andern etwas in Bewegung setzen, kann ihn beeinflussen.« Er kann somit Macht ausüben – eine Erfahrung, die in der frühkindlichen Entwicklung sicher eine ich-stärkende Wirkung hat.

Bei strukturellen Ich-Veränderungen stößt die klassische psychoanalytische Technik an die Grenze ihrer therapeutischen Wirksamkeit. Wenn bei diesen Patienten versucht würde, Couch-Setting, Abstinenz, Grundregel und Deutung einzusetzen, entstünde die Gefahr maligner Regression und Dekompensation. Sie würden, wenn sie etwa den mit dem Affekt der Empörung beantworteten Unlustreizen, die bei defizitärer Reizschutzfunktion entstehen, gemäß der Grundregel assoziativ nachgingen, eventuell ein (Teil-)Objekt von ungemeiner Bösartigkeit entdekken, das, um sich vor ihm zu retten, im Vollzug einer destruktiven Rache ausgemerzt werden müßte. Ein nicht reflektierbares Überwältigtwerden von solchen Impulsen würde die Toleranzgrenzen sprengen. Wenn im assoziativen Verfolgen etwa einer Schuldverschiebung die eigenen Schuldanteile erkennbar würden, könnte ein Überwältigtwerden durch entsetzliche Scham erlebt werden, eine gnadenlose Selbstentwertung bis hin zur Vernichtung drohen. Für die Therapie von Kranken mit solchen Symptomen sind, ausgehend von der psychoanalytischen Krankheitslehre, spezifische Modifikationen der Technik entwickelt worden. Eine dieser Modifikationen stellt dem psychoanalytischen Prinzip »Deutung«, bei dessen Anwendung eine sinngebende Zusammenhangsfindung angestrebt wird, das interaktionelle Prinzip »Antwort« als eine besondere Form des therapeutischen Dialogs gegenüber (HEIGL-EVERS u. HEIGL 1983; HEIGL-EVERS u. STREECK 1985; HEIGL-EVERS, HEIGL u. OTT 1993; vgl. auch HEIGL-EVERS u. NITZSCHKE in diesem Band).

Praxis der psychoanalytisch-interaktionellen Diagnostik

Bei Patienten mit strukturellen Ich-Störungen ist es nach unserer klinischen Erfahrung wichtig, sich deren Befindlichkeit, wie sie im Vorfeld und Umfeld der Therapie gegeben ist, zu vergegenwärtigen. Dabei ist auch an die Vorerfahrungen zu denken, die die Patienten mit ihren behandelnden Ärzten gemacht haben. Es sollte versucht werden, sich auf die Patienten einzustellen und den Kontakt mit ihnen interaktionell so zu gestalten, daß die bei ihnen häufig bestehenden Widerstände gegen eine psychische Krankheitsverursachung und eine kooperative Therapie nach Möglichkeit gemindert werden. Dazu gehört, daß der Therapeut auf den Patienten so zugeht, daß dieser sich verstanden fühlt. Vignettenartig soll nun aus den Interaktionen mit einer Patientin berichtet werden, die zunächst einige vorbereitende Gespräche mit dem leitenden Oberarzt einer psychotherapeutisch-psychosomatischen Klinik geführt und dabei von Anfang an darauf bestanden hatte, von der Leiterin dieser Institution behandelt zu werden.

So hatte die Patientin, um die es sich hier handelt, Frau B., nach bereits getroffener Terminabsprache, die aus der Sicht des

Therapeuten unmißverständlich gewesen war, diesen mehrfach angerufen, um sich nochmals hinsichtlich Ort und Zeit des festgelegten Treffens zu vergewissern. Bei diesen Telefonaten stellte sie Fragen wie: »Sind Sie dann auch tatsächlich da?« oder: »Haben Sie auch genügend Zeit für mich eingeplant?« – Der so angesprochene Therapeut erlebte, daß die Patientin mit ihm die Vorstellung eines Objektes zu verbinden schien, das die Neigung hatte, sich ihr zu entziehen, und daß sie wohl meinte, ihn durch nachfragenden Zugriff festhalten zu können. Aus diesem Erleben heraus entwickelte der Therapeut am Telefon die folgende Intervention: »Wir haben diesen Termin und die Zeit für unser Gespräch ja bereits vereinbart. Ich werde zu dieser Vereinbarung stehen, ich werde diese Vereinbarung einhalten.«

Im Umgang mit neurotisch strukturierten Kranken würden wir darauf verzichten, uns in so konturierter Weise darzustellen. Wir würden vielmehr, um möglichst wenig Auslöser für spezifische Übertragungen und damit verbundene Erwartungen anzubieten und uns so für die Gesamtheit der Übertragungsbereitschaften eines Patienten offenzuhalten, unsere Person wenig in Erscheinung treten lassen. Würde zum Beispiel ein Patient mit einem zwangsneurotischen Syndrom nach einer bereits getroffenen Terminabsprache wiederholt anrufen, um sich zu vergewissern, daß dieses Gespräch auch wirklich zustandekommen wird – auf dem Hintergrund eigener stärkerer Ambivalenzen gegenüber der Therapie, wie sie bei diesen Kranken in der Regel sehr ausgeprägt sind –, dann würde der Therapeut anders reagieren und etwa sagen: »Sie rufen jetzt schon zum wiederholten Male an hinsichtlich unseres Termins. Und, wie mir scheint, mit etwas Zweifel in Ihrer Stimme. Vielleicht könnten Sie versuchen, diese Zweifel demnächst in unserem Gespräch zu klären.« Hier wird an den Patienten appelliert, sich um die Aufdeckung seiner Zweifel zu bemühen; zugleich soll die Entwicklung eines Arbeitsbündnisses, auch in Richtung introspektiver Selbsterforschung, gefördert werden.

Beim interaktionellen Vorgehen hingegen wird die Aufmerksamkeit des Patienten stärker auf die aktuelle und manifeste Beziehung zum Therapeuten gelenkt. Der Therapeut war in der eben beschriebenen Weise darum bemüht, sich gegen das von der Patientin erwartete pathologische Objekt (eine Person, die Vereinbarungen nicht einhält, wie sie sich in der von uns erschlossenen Objektrepräsentanz darstellt), abzugrenzen; es kam ihm darauf an, sich der Kranken als ein gutartiges Objekt wahrnehmbar zu machen. Dabei geht es nicht darum, dem Patienten gegenüber einfach nur aktiv freundlich und entgegenkommend zu sein; ein solches Verhalten könnte nämlich, ohne theoriegeleitete Reflexion, erfahrungsgemäß gegenüber diesen schwierigen Patienten gar nicht durchgehalten werden. Bei der interaktionellen Technik geht es vielmehr darum, eine durch kognitive Urteilsbildung gesteuerte »Antwort«, die freilich emotional authentisch sein sollte, auf das Verhalten des Patienten zu geben. Dabei ist zu bedenken, daß diese Patienten aufgrund der pathologischen primitiven Objektbeziehungen, die ihr Verhalten bestimmen, auch in dem gutwilligsten und gutmütigsten therapeutischen Partner Aversion und Aggression mobilisieren können. Vom Therapeuten ist darauf zu achten, daß er, wenn solche Gefühle bei ihm auftauchen, sie reflektiert und therapeutisch zu nutzen versucht; so soll vermieden werden, daß sie sich – nicht reflektiert – in »pädagogisch« getönte Äußerungen umsetzen wie: »Wer nicht hören will, muß fühlen!« oder: »Ich bemühe mich doch nun wirklich um Sie, und was tun Sie?« Der analytisch-interaktionell vorgehende Therapeut wird seine Eigenwahrnehmung in einer solchen Situation zum Beispiel so umsetzen, daß er seine aggressiven und aversiven Affekte in Ausrichtung auf die defizitären Ich-Funktionen und Objektbeziehungen so ausdrückt, daß sie der Beziehung Patient-Therapeut zugute kommen.[7] Eine solche antwortende Intervention könnte lauten: »Mich trifft es schon etwas, wenn Sie auf meine Gefühle überhaupt nicht achten, so, als ob mir Herabsetzung gar nichts ausmachte.«

Der analytisch-interaktionell arbeitende Psychotherapeut be-

---

7 Solche Defizite werden von manchen Autoren, in Entsprechung zu den Stufen der Triebentwicklung, als Fixierungen aufgefaßt, auf die das Individuum regressiv zurückgreife. Nach unserer klinischen Beobachtung handelt es sich dabei häufig nicht um ein rückläufig wiedererreichtes infantiles Funktionsniveau, sondern um Fortbestehen eines bestimmten Entwicklungsstadiums, um permanente Entwicklungsdefizite und Entwicklungspathologien, wie sie besonders eindrucksvoll zunächst von MELANIE KLEIN (1934) und ANNA FREUD (1965), später von KERNBERG (1978) klinisch erforscht und dargestellt wurden.

müht sich darum, schon vor und während der Diagnostik möglichst viele Vorinformationen über den Erkrankungszustand des Patienten durch entsprechende Kontakte mit den beteiligten Ärzten zu bekommen. Viele Patienten mit strukturellen Ich-Störungen neigen dazu – ohne die Absicht, etwas zu verschweigen, und häufig aus Angst, nicht in Therapie genommen zu werden –, zu vergessen oder nicht anzugeben, welche Krankheiten, insbesondere auch körperlicher Art, sie bereits durchgemacht und welche Ärzte sie früher konsultiert haben. Zu solchem Vergessen oder Verschweigen kommt es bei Patienten mit strukturellen Ich-Störungen häufig dann, wenn sie zu Selbstspaltungen neigen, wenn sie nämlich dem bösen Anteil ihres Selbst all das zuordnen, was Störung, Beeinträchtigung, Krankheit heißt. Verständlicherweise haben sie dann die Tendenz, diese Aspekte ihrer Person und ihrer Vorgeschichte dem Therapeuten vorzuenthalten, um von ihm nicht als ›böse‹ abgelehnt oder zurückgewiesen zu werden. Diese Kranken sehen den vom Therapeuten initiierten Kontakt mit den anderen diagnostisch und therapeutisch beteiligten Ärzten jedoch als einen Beweis dafür an, daß er an ihnen interessiert ist und sie ernst nimmt. Aufgrund einer vagen Selbstwahrnehmung infantil gebliebener defizienter Anteile ihres Ich befürchten diese Patienten, von ihren Ärzten als kindisch abgewertet und nicht als vollwertige Erwachsene akzeptiert zu werden. In diesem Sinne haben wir Anrufe von Frau B. verstanden, die wiederholt den Therapeuten gefragt hatte: »Haben Sie den Bericht von Professor X. schon erhalten? Haben Sie die Unterlagen gelesen?«

Beim analytischen Vorgehen im Erstinterview mit einem neurotisch strukturierten Patienten sind die meisten Therapeuten darum bemüht, möglichst wenig Vorinformationen über die Persönlichkeit des Patienten und seine Erkrankungen einzuholen. Dieser Verzicht wird damit begründet, daß die Gegenübertragung des Therapeuten von Vorurteilen und Voreinstellungen möglichst freigehalten werden sollte, um auf diese Weise optimal disponibel für die Übertragungen des Patienten zu bleiben. Wenn psychoneurotisch Kranke im Erstinterview vergessen, daß sie aktuell oder in zurückliegender Zeit zum Beispiel an Herz- oder Magenbeschwerden gelitten haben oder durch sexuelle Funktionsstörungen beeinträchtigt sind und wenn ein solches Vergessen oder Verschweigen zu einem späteren Zeitpunkt in der Therapie thematisiert wird, dann ist eine solche Thematisierung ebenso wie das vorausgegangene Vergessen oder Verschweigen im Zusammenhang der Beziehung Patient-Therapeut zu sehen und unter diesem Aspekt zu verstehen und zu bearbeiten.

Ein mangelndes aktives Interesse für den Gesamtzustand des Patienten und dessen Vorgeschichte kann insofern problematisch sein, als auf seiten des Patienten auch Störungen von schwerer körperlich-vitaler oder sozialer Bedrohung verschwiegen oder vergessen werden könnten und somit einer angemessenen diagnostischen und therapeutischen Berücksichtigung entzogen blieben. Hier ist an die Forderung von BALINT zu denken, wonach die diagnostische Verantwortung nicht durch strikte Beschränkung auf die eigene Fachkompetenz und Zuweisung an andere Experten »verzettelt« werden darf. BALINT forderte, daß auch der Psychotherapeut sich um eine sogenannte Gesamtdiagnose des psychischen, körperlichen und sozialen Zustandsbildes seines Patienten bemüht.

Gemäß den vorangegangenen Überlegungen hat der interaktionell arbeitende Therapeut die ihm vorliegenden Informationen über einen Patienten sorgfältig zur Kenntnis genommen, wenn er ihm zum ersten Mal begegnet. So hielten wir uns bei dem ersten Kontakt mit Frau B. vor Augen, daß diese zuvor bereits zehn Ärzte konsultiert und die Beziehung zu ihnen meist »im Krach« beendet hatte; wir waren weiterhin darauf eingestellt, daß sie an einer Gangstörung litt, und daß sie eine sehr problematische Beziehung zu ihrer Mutter hat. Auch wußten wir, daß diese Kranke, in Auswirkung ihrer Tochter-Mutter-Beziehung, kaum in der Lage war, konstante freundschaftliche Beziehungen zu Frauen aufzunehmen. Es war daher zu vermuten, daß sie auf eine Therapeutin zunächst eher negativ reagieren würde, ihr also, wie FREUD (1913, S. 454) es formuliert hat, in einer fertigen Übertragungseinstellung entgegentreten würde.

Als die beiden Therapeuten, plötzlich durch ein dringendes institutionelles Problem in Anspruch genommen, feststellen mußten, daß sich der Beginn des Gesprächs mit Frau B. etwas verzögern würde, ging die Therapeutin ins Wartezimmer. Sie stellte sich der dort sitzenden Frau B. vor und bat um Verständnis für die entstehende Verzögerung. Wäre die Therapeutin nicht in dieser Weise auf die Patientin zugegangen oder hätte dem Kollegen die Begrüßung überlassen, wäre eventuell eine der traumatisierenden Erfahrungen aus Kindheit und Pubertät der Patientin mit ihrer Mutter wiederbelebt worden, nämlich, daß die Mutter sie, um eines anderen Mannes willen, verlassen hatte; die Mutter hatte die Patientin, um sich ihrerseits ihrem Ehemann und nach später erfolgter Scheidung anderen Partnern zuzuwenden, wiederholt mit traumatisierendem Effekt von sich ferngehalten. Eines dieser Erlebnisse hatte zum Inhalt: Die Patientin fand als Kind am Weihnachtsmorgen im Weihnachtszimmer die Mutter mit ihrem Freund auf der Couch in einer intimen Situation vor und wurde ohne Erklärung hinausgescheucht. In einer ähnlichen Situation sei sie später von der Mutter und einem anderen Intimpartner einfach übersehen worden.

Im interaktionellen Erstgespräch wollten wir uns darum bemühen, der Patientin eine erste Korrektur ihrer bisherigen Erfahrungen zu ermöglichen; sie konnte wahrnehmen, daß auch die beiden Therapeuten etwas Spezielles miteinander teilten, aus dem sie jedoch der Patientin gegenüber keinen Hehl machten, und daß sie beide, die Frau und der Mann, die Patientin dabei nicht vernachlässigten. Die Patientin gewinnt, wie wir meinen, so die Möglichkeit, sich klare Vorstellungen von den beiden Therapeuten und deren aktuellem Verhalten zu machen. Sie kann sich auf diese Weise selbst vor dem Einbruch von Entwertungsgefühlen und darauffolgenden reaktiven Aggressionen, die zu maligner Regression führen könnten, wenigstens notdürftig schützen. Der Patientin kann so, trotz der eingetretenen kommunikativen Störung, der Zugang zur Therapie erhalten bleiben.

In der Beziehung zu einem neurosekranken Patienten würden wir in einer entsprechenden Situation die Begrüßung anders gestalten. Der Analytiker würde nicht selbst ins Wartezimmer gehen, um den Patienten über die Verzögerung des Gesprächsbeginns zu informieren; denn er würde daran denken, daß ein solches Handeln eine oral getönte Übertragung mit entsprechenden Erwartungen mobilisieren könnte. Manche Psychoanalytiker würden die eingetretene Verzögerung sogar als einen »Reiz« in einer quasi-experimentellen Situation zu nutzen versuchen und sorgfältig registrieren, wie der Patient diese Frustration im Erstgespräch verarbeitet. Diese Therapeuten orientieren sich am Prinzip der Abstinenz, die nahelegt, nicht als Realperson erkennbar zu werden und Bedürfnisse des Patienten wie auch insbesondere die eigenen nicht zu befriedigen. Analytiker dieser Orientierung versuchen, die Entfaltung der Übertragung auf seiten des

Patienten möglichst nicht zu beeinträchtigen und im positiven Sinne dieser Metapher »Spiegel« zu sein (KÖRNER u. ROSIN 1985). – Andere Psychoanalytiker, die zwischen Arbeits- und Übertragungsbeziehung unterscheiden, würden sich, bemüht um eine Trennung von Real- und Therapie-Raum, zu einer Intervention entschließen wie etwa: »Ich bitte, die Verspätung zu entschuldigen.«

Mit diesem Beispiel sollte gezeigt werden: Zwischen dem analytisch-interaktionellen Erstgespräch mit einem strukturell ich-gestörten Kranken und dem analytischen Erstinterview mit einem funktionell ich-gestörten Patienten bestehen insofern Übereinstimmungen, als in beiden Fällen die Persönlichkeitslehre und Entwicklungspsychologie der Psychoanalyse Anwendung finden; Wahrnehmungsausrichtung des Therapeuten und Beurteilung des Patientenverhaltens unterscheiden sich jedoch: Es erscheint vorrangig, den manifesten interaktionellen Bezug zu beachten; die Übertragungsphantasien des Patienten werden demgegenüber nicht zur Entfaltung gebracht. Unterschiede bei der Gestaltung von Setting und Interventionen resultieren aus den spezifischen Gegebenheiten bei Patienten mit intersystemischen Konflikten (Neurosen) einerseits und intrasystemischen (präödipalen) Störungen andererseits (vgl. HEIGL-EVERS u. NITZSCHKE in diesem Band).

An einem weiteren Beispiel soll nun die Art und Weise des diagnostischen Vorgehens bei Anwendung der psychoanalytisch-interaktionellen Methode beschrieben werden:

In der Ambulanz einer psychosomatischen Klinik erscheint eine 30jährige Sozialpädagogin, Frau M., die wegen vielerlei Beschwerden Hilfe sucht. Die eher kleinwüchsige, etwas mollige, ziemlich nachlässig gekleidete, unruhig blickende, übermotorisch wirkende Frau berichtet ohne Verzug über schwerste Versagensängste bei jeder Tätigkeit sowie über ausgeprägte, überfallartig auftretende depressive Verstimmungen, die bereits zu ernsthaften Selbstmordtendenzen geführt hätten. Außerdem ist die Rede von erheblichen Schlafstörungen sowie von einer nahezu ständigen, schwer erträglichen inneren Angespanntheit und Zerrissenheit. Sie müsse jetzt, ein Jahr nach ihrem Abschlußexamen, über ihre berufliche Zukunft entscheiden. Sie habe diese zunehmend dringlicher werdende Entscheidung ein Jahr lang vor sich hergeschoben.

Frau M. hat die seit ihrem Examen bis jetzt verstrichene Zeit mit verschiedenartigen Tätigkeiten ausgefüllt; so hat sie als Verkäuferin in einer Bäckerei gearbeitet, als Aushilfe in der Telefonauskunft eines Fernmeldeamtes, auch als Postgehilfin. Frau M. bezweifelt inzwischen, ob der Beruf einer Sozialpädagogin für sie überhaupt geeignet sei. Immerhin hat sie herausgefunden, daß sie sich besonders vor einer selbständigen Tätigkeit fürchtet; ein Job, der mit ständiger Anleitung verbunden wäre, läge ihr sicher mehr, obwohl sie sich andererseits gegen eine solche Bevormundung auch wieder auflehnen würde. Die Patientin befindet sich demnach in einem Konflikt zwischen dem Wunsch nach Anlehnung und Abhängigkeit einerseits und dem Wunsch nach Unabhängigkeit andererseits, der sich in einer Aversion gegenüber jedweder Art von Bevormundung ausdrückt. Eben das ist ihr (innerer) Abhängigkeits-Autonomie-Konflikt, für den sie keinen tragfähigen Kompromiß findet. Die ihr mögliche unbewußte Verarbeitung drückt sich in den Symptomen der Angespanntheit, der Zerrissenheit und des planlosen Agierens aus. Innere Unverträglichkeiten können von ihr nicht über die Bildung von Konfliktspannungen zu einem erträglichen Kompromiß gebracht werden; sie bleiben vielmehr als unverträgliche Ambitendenzen nebeneinander bestehen, wie es für präödipale oder strukturelle Störungen charakteristisch ist. Die Patientin ist offenbar nicht in der Lage, über die Unvereinbarkeit dieser beiden inneren Strebungen zu reflektieren. Sie geht mit diesem Abhängigkeits-/Autonomiekonflikt in der Weise um, daß sie sich auf der einen Seite einer anstehenden Entscheidung für eine eigenverantwortliche Tätigkeit, zu der sie durch ihre Berufsausbildung qualifiziert wäre, entzieht, auf der anderen Seite Tätigkeiten in Abhängigkeitspositionen ausübt, diese aber eben deswegen jeweils schnell wieder beendet. Dabei muß die Patientin eine selbständige Tätigkeit offenbar so sehr fürchten, daß sie eher ihre berufliche Ausbildung und den erreichten Abschluß in Frage stellt, als die damit eröffneten Möglichkeiten zu nutzen.

Nach diesem ersten Bericht über ihre Beschwerden und ihre innere und äußere Situation, den sie einigermaßen zusammenhängend vorgetragen hat, läßt sich die Patientin auf einmal völlig hängen, erschlafft physisch und psychisch; der Diagnostiker hat den Eindruck, daß ihr jetzt, nach dem Bericht über die für sie faßbaren Daten ihrer äußeren Situation wie ihrer inneren Befindlichkeit mit der Hinwendung auf ihre Innenwelt ein Halt, eine Struktur abhandengekommen ist. Ihm fällt auf, daß die Patientin Halt nur außen, nicht innen sucht. Weiterhin vermutet er, daß das Fehlen eines inneren Halts bei der Patientin auf einen Mangel an innerer Struktur zurückzuführen ist.[8]

Der zuvor beschriebene relativ deutliche Umschlag im Verhalten der Patientin von einem konturierten Bericht in eine gewisse Konturlosigkeit, kenntlich an den Merkmalen der Brüchigkeit ihrer Stimme, der Erschlaffung ihrer Körpermuskulatur sowie der Ungerichtetheit ihres Blicks, ist als diagnostischer Indikator für eine gewisse Destrukturierung des Ich der Patientin und damit verbunden für eine akut ablaufende Regression zu verstehen.

Dieser Befund läßt auf dem Hintergrund bestimmter theoretischer Vorannahmen an eine ausgeprägte präödipale Störung denken; nach diesen Vorannahmen unterscheiden sich ödipal und präödipal, neurotisch und ich-strukturell gestörte Patienten vor allem durch den Grad an psychischer Struktur. Der Diagnostiker hatte in Antwort auf die regressive Bewegung der Patientin Ungehaltenheit und Ablehnung gefühlt, Affekte also des Ärgers und einer gewissen Aversion; er verstand sie als Reaktion auf eine von ihm als anspruchlich erlebte Hilflosigkeit, wodurch er, unter moralischen Druck gesetzt, zum Handeln gedrängt werden sollte. Der Therapeut diagnostiziert außerdem bei der Patientin eine stark herabgesetzte Frustrationstoleranz.

Ferner läßt diese deutliche Veränderung im Verhalten der Patientin an eine Tendenz zur malignen Regression denken, bei der die Fähigkeit des Ich zu einer Spaltung in einen beobachtenden und einen urteilenden Anteil ausgeschaltet ist (STERBA 1934). Der Diagnostiker bringt die genannte Verhaltensänderung der Patientin in Zusammenhang mit einem sich vollziehenden Wechsel der Gegenstände des Gesprächs, einem Wechsel von äußerer zu innerer Realität, von objektiven Daten zu subjektiven Inhalten. Dabei fragt sich der Therapeut etwas besorgt und selbstkritisch, ob er das Gespräch nicht durch Fragen und Hinweise mehr lenken müsse, um die regressive Bewegung nicht noch zu

---

8 Das fiktive Normal-Ich FREUDS (1937, XVI, S. 59ff.) ist im konkreten Fall die Vorstellung eines Therapeuten über die in einer gegebenen Kultur geforderten Anpassungsleistungen und die dafür beim Individuum vorauszusetzenden Funktionen und Fähigkeiten.

fördern. Anders als beim psychoanalytischen Erstinterview mit Neurosekranken (s.d. ARGELANDER 1970) sollte man strukturell gestörten Patienten im diagnostischen Gespräch ebenso wie später in der Therapie richtunggebende Hilfen für den Interaktionsprozeß in Form von Fragen, Hinweisen und Antworten anbieten.

So fragt der Diagnostiker nun: »Was möchten Sie in dieser Sitzung mit mir klären?« Frau M. sieht ihn daraufhin fragend-verwundert an. Der Diagnostiker schließt aus dieser nonverbalen Reaktion, daß die Patientin nicht versteht, wieso sie eine solche Initiative entwickeln soll, die doch vielmehr *seine*, des Therapeuten Sache sei.

Frau M., im Tonfall gleichzeitig hilflos-weinerlich und drängend-fordernd: »Ich weiß doch nicht, ich kann doch nicht, ich weiß überhaupt nichts mehr!« Therapeut: »Sie können sicher sagen, was Sie jetzt mit mir klären wollen!« Patientin: »Ich weiß gar nichts mehr, ich kann gar nichts mehr!« Dies wird gleichzeitig hilflos und energisch vorgebracht. – Der Therapeut wertet dieses Verhalten selbstkritisch als Folge einer Überschreitung der Toleranzgrenze, die er nicht beachtet hatte; diese Überschreitung ist, so vermutet er jetzt, durch seine Frage nach den Klärungsintentionen der Patientin bewirkt worden.

Er versteht diese Interaktionssequenz so, daß die Patientin – in ihrem Inneren den Unvereinbarkeiten von totaler Anlehnung und von totaler Selbstbestimmung (Autonomie) ausgesetzt – sich nun in der Beziehung zu ihm ihrem Anlehnungsbedürfnis passiv überläßt; er stellt sich vor, daß eben dadurch Angst vor Auslieferung und in der Folge das Autonomiebedürfnis verstärkt mobilisiert wird; er beschließt daher, das letztere, nämlich den Eigenwillen der Patientin anzusprechen. Der Therapeut vermutet, daß es der Patientin darum geht, durch eigene Hilflosigkeit eine Hilfe von enormer Wirksamkeit ohne eigenes Zutun zu bekommen. Mit anderen Worten: Die Patientin neigt vermutlich dazu, sich immer dann ganz ihrer Hilflosigkeit zu überlassen, wenn sie vom Therapeuten auf ihr Wünschen und Wollen angesprochen wird; sie gibt dadurch indirekt zu verstehen, daß sie als Kleinkind behandelt werden möchte und der Therapeut der für sie total Verantwortliche sein sollte. Er äußert: »Das stimmt doch *so* gar nicht, Frau M.! Sie wollten doch hierher, Sie haben ja auch hierher gefunden!« Er hat die Tendenz der Patientin zur Ich-Aufgabe, zur Dispensierung vor allem von Denken, Urteilen und

Wollen aufgrund einer malignen Regression diagnostiziert und appelliert daher im Sinne der Ich-Stärkung an ihren Eigenwillen. Er hat dabei selbstkritisch offengelassen, ob er der Patientin zuvor nicht zuviel an Eigenständigkeit zugemutet habe.

Patientin: »Ja, ich wußte überhaupt nicht mehr weiter, ich konnte nicht weiter.« Die Patientin bestätigt also, daß sie aufgrund eines eigenen Entschlusses in die Klinikambulanz gekommen sei; sie betont, daß diese Entscheidung aus ihrem Nichtmehr-weiter-Wissen resultiere. Damit hat sie ihre regressive Verfassung etwas gemildert.

Therapeut: »Sie haben vor ca. einem Jahr ihr Sozialpädagogen-Examen bestanden?« Dieser scheinbar etwas unvermittelte Hinweis soll die Patientin gleichfalls daran erinnern, daß sie zumindest in der Vergangenheit über bestimmte Ich-Fähigkeiten, über Kompetenzen verfügt hatte, außerdem will er ihre Aufmerksamkeit auf die von ihm vermutete auslösende Situation für das Versagen ihrer Ich-Adaptation lenken. Er sieht dieses Versagen im Zusammenhang mit gewissen Erfolgen der Patientin, mit dem bestandenen Abschlußexamen und mit dem gelungenen Einstieg in das diagnostische Gespräch.

Die Patientin sieht daraufhin den Therapeuten etwas unsicher an, so, als ob sie noch etwas von ihm erwarte.

Therapeut: »Komisch! Als Sie das Examen bestanden hatten, konnten Sie gar nichts mehr. Das Überwinden einer Hürde hat Sie nicht gefreut und stärker gemacht, wie es sonst meist der Fall ist, ja hat Sie eher hilfloser, hat Sie nahezu ohnmächtig gemacht!« Der Therapeut ist daran interessiert, Genaueres über einen von ihm vermuteten innerseelischen Zusammenhang zwischen äußerem Erfolg und innerem Versagen zu erfahren und versucht deswegen, die Aufmerksamkeit der Patientin auf dieses Phänomen zu lenken.

Er denkt dabei zunächst an eine Ausführung FREUDS mit dem Titel: »Die am Erfolge scheitern« (1915). Bei denen, die am Erfolge scheitern, tritt die Erkrankung infolge der Wunscherfüllung auf und macht den Genuß derselben zunichte. Es ist die innere Instanz des Gewissens, die dieses bewirkt. Zur neurotischen Erkrankung kommt es in solchen Fällen wie stets aufgrund einer Versagung, die hier freilich eine innere ist.

Beim Überdenken der Situation der Patientin kann der Diagnostiker gleichfalls eine Beziehung zwischen äußerem Erfolg, der nicht ausgeschöpft werden kann, und einem inneren Nicht-Können, einer »inneren Versagung« erkennen; der Patientin sind nach diesen Erfolgen nicht die Funktionen ihres Ich verfügbar, derer sie bedürfte, um das gelungene Abschlußexamen in eine erfolgreiche berufliche Praxis umzusetzen. Es stellt sich die Frage, wodurch dies zu erklären ist.

Der Therapeut vermutet auch hier einen kausalen Zusammenhang zwischen einem äußeren Erfolg der Patientin und ihrem inneren Scheitern, freilich von anderer Art. Eben weil die Patientin einen gewissen äußeren Erfolg hatte, eben deshalb konnte sie auf einmal gar nichts mehr, aber sie scheitert nicht an ihren inneren Gewissensmächten, sondern an ihrer mangelnden Ich-Kapazität.

Patientin (weinend): »Ich konnte mich nicht entscheiden, ich wußte nicht, was ich wollte.« Sie scheitert also deswegen, wie sie indirekt ausdrückt, am äußeren Erfolg des bestandenen Examens, weil sie ihn nicht in Willensentscheidungen umsetzen, ihn nicht für sich ausschöpfen durfte. Der äußere Erfolg führt also zu einer inneren Versagung. Anders als bei den von FREUD dargestellten Patienten handelt es sich bei solcher Versagung nicht um ein Gewissensverbot, sondern um eine Konfrontation mit innerem Nicht-Können, das, wie sich hernach zeigen wird, mit der Beziehung zum Vater zusammenhängt, der dieses Kind nicht ins Erwachsensein entlassen konnte.

Der *Therapeut*: »Das finde ich jetzt gut, daß Sie da einen Zusammenhang herstellen. Ihr äußerer Erfolg bedeutet in dem Fall einen inneren Mißerfolg, so als ob der äußere Erfolg Sie auf ein inneres Nichtkönnen aufmerksam gemacht hätte.«

Der Therapeut nimmt sich an dieser Stelle für die künftige Therapie vor, die Patientin besonders dann zu bestätigen, wenn sie eine innere Unlust auf sich nimmt, um eine Aufgabe zu bewältigen.

Patientin: »Ja, mir hat ja mein Vater immer geholfen, schon in der Schule, ja vorher schon. Immer wenn ich etwas nicht konnte, hat er mir das abgenommen!«

Hier zeichnet sich ab, daß der Vater dadurch, daß er seiner Tochter, wenn sie etwas nicht konnte, als Helfer stets verfügbar war, die Unlustschranke nicht-gelingender Eigenbemühung ersparte und damit die Entwicklung einer ausreichenden Frustrationstoleranz erschwerte.

Der Therapeut hat den Eindruck, daß die Patientin sich wieder zusammenhängend und differenzierter äußern kann, so beim Herstellen von Zusammenhängen zwischen Vergangenheit und Gegenwart.

Therapeut (anknüpfend an die Äußerung der Patientin, daß der Vater ihr immer alles abgenommen habe, was sie nicht konnte): »›Hat er mir das abgenommen‹? Wie denn ›abgenommen‹? Daß Sie etwas beim nächsten Mal besser konnten oder besser verstanden, oder abgenommen, indem er die betreffende Tätigkeit selbst übernahm?«

Patientin (deutlich lebhafter, aufmerksamer): »Ja, er übernahm es völlig. Wenn ich beim Skifahren sagte, die Skier sind mir zu schwer (am Fuß des Skihügels stehend), dann sagte er: ›Gib her, ich trag' sie Dir!‹« – Statt seiner Tochter nahezulegen, es doch einmal selbst in seinem Beisein zu versuchen, war es diesem Vater wichtig, von ihr helfend in Anspruch genommen zu werden.

Der Therapeut meint, bei dieser Äußerung der Patientin, in deren Mimik und Tonfall deutliche Signale eines Triumphes wahrzunehmen, eines Triumphes darüber, wie er vermutet, daß sie den Vater beherrschte, wobei der Vater möglicherweise als Partialobjekt fungierte.

Die hier über die Mimik erfolgte Erfassung des Triumphs der Patientin über ihren Vater bedarf noch der ergänzenden Erfassung der von ihr erlebten Triumph*gefühle;* denn erst dann ist die Qualität und Intensität der Lust für sie erlebbar, der Lust eines allmächtigen Verfügens über den Vater. Die Erfassung des Triumphes bei dieser Patientin ist einer der ersten Hinweise darauf, daß sie, unter dem Aspekt der Objektbeziehung gesehen, eine Beziehung der omnipotenten Verfügung über andere als Teilobjekte intendiert.

Therapeut: »Das finde ich nun schon schlimm für Sie, er half Ihnen nicht zu lernen, wie man zum Beispiel Skier besser tragen kann, in Etappen den Hügel hochtragen oder sie vielleicht zeitweise gemeinsam zu tragen; wenn das häufig so vor sich ging, dann hat er Sie ja eigentlich nicht recht groß werden lassen: Er hat Sie nicht an den Schwierigkeiten des Lebens wachsen lassen. – Das geht ja nur, wenn man die immer zunächst auftretende Unlust wegen eines anfänglichen Nichtkönnens allmählich ertragen lernt.«

Die Patientin nennt dann weitere Beispiele, aus denen klar hervorgeht, daß dieser Vater, als Hauptbezugsperson des Kindes, seiner Tochter nicht zu größerer Selbständigkeit verhelfen wollte, vielmehr ihre kindliche Abhängigkeit von ihm, ja ihr Angewiesensein auf ihn, verewigen wollte, vermutlich, weil er dies unbewußt für die Aufrechterhaltung seines Selbstgefühls brauchte.

Und dann passiert etwas, was den Therapeuten ziemlich überrascht und beunruhigt:

Patientin: »Aber was soll ich jetzt machen, ich kann doch nichts, ich hab' doch nichts gelernt, ich kann *überhaupt* nichts!« (Das wird zugleich weinerlich und energisch gesagt.) Es klingt für den Therapeuten gleichzeitig verzweifelt, aber auch energisch-fordernd. Er diagnostiziert, nachdem er seine Überraschung ansatzweise verstanden hat, bei der Patientin eine weitgehende Ich-Regression; sie ist verbunden mit Impulsen, sich seiner Person, basierend auf eigener Hilflosigkeit, zu bemächtigen. Er spürt neben dieser Hilflosigkeit einen geradezu imperativen Appell: »Du allein kannst mir helfen, ich kann es nicht, ich muß mich jetzt total auf Dich verlassen!« Die regressive Bewegung der Patientin ist also gekennzeichnet durch eine Art Allmachtsübertragung auf den Therapeuten.

Der Therapeut denkt nunmehr über seine eventuellen Fehler in der letzten Gesprächsphase nach: Er fragt sich erstens, ob er die Frustrationstoleranz der Patientin überfordert hat, indem er auf die Genese eingegangen ist und auf die ständige Unterstützungsbereitschaft von seiten des Vaters; dadurch könnte er bei der Patientin die Angst ausgelöst haben, daß sie vom Therapeuten solche Hilfe nicht erwarten kann. Er überlegt zweitens, ob er vielleicht zu früh bei der Patientin auf der einen Seite Wut auf den Vater, der sie nicht selbständig werden lassen wollte, mobilisiert hat und andererseits die Angst, die väterliche Unterstützung zu verlieren. Er überlegt ferner, ob sie ihn als zu hart und fordernd erlebt, wenn er ihr eine Selbständigkeit zutraut, die ihr noch nicht möglich ist.

Therapeut: »Jetzt sind wir wieder beim Ausgangspunkt. Sie sagen: ›Ich kann überhaupt nichts, ich hab' nichts gelernt.‹ Meines Erachtens können Sie schon etwas machen. Sie können sich, nicht jetzt, wir müssen bald schließen, überlegen, wie das zuging mit Ihrer Unselbständigkeit, mit Ihrer Hilflosigkeit in Kindheit und Jugend, was genau sich zwischen Ihnen und Ihrem Vater abgespielt hat, was Sie bei dieser Hilflosigkeit gefühlt haben. Vielleicht haben Sie sich dabei stark gefühlt, stark, weil Sie den Vater sozusagen dazu gebracht haben, vieles für Sie und gleichsam an Ihrer Stelle zu tun. Vielleicht haben Sie auch erwartet, daß ich Ihnen sofort helfe, und sind jetzt hilflos und wütend zugleich. Aber es hilft nichts! Ihnen gleich zur Besserung verhelfen, das kann ich nicht, das wird niemand können! Ich möchte Ihnen jetzt direkt die Aufgabe stellen, Ihre Vergangenheit in der Erinnerung, besonders in bezug auf Ihren Vater und zum Thema Selbständigkeit/Unselbständigkeit zu rekonstruieren. Ich glaube, das können Sie! Wir können ja dann morgen darüber sprechen.«

Der Therapeut lenkt das Gespräch also in der Weise, daß er die Patientin gleichsam auf ihre Fähigkeit, selbständig über ihre Erinnerung zu verfügen, verweist. Er denkt daran, die Hilfs-Ich-Funktion des Strukturierens, des Organisierens (BLANCK u. BLANCK 1986, S. 136-158) zu übernehmen, im Sinne eines Ratschlags, einer Richtungsweisung, eines Vorschlages, einer Aufgabenstellung, hier der Rekonstruktion der Vergangenheit. Er hat also im Sinn, die Patientin zum Einsatz ihrer Erinnerungsfähigkeit, die sich ja vorher als intakt erwiesen hatte, anzuregen. Das Erinnern soll dabei nicht vornehmlich der Rekonstruktion der Vergangenheit förderlich sein, sondern als eigene Fähigkeit erfahren werden; die Aussicht auf ein weiteres Gespräch mit dem Therapeuten soll dabei als Ermunterung dienen. Die Förderung von Ich-Funktionen, wie Erinnern und Urteilen, scheint ihm zunächst wichtiger als die Interpretation der zuvor erkennbar gewordenen Allmachtsübertragung auf ihn. *Dieser* Therapeut, *dieser* Vater nimmt ihr »die Skier«, die Verantwortung nicht total ab, trägt ihr vielmehr auf, die Verantwortung selbst, wenigstens partiell, zu übernehmen, um dann mit ihm zusammen zu versuchen herauszubekommen, wozu sie fähig ist und wozu nicht, wobei sich all dies in der Beziehung zwischen ihm und ihr vollzieht.

Es wurde dargestellt, auf welche Weise bei der Behandlung von strukturell schwer gestörten Patienten erstens eine ständige Umsetzung diagnostisch erschlossener Außen- und Binnenwahrnehmungen des Therapeuten in interaktionelle Interventionen erfolgt und zweitens, wie dessen permanente Selbstwahrnehmung und deren Reflexion sich unter den Aspekten seines Über-Ich abspielt (FREUD 1923; BLANCK u. BLANCK 1986, S. 20–29, besonders S. 28/29). Dabei scheint es uns bei der Behandlung von strukturell gestörten Patienten besonders auf die selbstkritischen Funktionen und auf die in diesem Zusammenhang auftretenden signalgebenden Schuldgefühle beim Therapeuten anzukommen, weil man nur so diesen Kranken gerecht werden kann. Selbstkritik und Schuldgefühle sind beim Therapeuten also interventionsorganisierend; sie sind auch nötig zur kontrollierten Handhabung eigener aversiver oder aggressiver Gegenübertragungsaffekte gegenüber diesen Patienten.

Nach der Sitzung überlegt der Therapeut nochmals in Ruhe, was er übersehen haben könnte. Die Überforderung der Frustrationstoleranz der Patientin am Schluß dieser Sitzung ist ihm etwas unbehaglich. Nach einigem Nachdenken über die vorangegangene Stunde fällt ihm auf: Er hat nicht oder zu wenig ihr Nichtwollen-*Können* gesehen und bewertet und vor allem, indem er der *Ich*-Diagnostik den Vorrang einräumte, den Übertragungsbezug zu wenig beachtet, wonach natürlich auch er selbst gemeint, in vage Sehnsüchte und Ängste der Patientin einbezogen war, wenn sie vom Vater sprach. Das gilt für die Aussage, daß ihr der Vater immer geholfen habe, wenn sie etwas nicht konnte, für die Szene, als der Vater ihre Skier trug und für die therapeutische Intervention zum Kleingehaltenwerden durch den Vater. Die Patientin mußte Angst bekommen, daß ihr *dieser* Vater, nämlich der Therapeut, zu früh zu viel zumutete. – Ausgerüstet mit diesem Wissen kann der Behandelnde in den weiteren Sitzungen solche Fehler vermeiden und auch die Allmachtsübertragung der Patientin frühzeitiger zulassen und ansprechen.

Literatur

ARGELANDER, H. (1970): Das Erstinterview in der Psychotherapie. Wissenschaftliche Buchgesellschaft, Darmstadt.
ARGELANDER, H. (1977): Diskussionsbeitrag zu P. Fürstenaus Arbeit »Die beiden Dimensionen des psychoanalytischen Umgangs mit strukturell ich-gestörten Patienten«. Psyche 31: 208–215.
ARLOW, J.A.; BRENNER, C. (1976): Grundbegriffe der Psychoanalyse. Die Entwicklung von der topographischen zur strukturellen Theorie des psychischen Systems. Rowohlt, Hamburg.
BALINT, M. (1957): The doctor, his patient and the illness. Pitman,

London. (Dt.: Der Arzt, sein Patient und die Krankheit. Klett, Stuttgart, 1965.)

BALINT, M. (1968): The basic fault. Therapeutic aspects of regression. Tavistock, London. (Dt.: Therapeutische Aspekte der Regression. Die Theorie der Grundstörung. Klett, Stuttgart, 1970.)

BELLAK, L.; HURVICH, M.; GEDIMAN, H.K. (1973): Ego functions in schizophrenics, neurotics, and normals. A systematic study of conceptual, diagnostic, and therapeutic aspects. Wiley, New York.

BION, W.R. (1962): A theory of thinking. International Journal of Psycho-Analysis 43: 306–310.

BLANCK, G. (1966): Einige technische Folgerungen aus der Ich-Psychologie. Psyche 22: 199–214.

BLANCK, G.; BLANCK R. (1974): Angewandte Ich-Psychologie. Klett-Cotta, Stuttgart.

BLANCK, G.; BLANCK R. (1986): Jenseits der Ich-Psychologie. Klett, Stuttgart.

BRÄUTIGAM, W. (1983): Beziehung und Übertragung in Freuds Behandlungen und Schriften. Psyche 37: 116–129.

BRENNER, C. (1976): Praxis der Psychoanalyse. Fischer, Frankfurt a.M., 1979.

BRENNER, C. (1982): The mind in conflict. International Universities Press, New York.

COHEN, J. (1980): Structural consequences of psychic trauma: A new look of »Beyond the pleasure principle«. International Journal of Psycho-Analysis 61: 421ff.

CREMERIUS, J. (1979a): Die Verwirrungen des Zöglings T. Psychoanalytische Lehrjahre neben der Couch. Psyche 33: 551–564.

CREMERIUS, J. (1979b): Gibt es zwei psychoanalytische Techniken? Psyche 33: 577–599.

CREMERIUS, J. (1982): Kohuts Behandlungstechnik. Eine kritische Analyse. Psyche 36: 17–46.

ERIKSON, E.H. (1959): Identity and the life cycle. International Universities Press, New York. (Dt.: Identität und Lebenszyklus. Suhrkamp, Frankfurt a.M., 1973.)

FERENCZI, S. (1927/28): Die Elastizität der psychoanalytischen Technik. In: FERENCZI, S., Schriften zur Psychoanalyse, Bd. II. Fischer, Frankfurt a.M., 1970.

FERENCZI, S. (1931): Kinderanalysen mit Erwachsenen. In: FERENCZI, S. (Hg.), Bausteine zur Psychoanalyse, Bd. III. Huber, Bern, 1964.

FERENCZI, S.; RANK, O. (1924): Entwicklungsziele der Psychoanalyse. Internationaler Psychoanalytischer Verlag, Leipzig/Wien/Zürich.

Freud, A. (1936): Das Ich und die Abwehrmechanismen. Die Schriften der Anna Freud, Bd. 1. Kindler, München, 1980.

FREUD, A. (1965): Wege und Irrwege in der Kinderentwicklung. Huber/Klett, Bern/Stuttgart, 1968.
FREUD, S. (1905): Bruchstücke einer Hysterie-Analyse. Ges. Werke, Bd. V. Fischer, Frankfurt a.M., S. 161–286.
FREUD, S. (1911): Psychoanalytische Bemerkungen über einen Fall von Paranoia (Dementia paranoides). Ges. Werke, Bd. VIII. Fischer, Frankfurt a.M., S.239–320.
FREUD, S. (1912): Ratschläge für den Arzt bei der psychoanalytischen Behandlung. Ges. Werke, Bd. VIII. Fischer, Frankfurt a.M., S.375–387.
FREUD, S. (1913): Zur Einleitung der Behandlung. Ges. Werke, Bd. VIII. Fischer, Frankfurt a.M., S. 454–478.
FREUD, S. (1915): Triebe und Triebschicksale. Ges. Werke, Bd. X. Fischer, Frankfurt a.M., S. 210-234.
FREUD, S. (1915): Bemerkungen über die Übertragungsliebe. Ges. Werke, Bd. X. Fischer, Frankfurt a.M., S.306–321.
FREUD, S. (1915): Die am Erfolg scheitern. Ges. Werke, Bd. X. Fischer, Frankfurt a.M., S. 370–389.
FREUD, S. (1923): Das Ich und das Es. Ges. Werke, Bd. XIII. Fischer, Frankfurt a.M., S. 235–289.
FREUD, S. (1923): »Psychoanalyse« und »Libidotheorie«. Ges. Werke, Bd. XIII. Fischer, Frankfurt a.M., S. 209–233.
FREUD, S. (1933): Neue Folgen der Vorlesungen zur Einführung in die Psychoanalyse. Ges. Werke, Bd. XV. Fischer, Frankfurt a.M., S.1–197.
FREUD, S. (1937): Die endliche und die unendliche Analyse. Ges. Werke, Bd. XVI. Fischer, Frankfurt a.M., S. 59–99.
FÜRSTENAU, P. (1977): Die beiden Dimensionen des psychoanalytischen Umgangs mit strukturell ich-gestörten Patienten. Psyche 31: 197–207.
FÜRSTENAU, P. (1983): Paradigmawechsel in der Psychoanalyse (angesichts der strukturellen Ich-Störungen). In: STUDT, H.H. (Hg.), Psychosomatik in Forschung und Praxis. Urban u. Schwarzenberg, München, S. 119–136.
GREENSON, R.R. (1965): Das Arbeitsbündnis und die Übertragungsneurose. Psyche 20: 81–103.
GREENSON, R.R. (1967): Technik und Praxis der Psychoanalyse, Bd. I. Klett-Cotta, Stuttgart, 1981.
GREENSON, R.R. (1971): Die »reale« Beziehung zwischen Patient und Psychoanalytiker. In: Ders. (Hg.), Psychoanalytische Erkundungen. Klett-Cotta, Stuttgart, 1982, S. 364–379.
GREENSON, R.R.; WEXLER, M. (1969): Die übertragungsfreie Beziehung in der psychoanalytischen Situation. Psyche 25: 206–230.

HARTMANN, H. (1964): Ich-Psychologie. Studien zur psychoanalytischen Theorie. Klett-Cotta, Stuttgart, 1972.
HARTMANN, H. (1966): Die Bedeutung der Ich-Psychologie für die Technik der Psychoanalyse. Psyche 22: 161–172.
HARTMANN, H.; KRIS, E.; LOEWENSTEIN, E.M. (1946): Comments on the formation of psychic structure. Psychoanalytic Study of the Child 2: 11–38.
HEIGL, F.; TRIEBEL, A. (1977): Lernvorgänge in psychoanalytischer Therapie. Die Technik der Bestätigung – eine empirische Untersuchung. Huber, Bern.
HEIGL-EVERS, A.; HEIGL, F. (1980): Zur Bedeutung des therapeutischen Prinzips der Interaktion. In: HAASE, H.-J. (Hg.), Psychotherapie im Wirkungsbereich des psychiatrischen Krankenhauses. Perimed, Erlangen, S. 87–103.
HEIGL-EVERS, A.; HEIGL, F. (1983): Das interaktionelle Prinzip in der Einzel- und Gruppentherapie. Zeitschrift für Psychosomatische Medizin 29: 1–14.
HEIGL-EVERS, A.; HEIGL, F. (1985): Das Göttinger Modell der Gruppenpsychotherapie. In: KUTTER, P. (Hg.), Methoden und Theorien der Gruppenpsychotherapie. Fromman-Holzboog, Stuttgart.
HEIGL-EVERS, A.; HEIGL, F.; OTT, J. (Hg.) (1993): Lehrbuch der Psychotherapie. G. Fischer, Stuttgart.
HEIGL-EVERS, A.; HENNEBERG-MÖNCH, U. (1985): Psychoanalytisch-interaktionelle Psychotherapie bei präödipal gestörten Patienten mit Borderline-Strukturen. Praxis der Psychotherapie und Psychosomatik 30: 227–235.
HEIGL-EVERS, A.; SCHEPANK, H. (1981): Ursprünge seelisch bedingter Krankheiten, Bd. 2. Vandenhoeck u. Ruprecht, Göttingen.
HEIGL-EVERS, A.; SEIDLER, G.H. (1993): Die Alterität des Suchtkranken. In: HEIGL-EVERS, A.; HELAS, J.; VOLLMER, H.G. (Hg.), Eingrenzung und Ausgrenzung. Zur Indikation und Kontraindikation für Suchttherapien. Vandenhoeck u. Ruprecht, Göttingen.
HEIGL-EVERS, A.; STREECK, U. (1985): Psychoanalytisch-interaktionelle Therapie. Zeitschrift für Psychotherapie und medizinische Psychologie 35: 176–182.
JASPERS, K. (1965): Allgemeine Psychopathologie. Springer, Berlin, Heidelberg, New York.
KÄCHELE, H.; SCHAUMBURG, C.; THOMÄ, H. (1973): Verbatimprotokolle als Mittel in der psychotherapeutischen Verlaufsforschung. Psyche 27: 902–927.
KERNBERG, O.F. (1976): Objektbeziehungen und Praxis der Psychoanalyse. Klett-Cotta, Stuttgart, 1981.

Kernberg, O.F. (1978): Borderlinestörungen und pathologischer Narzißmus. Suhrkamp, Frankfurt a.M.
Kernberg, O.F. (1981): Zur Theorie der psychoanalytischen Psychotherapie. Psyche 35: 673–704.
Klein, M. (1934): Die Psychoanalyse des Kindes. Internationaler Psychoanalytischer Verlag, Wien.
Körner, J.; Rosin, U. (1985): Das Problem der Abstinenz in der Psychoanalyse. Forum der Psychoanalyse 1: 25–47.
Kohut, H. (1972): Narzißmus. Eine Theorie der psychoanalytischen Behandlung narzißtischer Persönlichkeitsstörungen. Suhrkamp, Frankfurt a.M., 1973.
Kris, E. (1951): Ich-Psychologie und Deutung in der psychoanalytischen Therapie. Psyche 1968, 22: 173–186.
Loch, W. (1977): Anmerkungen zum Thema Ich-Veränderungen, Ich-Defekte und Psychoanalytische Technik. Psyche 31: 216–227.
Loewenstein, R.M. (1951): Das Problem der Deutung. Psyche 1968, 22: 173–186.
Malcolm, J. (1980): Fragen an einen Psychoanalytiker. Klett-Cotta, Stuttgart, 1983.
Mahler, M.S. (1975): Symbiose und Individuation. Die psychische Geburt des Menschenkindes. Psyche 29, 609–625.
Nunberg, H. (1932): Allgemeine Neurosenlehre. Huber, Bern, 1959.
Pohlen, M.; Wittmann, L. (1980): Die Unterwelt bewegen: Versuch über Wahrnehmung und Phantasie in der Psychoanalyse. Syndikat, Frankfurt a.M.
Rapaport, D. (1959): Die Struktur der psychoanalytischen Theorie. Klett, Stuttgart, 1970.
Rohde-Dachser, C. (1979): Das Borderline-Syndrom. Huber, Bern.
Rosin, U. (1981): Krankheitsbegriffe in Psychiatrie und analytischer Psychotherapie und ihr Einfluß auf die Arzt-Patient-Beziehung. In: Bach, H. (Hg.), Der Krankheitsbegriff in der Psychoanalyse. Vandenhoeck u. Ruprecht, Göttingen, S. 104–121.
Rosin, U. (1982): Der Beziehungsaspekt in der ambulanten Therapie von Schizophrenie-Kranken. In: Heinrich, K. (Hg.), Der Schizophrene außerhalb der Klinik. Huber, Bern, S. 170–185.
Rosin, U.; Lehmann, F.; Heigl-Evers, A. (1984): Der Beziehungsaspekt in psychotherapeutischen und psychiatrischen Krankengeschichten. Praxis der Psychotherapie und Psychosomatik 29: 139–144.
Ross, N. (1974): Vorwort. In: Blanck, G.; Blanck; R. (1974), Angewandte Ich-Psychologie. Klett-Cotta, Stuttgart.
Sandler, J. (1960): Sicherheitsgefühl und Wahrnehmungsvorgang. Psyche 15: 124–131.

Sandler, J. (1970): Basic psychoanalytic concepts: II. The treatment alliance. British Journal of Psychiatry 116: 555–558.

Sandler, J. (1983): Die Beziehungen zwischen psychoanalytischen Konzepten und psychoanalytischer Praxis. Psyche 37: 577–595.

Schneider, K. (1966): Klinische Psychopathologie. 7. Auflage. Thieme, Stuttgart.

Sterba, R. (1934): Das Schicksal des Ich im therapeutischen Verfahren. Internationale Zeitschrift für Psychoanalyse 20: 6–73; Psyche 1975, 29: 941–949.

Stierlin, H. (1957): Die Schizophreniebehandlung in der Klinik. Anmerkungen zur psychotherapeutischen Technik. Psyche 11: 458–471.

Stierlin, H. (1959): Aus der Sicht des distanzierten Beobachters. Anmerkungen zu einer Neuerscheinung. Psyche 13: 742–748.

Stone, L. (1961): Die psychoanalytische Situation. Fischer, Frankfurt a.M., 1973.

Streeck, U. (1983): Abweichungen vom ›fiktiven Normal-Ich‹: Zum Dilemma der Diagnostik struktureller Ichstörungen. Zeitschrift für Psychosomatische Medizin 29: 334–349.

Streeck, U. (1984): Das diagnostische Urteil in der Psychoanalyse – ein Name für einen Gegenstand oder Ergebnis von Verständigungsprozessen? Zeitschrift für Psychosomatische Medizin 30: 303–313.

Thomä, H. (1981): Schriften zur Praxis der Psychoanalyse: Vom spiegelnden zum aktiven Psychoanalytiker. Suhrkamp, Frankfurt a.M.

Thomä, H. (1984): Der Beitrag des Psychoanalytikers zur Übertragung. Psyche 38: 29–62.

Winnicott, D.W. (1949): Mind and its relations to psycho-soma. Basic Books, New York, 1958.

Zepf, S. (1981): Psychosomatische Medizin auf dem Wege zur Wissenschaft. Campus, Frankfurt a.M.

Zetzel, E.R. (1958): Das therapeutische Bündnis bei der Hysterioe-Analyse. In: Zetzel, E.R.. (Hg.), Die Fähigkeit zum emotionalen Wachstum. Klett, Stuttgart, 1974, S. 184–198.

Ulrich Sachsse

Klinische Erfahrungen mit verschiedenen Interventionsmodi bei der psychoanalytisch-interaktionellen Therapie

»Persönlichkeit und Struktur des Kindes
entwickeln sich zugleich harmonisch
mit denen der Mutter und kontrapunktisch zu ihr.«

(GERTRUDE und RUBIN BLANCK)

Einleitung

Diese der Musik entlehnte Metapher von Harmonie und Kontrapunkt (BLANCK und BLANCK 1980, S. 34) verweist darauf, worum es in diesem Beitrag gehen soll: Um klinische Erfahrungen bei der psychoanalytisch-interaktionellen Psychotherapie mit *harmonisch-empathischen* und *kontrapunktisch-abgrenzenden* Interventionsmodi, die zum Ziel haben, umschriebene Ich-Funktionen bei einzelnen Patienten zur Entwicklung anzuregen.

Die hier zusammengestellten Beobachtungen und Erfahrungen entstammen der Arbeit in der Fachklinik für psychogene und psychosomatische Erkrankungen Tiefenbrunn und der Fachklinik für Psychiatrie Göttingen. Sie wurden erworben in Einzeltherapien, halboffenen Stationsgruppen und geschlossenen Gruppen mit Patienten verschiedener Stationen (HEIGL-EVERS, HEIGL u. MÜNCH 1976; HEIGL 1982; KÖNIG 1974; KÖNIG u. SACHSSE 1981; SACHSSE 1982).

Das psychoanalytisch-interaktionelle »therapeutische Verhalten entspricht in gewisser Weise dem Verhalten von Müttern, wenn sie ihrem Kind Entwicklungsschritte ermöglichen wollen« (HEIGL-EVERS u. HEIGL 1983, S. 7). Die ersten Entwicklungsschritte ermöglicht die Mutter durch Handlungen zur Bedürfnisbefriedigung des Säuglings: Füttern, Wärmen, Bewegen, Streicheln. Schon diese Handlungen in Antwort auf Äußerungen des Säuglings sind Prozesse von Bedeutungsgebung: durch diese antwortenden Handlungen bildet sich in ersten Ansätzen eine differenzierte Selbstwahrnehmung im Sinne eines bedeutsamen Erlebens (SPITZ 1980) heraus. Bald folgt auf die mimischen und haltungsmäßigen Äußerungen des Säuglings eine spiegelnde Antwort der Mutter (STERN 1979): Freudige, lustvolle Äußerungen des Säuglings wird die genügend gute Mutter »*harmonisch*« spiegeln, unlustbetonte Äußerungen wie Weinen und Schreien höchstens kurz widerspiegeln, dabei aber nicht verweilen, sondern »*kontrapunktisch*« zu den Äußerungen des Säuglings durch tröstendes und beruhigendes Verhalten antworten. Tröstende und beruhigende Antworten geschehen mit dem Ziel, aus der Position des mütterlichen Hilfs-Ich heraus wieder »harmonische« Entspannung herbeizuführen. Daneben werden aber auch zunehmend »kontrapunktische« Antworten der Mutter als eigenständiger, abgegrenzter Person treten, die nicht mehr immer nur zum Ziel haben zu beruhigen, zu trösten oder zu »stillen« (HEIGL-EVERS, HEIGL u. OTT 1993, S. 51-73).

Antworten in Harmonie

Spiegelndes Antworten: »Auf mich wirken Sie jetzt ...«

»... traurig, müde, empört, aufgebracht, freudig erregt ...« - so könnte dieser Satz auf verschiedene Weise zu Ende gehen. Gemeinsam wäre allen diesen Antworten, daß sie einen empathisch vermuteten Affekt differenziert wahrzunehmen und verbalisiert zu vermitteln versuchen. Der Therapeut greift dabei Äußerungen des Patienten auf, die in seiner Mimik, seiner Gestik, seiner Haltung und seinem Tonfall, überwiegend also in seinen nichtverbalen Äußerungen bestehen.

Bei sehr vielen der präödipal gestörten Patienten besteht zwischen Patient und Therapeut eine ähnliche Situation wie für die Kommunikation zwischen Mutter und Kind. STERN (1979) hat die Verhaltensweisen, die bei der Interaktion zwischen Mutter und Säugling in der Dyade zu beobachten sind, in ihren Elementen plastisch dargestellt: Die Mutter wiederholt, »spiegelt« Haltung und mimischen Ausdruck des Säuglings nicht nur, sondern amplifiziert ihn: In der zeitlichen Ausdehnung und in seiner räumlichen Gestaltung wird er übertrieben und mit emotionsträchtigen Lauten unterlegt, so daß dieser Ausdruck mit emotionaler Bedeutung erfüllt wird. Der Säugling schaut nicht nur in einen Spiegel, sondern in einen vergrößernden Zerrspiegel bei der Mutter. STERN spricht von »*Choreographie*« *zwischen Mutter und Kind* und deutet damit die innere Nähe dieser Kommunikation zum Ballett oder zur Pantomime an.

Ein Patient sitzt mit starrer Mimik, einer leichten Falte zwischen den Augenbrauen und zusammengepreßten Lippen dem Therapeuten gegenüber, die Schultern in den Sessel gepreßt, die Arme vor der Brust verschränkt, die Sprache tonlos, mit einer leichten Schärfe in der Diktion, die Augen ins Leere gerichtet. Der Therapeut wird diesen seinen Äußerungen den Charakter von Signalen beimessen und sie ihm als solche spiegeln, etwa mit den Worten: »Ich möchte Ihnen mal vormachen, wie Sie mir jetzt gerade gegenübersitzen, und werde dabei *ganz bewußt etwas übertreiben*, um es deutlicher werden zu lassen«. Dann setzt er sich in seinen Sessel wie der Patient, die Arme vielleicht etwas energischer verschränkt, die Lippen etwas kräftiger zusammengepreßt und die Stirn deutlicher in Falten gezogen, nur wird er nicht wie die Mutter in der Säuglingszeit einen Laut wie »grr« von sich geben, sondern diese Äußerungen mit semantischen Wortsymbolen auf eine höhere Ebene der Organisation heben: »So wirken Sie auf mich angespannt, in sich vergraben, ich möchte fast sagen verbittert und verbiestert.«

Bei Patienten mit der Fähigkeit zu bereits differenzierterem affektivem Erleben wird eine solche Intervention nur einen Schritt von vorbewußt-präverbalen zu bewußt-verbalen Äußerungen bedeuten. Bei Patienten mit einer psychosomatischen Störung, aber auch bei Patienten mit einer schweren narzißtischen Neurose und bei Suchtpatienten können solche Interventionen einen ersten Ansatz zur höheren Organisation der Innenwelt überhaupt darstellen, weil sie ihnen vielleicht zum erstenmal die Möglichkeit eröffnen, bewußt affektiv zu erleben oder Affekte in Beziehungen wirksam werden zu lassen.

Nur der Vollständigkeit halber sei darauf verwiesen, daß gerade bei spiegelnden Antworten beachtet werden muß, daß der Patient sich *nicht nachgeäfft oder veralbert* vorkommt. Dadurch, daß der Therapeut sein Verhalten ernsthaft ankündigt und begründet, wird sich diese Gefahr leicht vermeiden lassen.

Antworten in Übereinstimmung:
»Mir geht es da ganz ähnlich«

Diese Antwort setzt voraus, daß der Patient etwas verbalisiert hat, mit dem der Therapeut bei sich eine innere Übereinstimmung feststellt. Auf den ersten Blick mag eine solche Intervention entbehrlich erscheinen, denn wenn der Patient sich auf dem Ich-Niveau des Therapeuten geäußert hat, gibt es da ja eigentlich nichts mehr zu entwickeln oder zu fördern. Gerade in der Anfangsphase einer Therapie mag es aber wichtig sein, dem Patienten Verständnis aus einer partiellen Ähnlichkeit heraus zu signalisieren. Der Therapeut verstärkt und bestätigt durch eine solche Intervention das gezeigte Verhalten oder den verbalisierten Affekt. Er wird also insbesondere dann so intervenieren, wenn ein Patient nur sehr zögernd, vorsichtig-tastend etwas von sich mitteilt, oder wenn das betreffende Verhalten noch neu ist, so daß es um die *Bestätigung eines Lernfortschrittes* (HEIGL u. TRIEBEL 1977) geht.

Eine spezifische Funktion haben diese Interventionen besonders dann, wenn sie *Ermutigung* und *Trost* bedeuten. HEIGL-EVERS und HEIGL (1983, S. 10) bringen ein Beispiel, bei dem ein Patient niedergeschlagen war, weil er bei seiner Therapie nur langsam und mühselig Fortschritte machte. Die »durch Anteilnahme getönte Antwort« des Therapeuten lautet: »Mir ist gerade eingefallen, als ich Ihnen zuhörte, daß ich das auch kenne, daß ich mich in solchen Zusammenhängen auch immer wieder mal verschätze und dann so etwas gekränkt bin. Es geht ja darum, in sich selbst etwas Neues zu entwickeln, und da bleiben Fehlschläge nicht aus.« Das wird den Patienten ermutigen, geduldig zu bleiben und nicht aufzugeben. Der Therapeut ist der sichtbare Beweis dafür, daß dieses Bemühen Aussicht auf Erfolg hat, wenn er selbst in Lernsituationen solche Erfahrungen machen mußte. Hier liegt eine Möglichkeit, die Frustrationstoleranz zu erhöhen, denn ein subjektiv als unerreichbar erlebtes Ziel wird nicht weiter angestrebt werden können. Ein weiterer Trost liegt darin, daß das *Ubiquitäre des Leidens* deutlich wird. Auch das erhöht die

Frustrationstoleranz: ›Ich bin nicht der Einzige, der sich plagen muß‹. Frustrationstoleranz, Introspektionsfähigkeit und Realitätsprüfung können durch solche Interventionen gestärkt werden.

Antworten in Empathie zur Assimilierung Ich-fremder Erlebnisanteile: »*Sie sagen, Sie verstehen sich da selbst nicht. Ich glaube, ich kenne so etwas.*«

In längeren therapeutischen Beziehungen – sei es in Einzeltherapien, sei es in Gruppentherapie – können Patienten innere Erlebnisbereiche, die ihnen selbst fremd und unverständlich sind, dem Therapeuten darbringen in der Hoffnung, dieser möge sie verstehen und ihnen verständlich machen. Auch die Erfahrung, daß der Therapeut einem Verhalten, einer spontanen Äußerung eine einsehbare Bedeutung geben konnte, die den Patienten emotional berührt hat, wird diese vertrauensvolle Hoffnung in ihm wecken. Hierzu ein ausführlicheres Beispiel:

In einer geschlossenen interaktionellen Gruppe mit Patienten verschiedener Stationen über 24 Sitzungen hatte Frau D. während der ersten 12 Sitzungen fast nur geschwiegen. Sie hatte mit offenem Blick und freundlichem Gesicht ihr Interesse gezeigt, solange Gruppenmitglieder oder der Therapeut sich ihr nicht direkt zuwandten. Geschah dies, wurde ihr Gesicht verschlossen, sie blickte zu Boden und sagte: »Ich möchte noch nichts sagen«. Sie sagte das mit einer solchen Bestimmtheit, daß niemand ihr bisher widersprochen hatte oder sie bedrängte, sich doch zu öffnen. In der 12. Sitzung schließlich wandte sich Frau M., die mit Frau D. auf einer Station war, ihr freundlich-verständnisvoll zu und sprach sie auf ihr Verhalten an: »Regine, die Gruppe ist jetzt schon zur Hälfte um, und Du hast immer noch nichts gesagt. Ich weiß doch, daß Dich etwas bedrückt.« Frau D.: »Ich finde das gar nicht gut, daß Du mich ansprichst. Es hätte ja doch keinen Zweck, wenn ich darüber reden würde.« Frau D. rechtfertigt sich, sie hätte ›es‹ schon mehrfach anderen Menschen, auch Therapeuten erzählt, aber keiner hätte ihr bisher dazu richtig etwas sagen können. So etwas hätte einfach noch kein anderer erlebt. Mitglieder der Gruppe bedrängten sie, sie zögerte aber weiterhin. Zunehmend trafen ihre fragenden Blicke den Therapeuten, so daß der sie schließlich ansprach: »Sie gucken mich so prüfend an, als wollten Sie mich fragen: ›Wenn ich es erzähle, können Sie mir dann versprechen, daß Sie mich verstehen werden?‹« Frau D. lächelte: »Ja, das stimmt. Ich möchte nicht noch einmal eine Enttäuschung erleben«. – »Nun, ich kann Ihnen versichern, daß ich mich bemühen werde. Aber versprechen kann ich Ihnen nichts, denn Sie haben ja auch mit anderen Menschen schon die Erfahrung gemacht, daß die mit dem, was Sie da erzählt haben, nicht viel anzufangen wußten.« Es kam hier darauf an, eine sich anbahnende idealisierende Übertragung nicht anwachsen zu lassen, um Frau D. nicht zu einer Äußerung zu verführen, nach der sie möglicherweise dann enttäuscht werden müßte. Schließlich gab Frau D. dem Drängen der Gruppenmitglieder (und ihrem inneren Wunsch, sich mitzuteilen) nach und berichtete: Als Jugendliche sei sie wegen Haltungsstörungen der Wirbelsäule zur medizinischen Gymnastik geschickt worden. Eine Krankengymnastin und Atemtherapeutin hätte sie in Einzelsitzungen behandelt. Während ihrer gymnastischen Übungen und der Atemübungen, die zu einer tiefen Entspannung bei ihr führten, hätte diese Frau eindringlich auf sie eingeredet: Wie sie sich ernähren müsse, wie sie asketisch leben müsse, daß sie sich von den Menschen fernhalten solle, weil die Menschen schlecht seien, und ähnliches. Ganz genau wüßte sie gar nicht mal mehr, was die ihr alles in den über drei Jahren gesagt hätte, in denen sie mehr auf Drängen der Mutter als aus eigenem Wunsch zu ihr gegangen wäre. Schließlich habe sie sich vor den Mitschülerinnen immer mehr verschlossen, sich ganz in sich zurückgezogen, mit keinem mehr reden wollen und sei schließlich in stationäre Psychotherapie gekommen. (Bei ihrer Aufnahme war Frau D. so scheu, verschlossen und mißtrauisch gewesen, daß ernsthaft diskutiert wurde, ob sie unter dem Einfluß von psychotischem Erleben stand.) Sie könne überhaupt nicht verstehen, was da mit ihr passiert wäre, und bisher hätte es ihr auch noch niemand sagen können. Sowas hätte niemand anderer erlebt, sie sei damit ganz allein. Ratlosigkeit breitete sich in der Gruppe aus, mehrere Gruppenmitglieder teilten verständnisvoll mit, daß sie sich denken könnten, daß das für Frau D. ganz schlimm gewesen sei. Niemand aber konnte von ähnlichen Erfahrungen berichten. Dem Therapeuten ging es lange Zeit ebenso, bis ihm nach gut einer halben Stunde eine Situation einfiel, aus der heraus er glaubte, nachempfinden zu können, was Frau D. widerfahren war: »Ich glaube, ich kann Sie jetzt verstehen. Ich habe früher Hypnose erlernt, und im Rahmen dieser Ausbildung bin ich selbst von einem Kollegen hypnotisiert worden. Ich habe in diesem Zustand erfahren, wie sehr ich den Worten eines anderen ausgeliefert sein kann. Ich glaube, das ist vergleichbar: Sie sind da praktisch über Jahre hin einer Art Hypnose unterzogen worden.« Frau D. war sichtlich erleichtert. Sie kam sich mit ihrer Erfahrung nun nicht mehr so völlig außerhalb jeder anderen menschlichen Realität vor wie vordem. – Für die Gruppe wurde diese Mitteilung insofern fruchtbar, als sich daraus eine längere Sequenz über den Einfluß entwickelte, den andere auf uns haben. Nun war es weiter möglich, das bisher fremde Erleben von Frau D. in einen allgemein menschlichen Kontext einzubeziehen, denn die Erfahrung, Einflüssen zu unterliegen, hatte jeder in der Gruppe schon gemacht. Frau D.s Erfahrung wurde damit zu nicht mehr und nicht weniger als dem Extremfall einer an sich alltäglichen zwischenmenschlichen Erfahrung. Frau D. wurde nun verständlich, wieviel Angst sie davor hatte, sich Menschen zu öffnen und irgend jemandem noch einmal zu gestatten, Einfluß auf sie zu nehmen.

Antworten als Kontrapunkte

Jede Antwort, die ein Therapeut nicht als Spiegel des Patienten oder als ihm Ähnlicher gibt, sondern mit der er seine *Antwort*, d.h. seine Gegenrede äußert, setzt eine *Grenze*: Der Therapeut zeigt sich als ein anderer. Wo immer es das Ziel ist, die Selbst-Objekt-Grenzen eines Patienten zu stärken, werden »kontrapunktische« Antworten indiziert sein.

ROHDE-DACHSER (1982) hat zum Beispiel für diejenigen Patienten, bei denen Projektion und projektive Identifizierung nicht nur dem Zweck dienen, inkompatible Persönlichkeitsanteile vom Selbst auszuschließen und in die Außenwelt zu verlagern, sondern gleichzeitig zur Befriedigung des latenten Bedürfnisses, eine phantasierte symbiotische Verbindung mit dem Objekt herzustellen (schizotypische Persönlichkeit nach SPITZER u. ENDICOTT 1979), die Form des abgrenzenden Antwortens empfohlen: Damit »allmählich reale Personen an die Stelle der durch die Projektion geschaffenen Phantome treten, ... muß der Patient akzeptieren, daß er von seinen Objekten separiert ist, die als von ihm unabhängige, eigenständige Motivationszentren existieren. Um dieses Ziel zu erreichen, muß der Therapeut dem Patienten *Wirklichkeit erklären*, während er sich gleichzeitig selbst als reale Person zur Verfügung stellt. Die prototypische Intervention würde hier immer lauten: ›Wie ist das wirklich?‹ oder ›Ich habe nun verstanden, wie Sie diese oder jene Situation erleben. Vielleicht ist es wichtig für Sie zu hören, wie ein anderer diese Dinge sieht. Ich selbst erlebe im Augenblick ...‹ (und der Therapeut würde seine eigene Reaktion auf die Mitteilungen des Patienten und die damit verbundenen Gefühle wohlüberlegt zur Verfügung stellen)« (ROHDE-DACHSER 1982, S. 17).

Abgrenzende Antworten in Hilfs-Ich-Funktion:
»Also ich an Ihrer Stelle wäre da ...«

Diese Interventionsform steht an der Grenze zwischen empathischen Antworten aus der Hilfs-Ich-Funktion heraus und abgrenzenden Antworten. Typisch ist etwa folgende, immer wieder auftretende Gruppensituation:

Herr A. berichtet ohne erkennbare emotionale Beteiligung von einem Ereignis, das ihm gestern außerhalb der Gruppe widerfahren ist. Der Therapeut versetzt sich in die Situation von Herrn A. und teilt ihm mit:»Also wenn ich mich in Ihre Situation hineinversetze – ich an Ihrer Stelle wäre da wohl (wütend, traurig, enttäuscht, verärgert) gewesen.«

Diese Form der Intervention drängt sich in vielen Therapiesituationen geradezu auf. Unvorbereitet bergen solche Interventionen aber nicht unbeträchtlich die Gefahr in sich, daß sie den Patienten emotional nicht erreichen. Rein auf der kognitiven Ebene registriert er dann: ›Aha, der Therapeut (= der »normale« Mensch) fühlt sich/reagiert in einer solchen Situation also wütend, traurig, enttäuscht, ärgerlich.‹ Dann kann es geschehen, daß *über Gefühle gesprochen wird, ohne zu fühlen oder um nicht zu fühlen* (vgl. auch HELLWIG 1979, S. 97ff). Im Extremfall führt das zu dem, was ein Patient bei seiner dritten Aufnahme in Tiefenbrunn schilderte: »Wissen Sie, bei meinen letzten beiden Aufenthalten habe ich gelernt, wie ich mich in einer Situation eigentlich fühlen müßte. Ich sage jetzt auch ›Ich bin sauer, ich bin enttäuscht‹, aber innerlich geht es mir dabei eigentlich immer gleich.«

Diese an sich wichtige, wirksame und für die Nachentwicklung einer defizitären Affektdifferenzierung unentbehrliche Form der Intervention bedarf, soll sie nicht in der oben beschriebenen Form fehlverarbeitet werden, einer spezifischen Vorbereitung.

Bei der im Beispiel geschilderten Abfolge wird nämlich der zweite Schritt vor dem ersten getan: Der Patient wird nicht zunächst mit seinem Ich-Funktions-Defizit konfrontiert (HEIGL-EVERS u. HEIGL, 1983). Wahrscheinlich wäre es wirksamer, ihn zunächst zu spiegeln und ihm mitzuteilen: »Was Ihnen da gestern widerfahren ist, scheint Sie gefühlsmäßig gar nicht sonderlich berührt zu haben. Jedenfalls sprechen Sie heute davon sachlich, nüchtern und ohne für mich spürbare innere Beteiligung. Ich muß sagen, mich wundert das.« Oder, wenn ein averbales Signal als Bezug auszumachen ist: »Ich dachte schon, das alles würde Ihnen gar nichts ausmachen, das hätte Sie überhaupt nicht berührt. Aber eben haben sich Ihre Backenmuskeln so angespannt, als hätten Sie die Zähne zusammengebissen. Könnte das heißen, daß sich da doch so etwas wie Ärger in Ihnen geregt hat?« Mit Einschränkungen muß diese Intervention in unmittelbarem zeitlichen Zusammenhang mit dem beobachteten mimischen Zeichen erfolgen, um wirklich affektfördernd wirken zu können. Sofern die Verbindung von Begriffen, die Gefühlshaftes beinhalten, mit dem Empfinden nicht gelingt, besteht die Gefahr, daß ein Patient erlernt, welche Gefühle im Sinne einer vermuteten Normalität in einer bestimmten Situation normal wären, und diese Begriffe dann verwendet, ohne daß sie Träger eines Gefühls sind.

Abgrenzende Antworten im Sinne der direkten Rückmeldung:
»Wie Sie so reden, lösen Sie in mir ...«

Die klare, direkte Rückmeldung darüber, was der Patient im Therapeuten auslöst, ist wohl das, was im engeren Sinne mit »Antwort« gemeint ist. Eine solche Antwort stellt sowohl klar, daß der Antwortende ein anderer ist, als auch, daß er in Verbindung steht, denn der Patient löst in ihm etwas aus. Sein Verhalten, seine Äußerungen, bewirken etwas, und die Antwort vermittelt ihm – hoffentlich spürbar – den inzwischen klassischen Satz von WATZLAWICK: »Man kann nicht nicht kommunizieren«.

Eine Antwort im Sinne der Rückmeldung fördert die Ich-Funktion der Unterscheidung von Innen und Außen, von Selbst und Objekt, etwa wenn der Therapeut deutlich macht, daß der Patient ihm etwas unterstellt hat, was nicht stimmte. Sie fördert auch die Fähigkeit zur Antizipation der eigenen Wirkung, wenn die therapeutische Reaktion sich im konkreten Fall nicht aufgrund spezifischer Indikation völlig von derjenigen unterscheidet, mit der andere Menschen auf den Patienten reagieren. Sie fördert seine Frustrationstoleranz, denn die Antwort wird dem Patienten nicht immer nur angenehm sein. *Direkte Rückmeldungen bedürfen dabei mehr noch als andere Antworten der Dosierung.* Antworten sind bekanntlich so zu dosieren, daß sie die Ich-Entwicklung des Patienten fördern. Sie dienen nicht primär der emotionalen Entlastung des Therapeuten. Gerade dann, wenn der Therapeut intensiven projektiven Identifizierungsprozessen (OGDEN 1988) ausgesetzt ist, wenn Borderline-Patienten inkompatible Selbst-Anteile in ihn verlagern und unbewußt oder vorbewußt bestrebt sind, den Therapeuten manipulativ zu dem Objekt zu machen, das sie in ihm sehen, ist die Gefahr besonders groß, sich als Therapeut unter dem Vorwand einer therapeutischen Rückmeldung einfach zu entlasten, zurückzuschlagen oder am Patienten in Ansätzen sogar Rache zu nehmen (SACHSSE 1994). Der Therapeut bewegt sich mit seinen rückmeldenden Antworten zwischen Skylla und Charybdis: dosiert er seine Rückmeldungen zu vorsichtig, dann schafft er ein Schonklima und redet in einer Kunstsprache so, wie kein normaler Mensch außerhalb einer Therapiesituation je mit dem Patienten reden würde; so wie eine psychiatrische Fachklinik immer in Gefahr ist, dafür anfällige Menschen zu hospitalisieren (FINZEN 1974), so ist eine Psychotherapie mit ihrem Schonraum, ihrem spezifischen Umgangsstil und ihrer Sprache immer in Gefahr, Patienten der außertherapeutischen Wirklichkeit zu entfremden, sie zu sozialisieren für neue Subkulturen, in denen überwiegend therapeutisch – oder besser »pseudotherapeutisch« – miteinander umgegangen wird (SACHSSE 1989, S. 150). Dosiert der Therapeut aber zu »normal«, läuft er Gefahr, den Patienten zu überfordern, ihn zu heftig zu kränken oder zu verurteilen. Dieser Form der »normalen« Rückmeldungen wird der Patient schon vor der Therapie begegnet sein, und sie haben ihn offenkundig nicht gut gefördert. Die Authentizität des Therapeuten ist gerade hier besonders schwer dosierbar.

Durch Antworten zur Verantwortung

In vielen Fällen fördert eine Rückmeldung nicht nur Ich-Funktionen, sondern auch die Über-Ich-Entwicklung. Denn ein Wissen darum, daß und wie eigenes Verhalten sich auf den anderen auswirkt, daß man »nicht nicht kommunizieren« kann, wird nicht ohne Rückwirkungen auf das Verhalten bleiben können, sofern der Patient überhaupt durch mitmenschlichen Kontakt erreichbar ist. Im Deutschen und im Englischen zeigen die Worte »*Antwort*« und »*Verantwortung*«, »response« und »responsibility« die enge Beziehung von zwischenmenschlicher Bezogenheit, Kommunikationsfähigkeit und -bereitschaft und Gewissensreife. Bei narzißtischen Neurosen, Borderline-Strukturen, dissozialen Persönlichkeiten, Suchtkrankheiten, Perversionen und Impulsneurosen findet sich neben der Ich-Pathologie auch eine ausgeprägte Über-Ich-Pathologie. Ganz persönliche Antworten können hier sehr viel wirksamer werden als Interventionen aus der Über-Ich-Position heraus, etwa im Sinne von »Gardinenpredigten« oder Sanktionen auf der Basis der Stationsordnung (SACHSSE 1989).

Auf der Psychotherapiestation einer psychiatrischen Klinik, auf der versucht wird, Patienten mit dissozialer Entwicklung, chronischer Schizophrenie (SACHSSE u. ARNDT 1994), Zyklothymien und Persönlichkeitsstörungen so weit wie möglich zu fördern, bestimmte ein kleine Gruppe von vier dissozialen, jüngeren Patienten das Stationsklima. In einer Stationsversammlung (in der der Umgang der Patienten miteinander auf der Realebene besprochen wird), beschwerte sich ein älterer Patient darüber, daß einer der Jüngeren abends so lange laute Musik gehört habe. Der Angegriffene schoß fast reflexhaft zurück: Der Ältere solle mal ganz ruhig sein, er habe doch häufig bei seinen Spätfilmen den Fernseher so laut aufgedreht, daß das über den ganzen Flur hallen würde. Was er aber auch mal gleich ansprechen wolle: Irgendjemand habe ihm mal wieder Tabak geklaut. Das fände er eine bodenlose Schweinerei, und er habe Monika (eine ebenfalls dissoziale, junge Mitpatientin) im Verdacht. Die Verdächtigte ging ihrerseits an die Decke, wies die Verdächtigung empört von sich und schloß einen eigenen Angriff gegen zwei weitere Mitpatienten an. Die nächsten 10 Minuten bestanden nur aus Anschwärzen, Verdächtigen, Bloßstellen, Anprangern.

Der Stationsarzt durchlebte ein inneres Wechselbad von Gefühlen und Handlungsimpulsen: Ganz im Anfang war er empört und dachte daran, als Stationsarzt autoritär einzuschreiten: »Wenn Sie Ihre Musikgeräte und Fernsehapparate nicht auf Zimmerlautstärke stellen können, dann werden die eben morgen eingesammelt und auf dem Dachboden verschlossen.« Er malte sich kurz die Konsequenzen eines solchen Schrittes aus – der ganze Ärger würde sich dann auf ihn versammeln – und dachte sich: ›Den Gefallen werde ich denen nicht tun. Die tyrannisieren sich untereinander und sollen auch untereinander damit klarkommen.‹ Er zog sich innerlich zurück und verschanzte sich hinter dem therapeutischen Standpunkt: ›Die müssen lernen, ihre Konflikte untereinander zu lösen.‹ Gerade die grimmige Lust, die er dabei verspürte, die Patienten sich selbst zu überlassen, machte ihm bald deutlich, daß er mit diesem Hängenlassen in ein sadistisches Gegenübertragungsagieren geriet. Diese Patienten würden damit sicherlich überfordert sein, untereinander Konflikte konstruktiv zu lösen. Wenn er nicht intervenierte, würde sich diese Dschungelkämpfer-Atmosphäre, in der es nur darum ging, der Mächtige oder der Überlebende zu sein, fortsetzen (vgl. zur dissozialen Persönlichkeitsstruktur RAUCHFLEISCH 1981). Er verspürte dann in sich eine gewisse Erleichterung, daß er bald würde nach Hause gehen können und die Nacht nicht als Patient auf dieser Station in diesem Klima würde zubringen müssen. Dieses Gefühl faßte er nun mit Nachdruck in Worte: »Ich bin erschüttert. Ich bin richtiggehend erschüttert, wenn ich höre, wie Sie miteinander umgehen: Rücksichtslos! Sie sind sich gegenseitig offensichtlich völlig wurscht. Es interessiert Sie überhaupt nicht, was Sie selbst Ihrem Mitpatienten mit Ihrem Verhalten antun, beklagen sich aber bitterlich, wenn Sie unter einem anderen zu leiden haben. Ich will Ihnen mal etwas sagen: Ich bin richtig froh, daß ich gleich nach Hause gehen kann und nicht hier zwischen Ihnen als Patient bleiben muß. Das war auf dieser Station nicht immer so, ich habe mich unter Ihnen auch schon sehr wohl gefühlt. Aber heute – ich muß sagen, das heutige Klima macht mir regelrecht Angst.« Nach einem betroffenen Schweigen war es im Ansatz möglich zu erarbeiten, daß nur ja keiner etwas auf sich sitzen lassen wollte, daß jeder schnell auf den nächsten zeigte, wenn er angeklagt wurde, und daß aus dem subjektiven Gefühl heraus ›Ich gehöre eh zu den Zu-kurz-Gekommenen, da habe ich ein Recht, mir sofort alles zu nehmen, was ich brauche‹ jeder den anderen in dessen Bedürfnissen überging. Die vertiefende Bearbeitung dieser Problematik geschah dann in den stationsinternen Selbsterfahrungsgruppen.

In dieser Sequenz wird deutlich, daß *nicht jedes erstbeste Gegenübertragungsgefühl gleich als Intervention geeignet* ist, daß eine Gegenübertragungsdiagnostik gerade auch in der psychoanalytisch-interaktionellen Therapie der Intervention vorausgehen muß, und daß die im allgemeinen zu empfehlende vorsichtige Dosierung in bestimmten Fällen – etwa bei dissozialen Persönlichkeitsstörungen – gelegentlich durch eine intensivere, heftigere Intervention ersetzt werden muß. Mit seiner Antwort hatte der Therapeut modellhaft auch das eingestanden, was seine Patienten besonders fürchteten zuzugeben: Angst zu haben. Damit war es einigen anderen Patienten – noch nicht aus der Gruppe der vier Dissozialen – auch möglich, zu ihrer Angst zu stehen.

Antworten aus einer zwischenmenschlich bezogenen, auf die gegenwärtige soziale Realität zentrierten Über-Ich-Position heraus ermöglichen es dem Therapeuten, auf die sozialen Normen der aktuellen Gruppe, über diese hinaus der Station und auf die soziale Gewissensbildung strukturell Ich-gestörter Patienten Einfluß zu nehmen (STREECK 1980). Verantwortlichkeit und Verantwortungs-Bewußtsein gehören mit zu den Charakteristika und Qualitäten, die von einem ebenso eigenständigen wie sozialen Menschen gegenwärtig erwartet werden.

Literatur

BLANCK, G.; BLANCK, R. (1980): Ich-Psychologie II. Psychoanalytische Entwicklungspsychologie. Klett-Cotta, Stuttgart.

FINZEN, A. (Hg.) (1974): Hospitalisierungsschäden in psychiatrischen Krankenhäusern. Ursachen, Behandlung, Prävention. Pieper, München.

HEIGL, F. (1982): Psychotherapeutischer Gesamtbehandlungsplan. In: BAUMANN, U. (Hg.): Indikation zur Psychotherapie. Perspektiven für Praxis und Forschung. Urban u. Schwarzenberg, München/Baltimore.

HEIGL, F.; TRIEBEL, A. (1977): Lernvorgänge in psychoanalytischer Therapie. Hans Huber, Bern/Stuttgart/Wien.

HEIGL-EVERS, A.; HEIGL, F. (1983): Das interaktionelle Prinzip in der Einzel- und Gruppenpsychotherapie. Zeitschrift für Psychosomatische Medizin 29: 1–14.

HEIGL-EVERS, A.; HEIGL, F.; MÜNCH, J. (1976): Die therapeutische Kleingruppe in der Institution Klinik. Gruppenpsychotherapie und Gruppendynamik 10: 50–63.

HEIGL-EVERS, A.; HEIGL, F.; OTT, J. (Hg.) (1993): Lehrbuch der Psychotherapie. G. Fischer, Stuttgart/Jena.

HELLWIG, H. (1979): Zur psychosomatischen Behandlung von schwer gestörten Neurosekranken. Vandenhoeck u. Ruprecht, Göttingen.

KÖNIG, K. (1974): Analytische Gruppenpsychotherapie in einer Klinik. Gruppenpsychotherapie und Gruppendynamik 8: 260-279.

KÖNIG, K.; SACHSSE, U. (1981): Die zeitliche Limitierung in der klinischen Psychotherapie. In: HEIGL, F.; NEUN, H. (Hg.), Psychotherapie im Krankenhaus. Behandlungskonzepte und -methoden in der stationären Psychotherapie. Vandenhoeck u. Ruprecht, Göttingen, S. 168–172.

OGDEN, T.H. (1988): Die projektive Identifikation. Forum der Psychoanalyse 4: 1–21.

RAUCHFLEISCH, U. (1981): Dissozial. Entwicklung, Struktur und Psychodynamik dissozialer Persönlichkeiten. Vandenhoeck u. Ruprecht, Göttingen.

ROHDE-DACHSER, C. (1982): Diagnostische und behandlungstechnische Probleme im Bereich der sogenannten Ich-Störungen. Zeitschrift für Psychotherapie und medizinische Psychologie 32: 14–18.

SACHSSE, U. (1982): Der Übergang von der Einzel- zur Gruppenpsychotherapie in der Klinik – Möglichkeiten und Schwierigkeiten. Gruppenpsychotherapie und Gruppendynamik 18: 124–132.

SACHSSE, U. (1989): Psychotherapie mit dem Sheriff-Stern. Zum Umgang des Therapeuten mit der Hausordnung in der stationären Psychotherapie und zu möglichen Auswirkungen auf seine Sozialisation zum Psychoanalytiker. Gruppenpsychotherapie und Gruppendynamik 25: 141–158.

SACHSSE, U. (1994): Selbstverletzendes Verhalten. Psychodynamik – Psychotherapie. Vandenhoeck u. Ruprecht, Göttingen.

SACHSSE, U.; ARNDT, F.-P. (1994): Die chronische schizophrene Erkrankung und ihre Behandlung als »narzißtische Dauerkatastrophe«. Krankenhauspsychiatrie 5: 37–41.

Sᴘɪᴛᴢ, R. (1980): Vom Säugling zum Kleinkind. Naturgeschichte der Mutter-Kind-Beziehungen im 1. Lebensjahr. Klett-Cotta, Stuttgart.
Sᴘɪᴛᴢᴇʀ, R.L.; Eɴᴅɪᴄᴏᴛᴛ, J. (1979): Justification for Separating Schizotypal and Borderline Personality Disorder. Schizophrenia Bulletin 5: 95–104.
Sᴛᴇʀɴ, D. (1979): Mutter und Kind, die erste Beziehung. Klett-Cotta, Stuttgart.
Sᴛʀᴇᴇᴄᴋ, U. (1980): »Definition der Situation«, soziale Normen und interaktionelle Gruppenpsychotherapie. Gruppenpsychotherapie und Gruppendynamik 16: 209–221.

*Annelise Heigl-Evers, Franz S. Heigl und
Jürgen Ott*

Zur Theorie und Praxis der psychoanalytisch-
interaktionellen Gruppentherapie

Rückblick

Der Darstellung und Erörterung der psychoanalytisch-interaktionellen Gruppentherapie sei eine kleine Skizze zur Geschichte des Göttinger Modells der Anwendung der Psychoanalyse in Gruppen vorangestellt.

In den fünfziger Jahren wurde in der Fachklinik für psychogene und psychosomatische Erkrankungen, dem Niedersächsischen Landeskrankenhaus Tiefenbrunn, das heißt also in der stationären Therapie von psychogen Kranken, eine an der Psychoanalyse orientierte Gruppentherapie eingeführt und in zunehmendem Umfang eingesetzt. Die speziell damit befaßten Psychotherapeutinnen und Psychotherapeuten waren bei diesem Bemühen überwiegend auf sich selbst verwiesen, mußten sich also autodidaktisch orientieren. Anregungen zur Erprobung therapeutischer Techniken und zu deren theoretischer Begründung wurden vor allem von zwei gleichnamigen Gruppentherapeuten aus dem europäischen Ausland vermittelt, von WALTER SCHINDLER, einem nach London emigrierten ehemaligen STEKEL-Schüler, und von RAOUL SCHINDLER, einem in Wien schon früh mit der Behandlung von Gruppen befaßten Psychotherapeuten. Impulse der beiden in ihrer Persönlichkeit, in ihrer Orientierung und in ihrem Umgang mit Gruppen recht verschiedenen Persönlichkeiten gingen in die Tiefenbrunner Bemühungen ein, eine eigene Konzeptualisierung (HEIGL-EVERS 1966, 1967a, 1967b) zu entwickeln, wobei es überwiegend die von dem Fachmann aus Wien vertretenen Konzepte waren, vor allem die der Rangdynamik der Gruppe (R. SCHINDLER 1957/58; 1960/61; 1968), die einbezogen wurden, neben den an einem Familienmodell orientierten Vorgehensweisen des Londoner Gruppentherapeuten (W. SCHINDLER 1955; 1980).

Es entwickelte sich so ein Modell, das als aktionszentrierte Gruppe mit soziodynamischer Funktionsverteilung (HEIGL-EVERS 1978) bezeichnet wurde. Die von RAOUL SCHINDLER (1957/58) in Anlehnung an die Rangordnung der Hackvögel entwickelte Rangdynamik der Gruppe mit den Positionen Alpha, Beta, Gamma und Omega wurde als soziodynamische Funktionsverteilung verstanden und es wurden außerdem für die Positionen Beta und Gamma Ausdifferenzierungen in Subfunktionen aufgrund der inzwischen gesammelten klinischen Beobachtungen und Erfahrungen beschrieben (HEIGL-EVERS 1978, S. 75). Die dabei verwandten Begriffe entstammten der Sozialpsychologie, so die von Position, Funktion und Rolle, Position verstanden als Träger von Funktionen, Funktion verstanden als Merkmal von Rollen (HEIGL-EVERS 1978, S. 69).

Auch die Definition der Kleingruppe als einer begrenzten Pluralität, orientiert an einer gemeinsamen Bewandtnis (Aktion) und dem Bemühen, diese Gemeinsamkeit in Abgrenzung gegen das Umfeld, gegen andere Gruppen in einem dynamischen Prozeß zu gestalten, war gleichfalls den Sozialwissenschaften, der Soziologie, speziell der Gruppentheorie von HOMANS (1950) entnommen.

Die Inhalte des dynamischen Prozesses wurden in Orientierung an der Neurosenlehre von HARALD SCHULTZ-HENCKE (1951) und von WERNER SCHWIDDER (1972) konzeptualisiert, an dem im Zentrum dieser Theorie stehenden Modell von Hemmung, Gehemmtheit und Haltung (HEIGL-EVERS 1966, 1967a, 1967b, 1968a, 1978).

In der Auseinandersetzung mit weiteren Modellen analytisch orientierter Gruppentherapie und deren Vertretern – vor allem der Gruppenanalyse von FOULKES (1964, 1978), der aus einer Orientierung an den Konzepten MELANIE KLEINS entstandenen Gruppentherapie der damals in Argentinien tätigen Gruppe von GRINBERG, LANGER und RODRIGUE (1960), den angelsächsischen Gruppenpsychologen STOCK-WHITACKER und LIEBERMANN (1965), den an der streng psychoanalytischen Lehre orientierten Vorgehensweisen von ARGELANDER (1963/64, 1968, 1972) und OHLMEIER (1975) sowie den Auffassungen von ENKE (1968) und KUTTER (1971, 1976, 1985) wurden in Tiefenbrunn und Göttingen zunehmend die Begriffe und Konzepte der FREUDschen Psychoanalyse in das Verständnis von Gruppenprozessen einbezogen (HEIGL-EVERS u. HEIGL 1968, 1973, 1975, 1976, 1979a, 1979b, 1979c).

In loser Anlehnung an das Schichtenmodell des psychischen Apparates (FREUD 1916/17, S. 305f.) wurden in den sprachlichen Äußerungen eines durch Minimalstrukturierung (HEIGL-EVERS 1978; HEIGL-EVERS u. STREECK 1978; HEIGL-EVERS u. ROSIN 1984) bestimmten Gruppenprozesses Schichtungen unterschiedlicher Bewußtseinsnähe beziehungsweise unterschiedlicher Regressionstiefe kontextorientiert identifiziert; sie wurden als Manifestationen eines dynamischen Zusammenwirkens von Abgewehrtem und unterschiedlichen Formen von Abwehr gesehen und als Gegenstände therapeutischer Interventionen behandelt. So wurde eine Ebene beziehungsweise ein Kontext sprachlicher Äußerung, eine darauf ausgerichtete semantische Lesart beschrieben, die sich auf das manifeste sprachliche Verhalten der Gruppenteilnehmer bezog, auf das Aushandeln von *Gruppennormen*; dann eine Ebene, die sich auf die Absicherung von inneren und gruppeninternen Beziehungen durch *psychosoziale Kompromißbildungen* bezog und schließlich eine Ebene sprachlichen Handelns, auf der sich die abgewehrten infantilen Organisationsformen des Umgangs mit Triebbedürfnissen und narzißtischer Bedürftigkeit sowie den entsprechenden Beziehungswünschen in Form von *gemeinsamen unbewußten ich-modifizierten Phantasien* abzeichneten (HEIGL-EVERS 1978; HEIGL-EVERS, HEIGL u. OTT 1993; HEIGL-EVERS u. HEIGL 1985, 1994).

Im Zuge dieser Auseinandersetzung wurden schließlich drei Gruppenmethoden beschrieben, die sich an diesem Modell der Schichtung, der Ebenen unterschiedlicher Bewußtseinsnähe beziehungsweise Regressionstiefe orientierten, so die *psychoanalytisch-interaktionelle Gruppentherapie*, bei der sich die diagnostischen und therapeutischen Bemühungen auf das manifeste Verhalten der Teilnehmer richten, so die *tiefenpsychologisch fundierte Gruppenpsychotherapie*, bei der es um die gruppenspezifischen Formen der Verarbeitung von Beziehungskonflikten beziehungsweise um die Sicherung der Beziehungen im Zusammenhang solcher Konflikte geht, und schließlich die *analytische Gruppenpsychotherapie*, die die Gesamtheit dynamischen Geschehens unter Einbeziehung der unbewußten infantilen Phantasien in einem Prozeß wechselnder Regressionstiefe berücksichtigt.

Diese Methoden des Göttinger Modells haben sich inzwischen in Weiterbildung und Versorgung neben der Gruppenanalyse von FOULKES (1978), der dynamisch intendierten Gruppentherapie von HÖCK (1981) und anderen Methoden erfolgreich etabliert (KÖNIG u. LINDNER 1991; LINDNER 1992; EHLERS, TSCHUSCHKE, ARDJOMANDI u. KOECHEL 1993; HEIGL-EVERS u. SCHULTZE-DIERBACH 1985; HEIGL-EVERS u. GFÄLLER 1993).

Diesen drei Gruppenmethoden wurden unterschiedliche Indikationen zugeordnet, so wurde für Neurosen stärkeren Grades eine Indikation für die analytische Gruppenpsychotherapie begründet, für Neurosen geringerer Schwere eine tiefenpsychologisch fundierte beziehungsweise analytisch orientierte und für die präödipalen oder strukturellen oder basalen Störungen die psychoanalytisch-interaktionelle Methode, die vor allem Gegenstand dieses Aufsatzes sein soll (HEIGL 1972, 1981; HEIGL-EVERS u. HEIGL 1970a, 1970b, 1979a, 1979b; LINDNER 1989).

Überlegungen zur Indikation und Prognostik

Man kann heute feststellen, daß die Anwendung der psychoanalytisch-interaktionellen Methode in der Gruppe sich bei Patienten mit präödipalen oder strukturellen Störungen klinisch bewährt hat (zur Psychopathologie s. NITZSCHKE; HEIGL-EVERS u. NITZSCHKE sowie HEIGL-EVERS u. OTT i.d. Bd.). – Bei der Therapieprognose, das heißt bei der Einschätzung der zu erwartenden therapeutischen Wirkung haben sich uns die von H. ARENDT (1960) angegebenen Merkmale der Pluralität bewährt (HEIGL u. HEIGL-EVERS 1978; HEIGL-EVERS u. HEIGL 1970a).

Erstes Merkmal der Pluralität: »Unter Mehreren sein«
Unter Mehreren sein legt nahe, sich auf andere zu beziehen. Für eine prognostische Beurteilung sind dabei die folgenden Gesichtspunkte von Interesse: Wenn die Diagnostik ergeben hat, daß das Erleben und Verhalten eines Patienten vorwiegend durch Teilobjektbeziehungen bestimmt wird, wenn er die anderen nur vage, in ungenauer Kontur und Abgrenzung erlebt, sie in starker Verzerrung als »nur gut« oder als »nur böse/schlimm« ansieht,

wenn er sie in instrumentalisierender Zuordnung zu sich selbst quasi als Teil seiner eigenen Person empfindet und zu benutzen sucht oder sie in ihrer Andersartigkeit nicht wahrnehmen, sie nicht als Gegenüber betrachten kann, zu dem Konfliktspannungen entstehen und mit dem Kompromisse ausgehandelt werden könnten, dann ist folgendes zu überlegen:

Es ist zu fragen, wie sich diese apersonalen Muster in der Gruppensituation »unter Mehreren« darstellen werden, wie der Patient die daraus resultierenden interpersonellen Beziehungsgestaltungen im halb-öffentlichen Raum der Gruppe erleben und aushalten wird und auf welche Weise er sich mit den Gruppenmitgliedern als den Fremden, den Andersartigen zunehmend arrangieren kann?

Es ist zu fragen, ob die Zusammensetzung der Gruppe eine hinreichende Re-Inszenierung dieser Muster ermöglichen wird, und ob die zu erwartenden interaktionellen Abläufe, bestimmt durch primitive Identifizierungen, Projektionen, Externalisierungen, projektive Identifizierungen, Substituierungen bearbeitet werden können.

In diesem Zusammenhang ist auch von Bedeutung, ob und in welcher Weise dem Patienten die sogenannten beziehungsregulierenden Affekte (KRAUSE 1988; 1990) zugänglich sind, das heißt die Fähigkeit, Ärger, Ekel, Angst, Trauer, Freude, in ihren verschiedenen Anteilen, speziell in ihrer Signalfunktion, zu erleben. Oder ob er in seiner Beziehungsgestaltung vorwiegend durch nachtragende Affekte (Bitterkeit, Grimm, Groll, Hader, Hohn mit Handlungsimpulsen im Sinne von Rache) anhaltend festgelegt ist (HEIGL u. HEIGL-EVERS 1991, S. 135; HEIGL-EVERS, HEIGL u. OTT 1993, S. 70).

Es ist also zu überlegen, wie sich das Maß an Verfügbarkeit über signalgebende Affekte in der Gruppe für die Patienten auswirken wird, insbesondere auch auf die Nähe-Distanz-Regulierung des Betreffenden (HEIGL-EVERS u. HEIGL 1984). Die Einschätzung der Fähigkeit eines Patienten, unter den Bedingungen der Pluralität Nähe beziehungsweise Distanz zu anderen so zu regulieren, daß die Grenze der Erträglichkeit, der Angsttoleranz, nicht zu schnell überschritten wird, ist für die Differentialindikation Einzel- versus Gruppentherapie ganz besonders wichtig.

Auch die Überprüfung und Einschätzung der Fähigkeit zur inneren Verarbeitung und zur interpersonellen Regulierung libidinöser und aggressiver Triebbedürfnisse ist unter dem Aspekt des »unter Mehreren-Seins« von Bedeutung. So kann sich eine Kontraindikation für die Therapie durch die Gruppe dann ergeben, wenn der Patient in stärkerem Maße zu Impulsdurchbrüchen tendiert oder wenn er in seiner Bedürfnisbefriedigung so eingeengt ist, daß er neidbestimmt die einbezogenen anderen gleichfalls zu immobilisieren trachtet. Dabei ist auch auf die Zusammensetzung der Gruppe zu achten; es ist zu fragen, ob solche Einschränkungen durch andere Gruppenmitglieder eher kompensiert oder anderweitig reguliert oder ob sie verstärkt würden.

Auch die Strukturen des Über-Ich sind prognostisch genauer zu überprüfen und in ihren zu vermutenden Auswirkungen auf das Verhalten des betreffenden Patienten »unter mehreren« einzuschätzen. – Da bei den meisten Patienten mit strukturellen Störungen davon auszugehen ist, daß sie nicht über ein depersonifiziertes und hinreichend integriertes Über-Ich mit signalgebenden selbstreflexiven Affekten (Schuld, Scham, Stolz, Depression) verfügen, ist diagnostisch auf Vorformen des Über-Ich zu achten und ihre Wirkung auf den Gruppenprozeß prognostisch zu bedenken. Benötigt der Betreffende zur Orientierung und Regulierung eine Gruppe mit klar definierten Normen, Regeln und Sanktionen, das heißt eine nicht minimal, sondern stärker strukturierte, also keinesfalls analytisch orientierte Gruppe, oder ist zu erwarten, daß er sich mit Gewinn am Normbildungsprozeß einer Gruppe beteiligen kann?

Stellen Tendenzen zur Identifizierung mit dem Angreifer in sadistischer oder masochistischer Form oder die Auswirkungen eines unnachsichtigen, grausamen Strafverfolgers eine Kontraindikation für eine Gruppentherapie dar oder läßt sich vorstellen, daß die interaktionelle Abwicklung dieser Über-Ich-Vorläufer in Form der genannten interpersonellen Abwehr- und Bewältigungsstrategien (MENTZOS 1988) im Erscheinungsraum der Gruppe den Betreffenden sichtbar werden kann, so daß Veränderung möglich wird?

Unter Umständen sind diese Fragen unterschiedlich zu beantworten, je nachdem in welchem Setting die Gruppe stattfindet, wie sich die Gruppe zusammensetzt und über welche Erfahrungen der Gruppentherapeut verfügt.

Zweites Merkmal der Pluralität: »Als Glied einer Vielheit einzigartig sein«
Dieses Merkmal legt es bei den klinischen Überlegungen zur Differentialindikation nahe, die narzißtische Regulierung des Patienten zu erfassen. – Eine autonome, flexible Regulierung würde dann vorliegen, wenn sich der Betreffende als Mitglied einer Gruppe sowohl in seiner Einzigartigkeit erleben wie auch der Vielheit zugehörig und verbunden fühlen kann. Als Folge einer Störung der narzißtischen Regulation könnte sich der Patient zum Beispiel in seiner Einzigartigkeit als herausgehoben, außerhalb, genauer »oberhalb« der Gruppe erleben; er kann sich dann nicht recht vorstellen, daß er bei der Besonderheit seiner persönlichen und beruflichen Position, auch bei der Besonderheit seiner Krankheit und seiner Schwierigkeiten von einer Gruppe profitieren könne, so daß für ihn nur eine Einzeltherapie in Frage komme. – Eine andere Form der Störung, so die einer auf niedriger Organisationsstufe aufruhenden depressiven Struktur, kann bedeuten, daß der Patient anstrebt, als Glied einer Vielheit mit den anderen in Übereinstimmung, mit ihnen eng verbunden, ja verschmolzen zu sein, und daß er deswegen eine Gruppentherapie für seine Person durchaus für geeignet hält; hier wäre darauf zu achten, daß die Gruppe in ihrer Zusammensetzung möglichst heterogen, speziell auch in bezug auf Störung und Symptom, gestaltet ist.

Während es im erstgenannten Fall zu überlegen gilt, ob und wie mit dieser Tendenz zur vorauszusehenden Isolierung und unter Umständen einer verächtlich-herablassenden Einstellung gegenüber den anderen umzugehen ist, wäre im zweitgenannten Fall zu fragen, wie die Tendenzen zu einer eventuell entgrenzenden Abhängigkeit und Fusion mit der Gruppe therapeutisch zu handhaben wären. Geklärt müßte auch werden, ob der Patient in seiner Selbstrepräsentanz durch ein grandioses Selbst bestimmt ist oder ob er die Möglichkeit hat, kritisch zwischen seinem Ich-Ideal oder Ideal-Selbst und seinem Real-Selbst zu unterscheiden. Ist aufgrund solcher klinischer Überprüfung mit einem sehr großen Maß an narzißtischer Kränkbarkeit zu rechnen, so ist die Gefahr, daß es schnell zu schweren Entwertungserfahrungen kommt, besonders groß; ist die Neigung, mit der Gruppe symbiotisch zu verschmelzen, und die Angst vor dem Verlust der Zugehörigkeit entsprechend ausgeprägt, dann ist zu überlegen, ob zum gegebenen Zeitpunkt nicht eine Kontraindikation für eine Gruppentherapie vorliegt.

Drittes Merkmal der Pluralität: »Nicht souverän sein«
Hier ist klinisch zu prüfen, wieweit das Streben nach Autonomie und die Fähigkeit, Abhängigkeit zu akzeptieren, in einem ausgewogenen Verhältnis stehen. Übersteigerte Autonomie bis hin zur Autarkie, zur Vorstellung totaler Unabhängigkeit und Bindungslosigkeit, ist ebenso zu beachten wie überbetonte Abhängigkeit mit der Vorstellung, nur in engster Bindung an einen anderen bei Aufgabe der Eigenständigkeit existieren zu können. Dieses Gegensatzpaar kann sich auch manifestieren in einem absoluten Herrschaftsanspruch einerseits und einer totalen Anpassungsbereitschaft andererseits. Unter klinischem Aspekt wäre auf ausgeprägtere Formen von Sadismus und Masochismus zu achten.

Viertes Merkmal der Pluralität: »Relative Unabsehbarkeit der Folgen des eigenen Tuns«
In der Pluralität wird die Unvorhersehbarkeit der Folgen des eigenen Tuns naturgemäß augenfälliger als in einer therapeutischen Zweiersituation. In diesem Zusammenhang kommt es darauf an, die Fähigkeiten zur Realitätsprüfung, zur Antizipation der möglichen Wirkungen des eigenen Verhaltens auf die anderen und auch die Fähigkeit zur Utopie zu prüfen und die damit verbundene Bereitschaft, die implizierten Unsicherheiten und Risiken zu akzeptieren; Risikobereitschaft auf der einen Seite und Wahrung von Sicherheit auf der anderen sind gleichfalls einzuschätzen. Zu prüfen sind außerdem die Toleranzgrenzen für Desillusionierung, für das Infragestellen von Sicherheiten und die Fähigkeit, Konfrontation mit dem Unerwarteten zu ertragen.

Schließlich ist unter den für eine Pluralität bedeutsamen Aspekten von »*Öffentlich versus Privat*« bei der Prüfung der Indikation für eine Gruppenbehandlung das Scham- und Schulderleben des Patienten zu berücksichtigen und in seiner Bedeutung einzuschätzen (PALMOWSKI 1992). Sind ausgeprägtere Stigmatisierungen gegeben, bestehen Hinweise auf Ausfall des Schamaffektes oder intensives Schamerleben, eventuell auf traumatische Scham als Folge sexuellen Mißbrauchs, dann sind die entsprechenden Toleranzgrenzen zu bedenken und bei der Indikationsstellung zu berücksichtigen.

Auch das Erleben schwerer pathologischer Schuld (Angst vor Vernichtung durch einen archaischen Strafverfolger) ist in diesem Zusammenhang zu berücksichtigen, ebenso wie ein Schulderleben in Auswirkung eines überstrengen, überharten Über-Ich.

Konnte auf diese Weise die Indikation für eine psychoanalytisch-interaktionelle Gruppentherapie im konkreten Fall geklärt werden, dann stellt sich die Frage nach dem Vorgehen in Vorbereitung und Einleitung der geplanten Behandlung (vgl. REISTER u. HEIGL in diesem Band).

Vorbereitung des Patienten auf die Gruppentherapie

Nachdem der diagnostische Prozeß abgeschlossen und die Indikation für die Behandlung in einer Gruppe nach der psychoanalytisch-interaktionellen Methode gestellt wurde, empfiehlt sich ein ausführliches Vorgespräch, in dem sorgfältig und mit Geduld Motivation und Vorbehalte des Patienten, Therapieziele, Arbeitsweise des Therapeuten sowie Regeln und Verhaltensempfehlungen für den Patienten besprochen werden. Wegen der bei diesen Patienten bestehenden Psychopathologie, speziell der dominanten Teilobjektbeziehungen und deren interpersonellen Auswirkungen fällt es ihnen in der Regel schwer, sich eine therapeutisch erfolgreiche Teilnahme an einer Gruppe vorzustellen. Daher müssen die Reaktionen des Patienten auf ein solches Therapieangebot gründlich erörtert werden; Reaktionen etwa auf die Frage: Können Sie sich denn vorstellen, Ihre Therapie zusammen mit mir und anderen Patienten durchzuführen?

Dabei taucht häufig die Frage auf, ob denn außer den Gruppensitzungen auch Einzelgespräche stattfinden können. In der stationären und teilstationären Behandlung hat sich die Kombination von Einzel- und Gruppenbehandlung bewährt, so daß diese bejaht werden kann. – Ist im stationären Rahmen ausschließlich eine Gruppentherapie vorgesehen, so ist die Frage zusätzlicher Einzelgespräche im Vorgespräch zu klären. Es kann zum Beispiel vereinbart werden, daß in Krisensituationen oder für Zwischenbilanzen zusätzliche Gespräche mit dem Gruppentherapeuten möglich sind. – Bei der ambulanten Durchführung von Gruppentherapie ist eine Kombination mit Einzelgesprächen entweder in regelmäßiger Abfolge oder aus aktueller Indikation heraus zu erwägen; sie ist für die kassenärztliche Versorgung in den Psychotherapierichtlinien vorgesehen.

Besondere Aufmerksamkeit gilt im Vorgespräch den Behandlungszielen. Die schwergestörten Patienten, um die es hier geht, sind entweder nicht in der Lage, selbst Ziele zu formulieren, sie äußern lediglich vage, unrealistische Vorstellungen und Erwartungen: »Ich möchte wieder leben lernen«; »es soll mir besser gehen«; »diese furchtbaren Depressionen sollen aufhören«. Es sollte auf jeden Fall versucht werden, mit dem Patienten einige konkrete, begrenzte Behandlungsziele auszuhandeln. Hierbei kann man sich an der aktuellen Lebenssituation (»Was fällt Ihnen im Alltag schwer?«), an konkreten Beziehungsstörungen in der Familie, am Arbeitsplatz, in anderen sozialen Situationen oder an den Befürchtungen und Widerständen orientieren, die der Patient gegenüber der Behandlung in einer Gruppe äußert. Auch die Frage »Was soll danach anders sein?« ermöglicht manchmal den Einstieg in die Problematik der Zielsetzung.

Im Vorgespräch muß der Gruppentherapeut sein Behandlungsangebot darlegen und erläutern, wie sich Erwartung und Angebot zueinander verhalten, wie in einer solchen Gruppe gearbeitet wird, welche Regeln zu beachten sind. Es geht um die Beantwortung der Frage der Patienten: Wie wird das in der Gruppe ablaufen?

Es kann günstig sein, zunächst den Patienten nach seinen Vorstellungen zu fragen und daran anknüpfend die Unterschiede zum Ablauf einer psychoanalytisch-interaktionellen Gruppe zu erörtern.

Das gilt besonders für die ausführlich zu erläuternde Regel der freien Interaktion (HEIGL-EVERS u. HEIGL 1968, 1975, S.239, 1985; HEIGL-EVERS u. STREECK 1978). Es handelt sich um die an die Behandlungssituation in der Gruppe adaptierte Regel der freien Assoziation als der Grundregel der Psychoanalyse. Sie legt den Gruppenteilnehmern nahe, sich in der Gruppe so freimütig und selektionsfrei zu äußern, wie es ihnen irgend möglich ist. Dabei soll die Äußerungsform die der sprachlichen Vermittlung mitsamt mimisch-gestischem Ausdrucksverhalten sein. – Bei der Anwendung der psychoanalytisch-interaktionellen Methode wird der modifizierende Zusatz empfohlen, die Grenzen des den anderen Zumutbaren zu beachten, das heißt, es wird ein deutlicher Hinweis auf die Beachtung der Toleranzgrenzen gegeben, wie sie einer gemeinsamen Verantwortung des Therapeuten und aller Gruppenmitglieder für einen hinreichenden Schutz entspricht.

Bei der Einführung dieser Regel ist auch darauf zu achten, ob sie dem Patienten wenigstens im Ansatz einleuchtet oder ob er darauf mehr oder weniger befremdet reagiert. An die jeweiligen Reaktionen und Fragen kann angeknüpft werden, um den Sinn dieser Modifizierung an kleinen Beispielen zu erläutern. Bei sehr unsicheren und ängstlichen Patienten kann auf die Regulierungs- und Schutzfunktion des Therapeuten hingewiesen werden.

Diagnostische Wahrnehmungseinstellung im Verlauf der Behandlung

Um die Psychopathologie der strukturell gestörten Patienten in der Gruppe verstehen und therapeutisch beeinflussen zu können, muß die diagnostische Aufmerksamkeit auf die Erfassung der jeweils vorherrschenden Objektbeziehungen gerichtet werden; denn die das Erleben und Verhalten dominierenden Teilobjektbeziehungen und die damit korrespondierenden Einschränkungen der Ich-Organisation beeinflussen die in der Gruppe entstandenen Beziehungen. Die Pathologie der dominanten Teilobjektbeziehung spiegelt sich im manifesten interaktionellen Verhalten wider. Sie kann vom Therapeuten erfaßt werden, wenn er seine diagnostische Wahrnehmung auf die Ebene der »manifesten Aktion« (HEIGL-EVERS 1978) richtet, speziell darauf, wie die Gruppenmitglieder Regeln und Normen des interpersonellen Verhaltens sowohl verbal als auch nonverbal miteinander aushandeln, wie sie ihre Beziehungen verstehen und wie sie die Gesamtsituation in der Gruppe zu definieren suchen (HEIGL-EVERS u. SCHULTE-HERBRÜGGEN 1977; STREECK 1980, 1983). Es werden jeweils solche normativen Festlegungen zur Geltung gebracht, die auf die aktuell vorherrschenden Objektbeziehungen sowie die aktuell verfügbaren Funktionen des Ich abgestimmt sind. Der Einzelne versucht, interpersonelle Konstellationen herzustellen, die entweder Wiederholungen seiner verinneòìéchten pathologischen Objektbeziehungen zum Ausdruck bringen, oder aber deren Kompensation oder anderweitige Verarbeitungen (HEIGL-EVERS u. STREECK 1983, S. 15).

Im Prozeß der diagnostischen Schlußbildungen gelangt der

Therapeut aufgrund der sorgfältigen Erfassung des manifesten verbalen und nonverbalen interaktionellen Verhaltens sowie der szenischen Gesamtgestaltung und seiner eigenen kognitiven, affektiven, körperlich-vegetativen Reaktionen und Handlungsimpulse (Gegenübertragung) zu Hypothesen über Struktur und Prozeß bei der sich bildenden Gruppe sowie über die Entfaltung der individuellen Psychodynamik.

Aus langjähriger praktischer Erfahrung in Therapie und Ausbildung in Tiefenbrunn, Göttingen und Düsseldorf empfehlen sich zur Orientierung des Gruppenleiters die folgenden Fragen:

Welche Art von Objektbeziehung, das heißt welcher Typ interpersoneller Beziehung wurde von den Teilnehmern insgesamt oder mehrheitlich angestrebt (z.B. lose Ansammlung, symbiotische dyadische Beziehungsform, reifere Paarbildung, trianguläre Konstellationen)?

Von welchen Affekten sind diese Objektbeziehungen begleitet und welche Affekte werden dadurch im Gruppenleiter ausgelöst?

Welche Ich-Funktions-Defizite werden bei den einzelnen Gruppenteilnehmern deutlich?

Welche individuellen oder interpersonellen Abwehrformen herrschen vor?

Über welche Verhaltens- und Interaktionsregeln versuchen die Teilnehmer, ihre jeweiligen Vorstellungen, Wünsche, Affekte, Impulse einzubringen und durchzusetzen?

Welche Gruppennormen sind aus den beobachteten positiven und negativen Sanktionen zu erschließen?

Wie sieht das »Du sollst« und das »Du sollst nicht« in dieser Gruppensitzung aus?

Welches Verhalten wird in der Gruppensitzung über sprachliche oder nicht-sprachliche Signale bestätigt, anerkannt oder gelobt?

Welches Verhalten wird in der Gruppensitzung über sprachliche oder nicht-sprachliche Signale abgewertet, abgelehnt, verurteilt oder bestraft?

Wie verhalten sich die einzelnen Teilnehmer oder Untergruppen gegenüber der erkennbaren Gruppennorm?

Die Aktivitäten des Gruppentherapeuten

Der Gruppentherapeut hat zwei unterschiedliche Aufgaben zu erfüllen: Die eine hat damit zu tun, daß er für das Gruppensetting sorgt, während die andere die therapeutischen Haltungen und Interventionen während des Ablaufs der Gruppensitzung betrifft.

Bezüglich der ersten Aufgabe haben wir bereits auf einige Besonderheiten im Zusammenhang mit der Indikationsentscheidung, der Zusammensetzung der Gruppe und dem Vorgespräch hingewiesen. Daneben sind solche Regulierungen wie Honorar, Ausfallhonorar, Frequenz und Kontinuität der Teilnahme, Kontakt außerhalb der Sitzungen, Verhalten in Krisensituationen, Umgang mit Medikamenten, Tonband- oder Videoaufzeichnungen, Begleitdiagnostik, Beobachter in der Gruppe oder hinter einem Einwegspiegel, Aufnahme neuer Mitglieder in einer halboffenen oder offenen Gruppe vor Beginn der Therapie aber auch bei jeder deutlichen Abweichung von den Vereinbarungen ausführlich zu besprechen. Bei der Behandlung von schwer beeinträchtigten Patienten ist immer mit mehr oder weniger deutlichen Störungen beim Versuch, die vereinbarten »Spielregeln« einzuhalten, zu rechnen.

Der Gruppentherapeut hat sich auch mit dem räumlichen und zeitlichen Arrangement zu befassen. Er legt das Setting mit den im Kreis angeordneten Stühlen in einem geeigneten Raum fest. Es sollten so viele Stühle im Kreis stehen, wie Patienten erwartet werden. Abwesende Gruppenmitglieder werden durch den leeren Stuhl repräsentiert, so daß deutlich wird, daß sie oder er in dieser Gruppenstunde fehlt und dieser Sachverhalt sowie die damit verbundenen Phantasien (die »verletzte oder geschrumpfte oder beschädigte Gruppe«, der eliminierte Feind oder Außenseiter oder Störer) und Affekte (Wut, Erschrecken, Sorge, Schuld, Genugtuung, Empörung, Gleichgültigkeit) in der Sitzung thematisiert werden können. – Für Patienten mit strukturellen Störungen, die häufig nur vage Abbilder von Personen und anderen Objekten verfügbar haben, sind solche Strukturierungshilfen besonders wichtig.

Diese Aktivitäten des Therapeuten sorgen für Struktur, Kontinuität und damit für Orientierung, Sicherheit, Schutz und Beachtung jedes Einzelnen (»keiner geht verloren; ich werde auch wahrgenommen, wenn ich nicht persönlich anwesend bin; Fehlen bedeutet nicht Verschwinden«). Entsprechende Ich-Funktionen (über den Fehlenden nachdenken, Zusammenhänge herstellen, irreale Phantasien überprüfen, Affekte äußern und untereinander vergleichen, den symbolisch Anwesenden vergegenwärtigen) werden durch Einhalten gewohnter äußerer Arrangements und Rituale angeregt und herausgefordert.

Desgleichen gilt es, die zeitliche Begrenzung der einzelnen Sitzung und der Gesamtbehandlung im Auge zu haben. Üblicherweise dauern ambulante Sitzungen 100 Minuten bei einer Frequenz von ein oder zwei Sitzungen in der Woche. In der stationären und teilstationären Behandlung haben wir die Erfahrung gemacht, daß bei Patienten mit strukturellen Störungen diese Sitzungen oft die Kapazitäten und Toleranzen überfordern, so daß es sich empfiehlt, die Sitzungsdauer auf 60 Minuten zu begrenzen.

Die aktive Sorge des Therapeuten um solche Rahmenbedingungen für die Gruppenarbeit, die Sicherheit und Schutz gewährleisten, schafft die Voraussetzungen, die Konstellation von Raum, Zeit und Gruppentherapeut als »Schutz, Sicherheit und Kontinuität bietendes Objekt« zumindest im Ansatz wahrzunehmen und zunehmend zu verinnerlichen. Diese Aktivitäten des Therapeuten dienen also vor allem dem Ziel, die notwendigen Rahmenbedingungen herzustellen und die für eine erfolgreiche Behandlung so wichtige Arbeitsbeziehung zu fördern (KÖNIG 1974; HEIGL-EVERS u. HENNEBERG-MÖNCH 1990b). Er übernimmt die Verantwortung dafür, einen für die Arbeit in der Gruppe optimalen Rahmen zu schaffen und zu erhalten, Toleranzgrenzen der Gruppe ständig zu beachten und zu schützen, so daß sich der therapeutische Prozeß entfalten kann.

Sowohl in der Realität als auch in der Phantasie der Gruppenmitglieder präsentiert er sich so als ein aktives, Orientierung und Sicherheit gebendes Objekt, das auf diese Weise für eine gewisse Zeit des Prozesses entsprechende Übertragungen vom »mächtigen, kontrollierenden, regulierenden und haltenden Objekt« auslöst und annimmt, um die Gruppenkohäsion zu fördern und Angst zu reduzieren; er übernimmt in diesem Sinne mütterliche Hilfs-Ich-Funktion sowohl per Haltung als auch per Handlung.

Bevor wir den für die Gruppenbehandlung nach der psychoanalytisch-interaktionellen Methode spezifischen Interventionsmodus des selektiv-expressiven Antwortens, der Übernahme von

Hilfs-Ich- und Hilfs-Über-Ich-Funktionen und der Affektidentifizierung und -klarifizierung veranschaulichen und begründen, wollen wir an dieser Stelle die Grundeinstellungen des interaktionell arbeitenden Gruppentherapeuten kurz beschreiben (vgl. HEIGL-EVERS u. OTT in diesem Band).

Aus unserer Sicht erscheint es gerade bei der Behandlung von strukturell gestörten Patienten wichtig und notwendig, daß sich der Gruppentherapeut in seiner Beziehung zum einzelnen Gruppenmitglied sowohl im Vorgespräch als auch während des therapeutischen Prozesses immer wieder darum bemüht, zu Präsenz, Respekt und Akzeptanz gegenüber den Einzelnen wie der Gesamtheit fähig zu sein, und das heißt auch, zu einer ausreichend libidinösen Zuwendung (libidinös-aggressive Mischung), die ihre kräftigsten Wurzeln im Erleben von Schicksalsanteiligkeit hat; das bedeutet Achtung vor der Integrität und Individualität des anderen wie auch klare Abgrenzung. Es geht darum, gegenüber der Person des Patienten und der Geschichte seiner Störung, vor allem auch gegenüber den von ihm entwickelten Verarbeitungs- und Bewältigungsformen sowie deren Entfaltung und Re-Inszenierung in der Gruppe mit Verständnis und Respekt zu reagieren. Außerdem geht es darum, dem Patienten zu vermitteln, daß der Therapeut zwar zu tangieren und zu affizieren, aber nicht zu schädigen oder gar zu zerstören ist, daß er sich und die anderen – die Patienten in der Gruppe und, bei stationärer oder teilstationärer Therapie, unter Umständen auch Mitarbeiter der Station – gegen heftige Feindseligkeit, Ausstoßung, Entwertung, Verachtung, Demütigung und rücksichtslose Vereinnahmung zu schützen weiß, zum Beispiel dadurch, daß er ein deutliches Stoppsignal gibt: »Das geht mir jetzt zu weit!«

Therapeutischer Umgang mit Struktur und Prozeß, speziell mit den Verhaltensregulierungen der Gruppennormen

In Gruppen mit strukturell gestörten Patienten, besonders in den Initialphasen, aber auch im weiteren Verlauf immer wieder (anläßlich eines neuen brisanten Themas, der Ankündigung oder des Erscheinens eines oder mehrerer neuer Gruppenmitglieder, besonderer Lebensereignisse und Krisen, Ausscheiden eines Gruppenmitglieds) ist die Situation durch Vorstadien der Beziehungsbildung gekennzeichnet, in denen sich die Anwesenden in einer Zwischenphase, nämlich der zwischen einer unverbundenen Menge und einer durch soziodynamische Funktionsverteilung strukturierten Gruppe befinden; dieses prägruppale Zwischenstadium (SCHINDLER 1957/58; HEIGL-EVERS 1968) ist unter anderem dadurch gekennzeichnet, daß wechselseitige Abstoßung unter den Teilnehmern bestimmend ist: Jeder will seine je eigene Verhaltensregulierung durchsetzen und in diesem Sinne Macht ausüben. Dies wird bei dem dann häufig bestehenden Schweigen vor allem mimisch sowie durch Körperhaltung und Sitzordnung ausgedrückt. Jeder ist jedem fremd; jeder stößt jeden ab; jeder erlebt jeden als Gegner oder Feind. Die Patienten verbleiben nur deswegen in der »Gruppe«, genauer gesagt im Gruppenraum, weil sie zumindest ein Minimum an Hoffnung, an Heilungserwartung an den Gruppenleiter richten, woraus eine Konstellation sternförmiger Zuordnung hin auf den Therapeuten und somit eine einfache Gruppenstruktur, verbunden mit einer gewissen Kohärenz, entstehen kann. Diese Struktur bleibt erhalten, solange der Eine, von dem alle ihr Heil erwarten, als omnipotent erlebt und somit idealisiert wird; ist dies nicht mehr möglich, kann es zu einer brisanten Veränderung, verbunden mit heftigen schwer erträglichen Affekten wie Haß, Neid, Eifersucht, Hoffnungslosigkeit, Verzweiflung und entsprechenden Handlungsimpulsen wie zum Beispiel zum Weglaufen oder zu Suizidandrohungen sowie zu Symptombildungen kommen (HEIGL-EVERS u. OTT 1990).

Der interaktionell arbeitende Gruppentherapeut steht dann vor der Aufgabe, einerseits für eine hinreichende Kohäsion der Gruppe durch *holding* (WINNICOTT 1949) und unter Umständen durch Erhöhung der Interventionsfrequenz zu sorgen und andererseits Veränderungsprozesse anzuregen und so zu steuern, daß Gruppen-Struktur und -Prozeß sich allmählich so gestalten, daß Entwicklung hin zu differenzierteren inneren Strukturen der Teilnehmer, speziell zu Ganzobjektbeziehungen und zu entsprechenden Beziehungsgestaltungen innerhalb und außerhalb der Gruppe möglich wird (HEIGL-EVERS, HENNEBERG-MÖNCH u. ODAG 1986).

Der Gruppentherapeut wird rigide persistierende Gruppennormen nicht zu schnell in Frage stellen, jedenfalls solange nicht, wie sie gebraucht werden, um Impulsdurchbrüche, Willkürhandlungen oder schwere depressive Reaktionen abzuwehren. Er wird ferner auf die in den manifesten Interaktionsmustern sichtbar werdenden Defizite der Ich- und Über-Ich-Strukturen achten und mit seinen antwortenden Interventionen Anregungen für die Entwicklung der noch defizitären Funktionen geben (vgl. SACHSSE in diesem Band). Er wird sich, um Veränderungsprozesse anregen und steuern zu können, aktiv in das Aushandeln der verhaltensregulierenden Gruppennormen einschalten (vgl. dazu REISTER u. HEIGL sowie SACHSSE in diesem Band), indem er einerseits die für die Gruppenteilnehmer noch notwendigen Normen und Regulierungen schützt und verstehend unterstützt und andererseits von sich aus alternative Normen vorschlägt, um so zu deren Übernahme anzuregen. Das letztere geschieht in der Regel dann, wenn der Therapeut als Hoffnungsträger der Gruppe erlebt und idealisiert wird. Auf diese Weise kann, durch Identifizierung mit dem idealisierten Objekt, allmählich eine Internalisierung solcher Normen in das Über-Ich erfolgen (vgl. STREECK sowie HEIGL-EVERS u. NITZSCHKE in diesem Band).

Im oben genannten Fall der sternförmigen Ausrichtung auf den idealisierten Leiter, von dem die Befriedigung bestimmter Bedürfnisse erwartet wird, so der Bedürfnisse nach Schutz, Versorgung, Hilfe, Entlastung und Verständnis, wird es notwendig sein, diese idealisierte Teilobjektbeziehung und das damit verbundene manifeste verbale und nonverbale Interaktionsverhalten zunächst zu ertragen, zu tolerieren und nicht durch eine Übertragungsdeutung unwirksam zu machen. – Wenn in der Gruppe eine archaische Verhaltensnorm »ausgehandelt wurde«, z.B. die Norm: »Und willst Du nicht mein Bruder sein, so schlag' ich Dir den Schädel ein« und im Zusammenhang damit Haß und destruktive Bedrohung entstanden sind, wird es angezeigt sein, durch entsprechende Interventionen die Gruppenmitglieder zu schützen. Der Weg von solchen archaischen Normen hin zu Normen wie »Hier sollte jeder in Ruhe zu Ende reden können, und die andern sollten versuchen zuzuhören« ist meist lang und nur mühsam zu bewältigen.

Zur weiteren Veranschaulichung des therapeutischen Umgangs mit normativen Verhaltensregulierungen in der Gruppe möchten wir eine kasuistische Vignette einfügen, die wir auch an anderer Stelle diskutiert haben (HEIGL-EVERS, HEIGL u. OTT 1993, S.278–283).

Die Teilnehmer dieser Gruppe »verhandelten« bereits längere Zeit über die Art und Weise, wie sie sich voreinander und miteinander »öffnen« wollten und sollten, wieviel Vertrauen sie einander entgegenzubringen gedachten und wie vorbehaltlos sie sich wechselseitig zu erkennen geben wollten. (Eine Situation, die in Gruppen immer wieder vorkommt, weswegen wir dieses kleine Beispiel ausgewählt haben.) Es schien sich allmählich eine Mehrheit zu konstellieren, die die Norm in der Gruppe durchzusetzen versuchte, daß man sich hier vorbehaltlos – und das würde heißen ohne ausreichende Einschätzung und Beurteilung des anderen – mitteilen sollte.

Etwa an dieser Stelle intervenierte der Therapeut, indem er sagte:»Ich weiß nicht recht, wenn ich mich hier so umschaue und mir vorstelle, ich sollte mich vorbehaltlos anvertrauen, dann wäre mir doch etwas unbehaglich zumute, weil ich im Augenblick noch nicht so recht wüßte, womit ich da bei einigen zu rechnen hätte.«

Die Intervention zielt darauf ab, durch den Ausdruck eigenen Unbehagens diese Norm zu relativieren und die Aufmerksamkeit der Gruppenteilnehmer auf die Frage zu lenken, wie denn die Beziehungen in der Gruppe beschaffen seien und wie die Teilnehmer sich wechselseitig beurteilten; zu diesem Zweck teilte der Therapeut eine eigene Gefühlsantwort mit – eben sein Unbehagen –, das sich in diesem Fall insbesondere auf die schweigenden Gruppenmitglieder bezog, bei denen er aufgrund nonverbaler Signale (Mimik und Sitzhaltung) eine Tendenz zu kritisch abwertendem Urteilen vermutete, was sich dann im weiteren Verlauf der Sitzung auch bestätigte.

Therapeutischer Umgang mit Übertragung und Gegenübertragung

Es wurde bereits erwähnt, daß der Patient in der Gruppe versucht, interpersonelle Konstellationen herzustellen und zu erhalten, die Wiederholungen seiner pathologischen inneren Objektbeziehungen zum Ausdruck bringen, oder deren Kompensation oder anderweitige Verarbeitungen anstrebt (KÖNIG 1976; KÖNIG u. LINDNER 1991, S. 55f.; FINGER-TRESCHER 1985, S. 150f., 1991, S. 268; HEIGL-EVERS, HEIGL u. OTT 1993, S. 230 u. 246).

Jede Gruppe bietet eine Fülle von Übertragungsauslösern an (KÖNIG u. LINDNER 1991, S. 61–69). Die Übertragungen manifestieren sich bei Patienten mit strukturellen Störungen in den meisten Fällen schnell und direkt; übertragen wird ein Teilobjekt mit der deutlichen Tendenz, den Anderen (Therapeut, andere Gruppenmitglieder oder das Globalobjekt ›Gruppe‹ bzw. gruppenexterne Objekte) zu instrumentalisieren und ihn in die Eigenregulation einzubeziehen, so in die Funktion des Reizschutzes, der Selbstwertbestätigung, der Triebbefriedigung und der Scham-Entlastung. Die Anteile der betreffenden Person, die nicht solchen Substituierungen zuzuordnen sind, werden als unbrauchbar nicht beachtet, nicht wahrgenommen. Die unterschiedlichen Formen von primitiven Teilobjektübertragungen lösen beim Adressaten (beim Therapeuten, aber auch bei den jeweils betroffenen Gruppenmitgliedern) sehr unterschiedliche Gefühle, Vorstellungen, Phantasien und Impulse (Gegenübertragung) aus.

KÖNIG hat diese interaktionellen Abläufe als projektive Identifizierungen beschrieben (KÖNIG 1982, 1992; KÖNIG u. LINDNER 1991, S. 56f.; HEIGL-EVERS u. HEIGL 1979c, 1983b). Er unterscheidet projektive Identifizierungen vom Übertragungstyp von solchen, die zum Zwecke der inneren Konfliktentlastung eingesetzt werden, und schließlich noch die projektive Identifizierung vom kommunikativen und Abgrenzungstyp. Eigenes, Abgelehntes (quälende Schuldgefühle, Selbstverachtung, Destruktives, Triebhaftes, Verfolgendes) kann im anderen leichter kontrolliert, bekämpft, beherrscht, genossen, bewundert und beschützt werden als im eigenen Inneren (KÖNIG u. LINDNER, 1991, S. 57; HEIGL-EVERS U. HEIGL 1983b).

Die projektive Identifizierung vom kommunikativen Typ stellt eine große Ähnlichkeit zwischen dem Selbst des Patienten und dem Selbst dessen her, auf den sie gerichtet ist; auf diese Weise versucht der Betreffende, wortlos verstanden zu werden, was zu einer entsprechenden Illusion (Phantasie der Fusion, der Verschmelzung) und dem Gefühl der Vertrauensseligkeit führt.

Je unreifer die im Außenobjekt aktualisierten inneren Objekte und Selbstanteile sind, desto mißverstandener kommt sich der Therapeut oder der Gruppenteilnehmer vor, der jeweils zum Adressaten projektiver Identifizierung wird (KÖNIG 1993, S. 223).

Diese Übertragungs-Gegenübertragungs-Konstellationen sind, ist der Therapeut betroffen, durch die Registrierung der bei ihm ausgelösten Affekte, Phantasien, Impulse und Körperempfindungen für ihn verstehbar; im Falle von Re-Inszenierungen zwischen zwei oder mehreren Gruppenmitgliedern ist noch sorgfältiger als ohnehin auf das manifeste verbale und nonverbale Verhalten zu achten.

Wenn der Therapeut die Funktion und die interpersonellen Auswirkungen der jeweiligen Übertragungsinszenierung verstanden hat, wird er zu entscheiden haben, zu welcher Zeit und auf welche Weise er darauf »antwortet«. Der Patient wird dann unter Umständen darauf aufmerksam gemacht, wie er aufgrund eines bestimmten Verhaltens immer wieder bestimmte Erfahrungen macht, deren Verursachung er bislang stets den anderen zugeschrieben hat. Dabei ist es oft zweckmäßig, zunächst die Nachteile des jeweiligen Verhaltens in der Gruppe oder auch in anderen sozialen Situationen anzusprechen. – Bei Inszenierungen mit sehr heftigen archaischen Affekten wie Wut, Haß, Verachtung oder Entwertung sollte man sich selbst oder das betroffene Gruppenmitglied schützen.

Durch eine »antwortende Intervention« soll dem Betreffenden gezeigt werden, wie dieses Verhalten beim anderen ankommt. Indem der Therapeut seine affektive Betroffenheit mitteilt und/oder alternative Möglichkeiten des Erlebens und Handelns aufzeigt, also Hilfs-Ich-Funktion übernimmt, regt er zum Verstehen und Verändern des infrage stehenden Verhaltens an.

Hierbei geht es vor allem um die Ich-Funktionen der Realitätsprüfung, auch um die Fähigkeiten, heftige Affekte und Impulse zu ertragen und zu steuern, sich durch adaptive und selektive Wahrnehmungen gegen Reize abzuschirmen wie auch die Wirkung des eigenen Verhaltens auf andere vorauszusehen (HEIGL-EVERS u. HEIGL 1983a).

Es ist wichtig, daß sich der Therapeut in die jeweiligen Objektbeziehungswünsche und Regulierungsnotstände des Patienten hineinversetzen kann. Das ermöglicht ihm, Verständnis und Akzeptanz zu signalisieren und die notwendigen konfrontativ-abgrenzenden, auf Betroffenheit und Stutzen abzielenden Antworten so zu vermitteln, daß Veränderung stattfinden kann (HEIGL-EVERS u. HEIGL 1983c, S. 9f.). Der Therapeut teilt selektiv mit, was er dem Gruppenmitglied gegenüber fühlt (antwortende

Intervention) oder was er fühlen würde, wenn er sich passager in eine Situation hineinversetzt, die der Patient in der Gruppe hergestellt oder von der er berichtet hat (Übernahme einer Hilfs-Ich-Funktion). Er registriert sich wiederholende und für die jeweilige Beziehungsform typische Einschränkungen von Ich-Funktionen und übernimmt passager in der Weise Hilfs-Ich-Funktionen, indem er diese Einschränkungen beschreibt oder ihre jeweils zu beobachtenden Folgen in der Gruppe oder auch in gruppenexternen Situationen benennt; dies gilt insbesondere bei Ausfällen von Affekten oder Affektanteilen (HEIGL-EVERS u. HEIGL 1979b, 1983a, 1994; KÖNIG u. LINDNER 1991, S. 121-129).

Der therapeutische Umgang mit Affekten, speziell der Umgang mit der Art und Weise, wie der Patient Affekte und deren Komponenten erlebt, soll ihm dazu verhelfen, Ausfälle und Hypertrophien seines Affektsystems (KRAUSE 1990, 1992, 1993) und deren Auswirkungen auf die Beziehungsregulierung, die Informationsverarbeitung und die Selbstreflexion zu erfassen. Die dabei eingesetzten Techniken sind die der Identifizierung und der Kontext-Klarifizierung der verschiedenen beziehungsregulierenden einschließlich der nachtragenden, der informationsverarbeitenden und der selbstreflexiven Affekte (HEIGL-EVERS u. HEIGL 1983b, 1984; HEIGL-EVERS u. HENNEBERG-MÖNCH 1985, 1990 a; HEIGL-EVERS, HEIGL u. OTT 1993, S. 217f.; KRAUSE, STEIMER-KRAUSE u. ULLRICH 1992, S. 250). Die Interventionen haben zum Ziel, den Patienten in der Gruppe auf Ausfälle seines Affekterlebens in einer bestimmten Situation oder bei einem bestimmten Thema oder auch auf Hypertrophien von bestimmten Affekten (etwa von Wut, Scham, Schuld) oder Affektanteilen (zum Beispiel mimisch-expressive oder physiologische Komponenten) aufmerksam zu machen und innerhalb der Gruppe die möglichen Entstehenszusammenhänge und Auswirkungen gemeinsam zu erkunden. Dabei ist immer Bezug zu nehmen auf den interpersonellen oder Beziehungs-Kontext, in dem Ausfall oder Hypertrophie oder auch Abwehrfunktion eines Affekts in Erscheinung treten. Die Wirkungen, die hier, wie bei Interventionen in der Gruppe überhaupt, angestrebt werden, könnten mit Stutzen, Betroffenheit, mit leichtem oder auch stärkerem Erstaunen bezeichnet werden (HEIGL-EVERS, HEIGL u. OTT 1993, S. 218 und S. 280; vgl. auch SACHSSE in diesem Band).

Nachdem die verschiedenen Möglichkeiten des psychoanalytisch-interaktionellen Vorgehens beschrieben worden sind, sollen sie im folgenden kasuistisch veranschaulicht werden.

Kasuistisches Beispiel

Die im vorangegangenen dargestellte psychoanalytisch-interaktionelle Gruppenmethode soll nun an einem kasuistischen Beispiel veranschaulicht werden. Es handelt sich dabei um eine Patientengruppe, die in der Fachklinik für Psychogene und Psychosomatische Erkrankungen Tiefenbrunn bei Göttingen in den achtziger Jahren durchgeführt wurde als eine Gruppe, an der alle Patienten einer Station teilnahmen, wobei diese Gruppentherapie Teil eines individuumzentrierten, verlaufsorientierten und integrierten Gesamtbehandlungsplanes war (HEIGL 1981).

Die Patienten werden nach vorausgegangener psychoanalytischer Diagnostik sowie Prognose- und Indikationsstellung in einem Vorgespräch über die Methode und ihre Zielsetzungen informiert und werden mit der Regel der freien Interaktion vertraut gemacht, wonach jeder Teilnehmer an dieser Gruppe versuchen solle, sich in der Sitzung so freimütig wie möglich zu äußern. Dieses wird näher erläutert: so freimütig, wie es einem selbst möglich und den anderen Gruppenteilnehmern zuzumuten ist. Diese Betonung von Rücksichtnahme auf die anderen scheint uns bei strukturell gestörten Patienten nötig zu sein, da die Empfehlung von Freimütigkeit sonst in dem Sinne mißverstanden werden könnte, daß sie mit Freiheit von allen Rücksichten auf die anderen gleichgesetzt wird.

Als Ziel dieser Gruppe wird den Patienten vorgeschlagen, daß es dabei vornehmlich um das Erfahren und Verstehen des Miteinander-Umgehens auf der Station gehe, speziell um das Erfahren und Verstehen der dabei zutagetretenden individuellen Schwierigkeiten in den Beziehungen; ferner um den Versuch der Regulierung des jeweiligen Klimas auf der Station und in der Gruppensitzung; dabei wird ausdrücklich auf die Möglichkeit hingewiesen, die so gewonnenen Erfahrungen auf das Leben im Alltag, in Ehe und Familie, im Beruf und in den sonstigen zwischenmenschlichen Beziehungen zu übertragen (RÜGER 1981).

Kurze Beschreibung der Gruppe

Die Gruppe, um die es hier geht, besteht aus acht Frauen und drei Männern im Alter von 20-50 Jahren. Alle Patienten weisen dominante strukturelle Störungen auf. Drei Frauen zeigen ausgesprochen präpsychotische Strukturanteile bei niedrigem Organisationsniveau ihrer Charakterpathologie (KERNBERG 1985, S. 147–150) und hatten bereits einige psychotische Episoden mit Einweisungen in psychiatrische Krankenhäuser zu überstehen. Eine weitere Patientin hatte ebenfalls eine präpsychotische Struktur auf niedrigem bis mittlerem Organisationsniveau, jedoch ohne vorausgehende psychotische Episode. Bei einem Patienten lag eine ausgeprägte Spielsucht ohne Leidensdruck vor, er litt lediglich an der daraus entstandenen hohen Verschuldung. Es wurde bei ihm eine narzißtische Persönlichkeitsstruktur auf mittlerem bis niedrigem Organisationsniveau (KERNBERG 1983, S. 301–357) diagnostiziert. Ein anderer Patient litt an einer Zwangsneurose auf mittlerem bis niedrigem Organisationsniveau. Die übrigen sechs Patienten wiesen gleichfalls narzißtische Persönlichkeitsstrukturen auf mittlerem bis niedrigem Niveau mit vielfältiger Symptomatik im psychischen, psychosomatischen und vor allem im Verhaltensbereich auf. Alle Patienten zeigten schwere bis schwerste Interaktionsstörungen in Form von zwischenmenschlicher Unverträglichkeit und Unerträglichkeit oder aber extremer Kontaktscheu, oder sie scheiterten im Beruf an hochgradigen Kommunikationsstörungen und disziplinarischen Schwierigkeiten. Solche ausgeprägten Verhaltensstörungen sind auch Indikatoren für das Vorliegen dominanter Partialobjektbeziehungen, also von »Beziehungen«, in denen der andere nur in Teilen seiner Person, zum Beispiel nur als Extension der eigenen Person, erlebt und entsprechend behandelt wird (KOHUT 1981, S. 139f.).

Beschreibung einer Gruppensitzung

In dieser Sitzung herrschte zunächst ein etwa zehn Minuten lang anhaltendes Schweigen, das auch trotz Bemühungen des Gruppentherapeuten nicht aufzuheben war; dieser hatte geäußert: »Was ist los jetzt, ich wär' schon neugierig zu erfahren, was Sie jetzt am Sprechen hindert, was ist da jetzt so schwer hier, ist etwa dicke Luft bei Ihnen auf der Station?«.

Etwas später wendet sich das zur Zeit älteste Gruppenmitglied, Herr Meyer, an Herrn Schmidt, den Patienten, der an einer Spielsucht leidet, und beklagt sich darüber, mehr indirekt als direkt, daß man an ihn einfach nicht »rankomme«, ja, daß es ihm nicht einmal gelinge, ein auch nur kurzes Gespräch mit ihm anzuknüpfen. Herr Schmidt weist Herrn Meyer auch jetzt zurück, läßt ihn nicht an sich herankommen, bringt vielmehr ziemlich deutlich, bar jeder Höflichkeit, verbal und nonverbal zum Ausdruck, daß er Herrn Meyers Wunsch nach Annäherung nicht ernstnehmen könne, er spreche ja doch nur oberflächliches Zeug wie »Guten Tag« und »Guten Abend«, und dies sei ihm nun wirklich zu wenig, deshalb sei er fürwahr nicht in die Klinik gekommen. Tatsächlich zeigt Herr Schmidt dem andern gegenüber nur hochmütige Ablehnung ohne jede Spur des Entgegenkommens. Er verweigert faktisch jeden Kontakt – Herr Schmidt läßt Herrn Meyer abblitzen, nimmt ihn nicht ernst. Mit anderen Worten: Er zeigt in der Interaktion ein Verhalten abwertender destruktiver Verweigerung.

Dieses Intermezzo dauert etwa fünf bis zehn Minuten. Die dabei zu beobachtende dyadische Interaktionsfigur bleibt zunächst bestehen: Einer bemüht sich – vergeblich – um eine Annäherung an den anderen, der andere zeigt ihm die kalte Schulter.

Der Gruppentherapeut diagnostiziert bei sich: Wenn die anderen neun Mitglieder dieser Gruppe dies zulassen, nichts dazu beitragen, sich nicht einmischen oder Kritik am Vorgehen von Herrn Schmidt äußern, dann läßt sich vermuten: Die Majorität der Gruppe weiß nicht recht, wie der Hase läuft, sie sind sich über das Geschehen in der Gruppe im unklaren oder, theoretisch ausgedrückt: Sie konnten noch keine Situationsdefinition (SCHOECK 1969, S. 293; STREECK 1980) vornehmen. Nach einer weiteren diagnostischen Vermutung genossen sie partizipatorisch die Abwertung, die Herr Meyer durch Herrn Schmidt erfuhr. Eine dritte Vermutung des Gruppentherapeuten geht dahin, daß sich in der Gruppe eine Majorität noch gar nicht konstelliert hat, daß die sieben bislang noch keine Untergruppe bilden, sondern nur als sieben unverbundene Einzelpersonen anzusehen sind, die, jeder für sich, Anschluß an Herrn Schmidt suchen, der, wie gleich darzustellen sein wird, die Führung einer Untergruppe in dieser Sitzung anstrebt. – Jeder Mensch, der in eine neue zwischenmenschliche Situation eingetreten ist, definiert diese irgendwie; er kalkuliert, wie sich der von ihm in der Gruppe intendierte Status in den Augen der anderen darstellt, und gestaltet sein Verhalten entsprechend.

Vermutungsweise wird die in der Gruppe entstandene Situation von den Teilnehmern wie folgt definiert: Das ist zur Zeit alles unklar. Es ist nicht klar, was hier gespielt wird und wer hier wirklich die Macht hat, wer bestimmt. Vielleicht der Schmidt? Der macht den Meyer ganz schön fertig. Lieber vorsichtig sein, sich nicht exponieren, sich bloß nicht blamieren! Wer weiß, was einem passieren kann!

Eine solche Vermutung ergab sich für den Therapeuten aus der Wahrnehmung nonverbaler Expression, nämlich der Mimik des neben Herrn Schmidt sitzenden Herrn Paul und ebenso der beiden auf der anderen Seite von Herrn Schmidt sitzenden Frau Hahn und Frau Müller. Wann immer Herr Schmidt Herrn Meyer die kalte Schulter zeigte, war bei allen dreien ein deutlich höhnisches Lächeln zu bemerken, ein Lächeln, das bei den Frauen nicht ganz so verächtlich wirkte wie bei Herrn Paul. Dieses höhnische Lächeln, dieser Ausdruck von Geringschätzung bedeutet Zurückweisung des anderen und ermutigt nicht zu Austausch und Kommunikation. Der Adressat einer solchen Abwertung kann diese, je nach Beschaffenheit seiner Struktur, als Kastration, als Liebesverlust, als Objektverlust oder als Selbstverlust bis hin zur Vernichtung erleben.

Beim Therapeuten taucht der Gedanke auf, ob es in der Gruppe um das Erleben von Selbst- und Fremdeinschätzung, von Selbst- und Fremdbeurteilung, um Selbst- und Fremdbewertung, um den Umgang mit dem Selbstwertgefühl der eigenen Person wie der anderen geht. Nach klinischer Erfahrung taucht diese Thematik in jeder psychoanalytisch orientierten therapeutischen Gruppe auf, wobei es geschehen kann, daß sie zunächst durch Verleugnung abgewehrt wird. In einem Gruppenprozeß, in dem Abwehr und Widerstand laufend bearbeitet werden, wird es für die Teilnehmer auf die Dauer nicht zu vermeiden sein, daß sie sich mit diesen heiklen Fragen befassen, daß sie Verhaltensregulierungen entwickeln, die zunehmend klarere Kriterien liefern, wie man es in dieser Gruppe mit den Regulierungen des Selbstwertgefühls, mit diesem für viele so überaus heiklen Problem halten will. Dabei tauchen im Gruppenprozeß Fragen folgender Art auf: Wie wollen wir hier mit Selbst- und Fremdachtung umgehen? Wie vermeiden wir eine allzugroße Abwertung einzelner? Wie können wir damit umgehen, wenn ein Gruppenmitglied tatsächlich eine Abwertung erfahren hat? Wie wird man mit mir umgehen, wenn ich der Gekränkte oder gar der Gedemütigte bin?

Eine weitere tentative Diagnose im Querschnitt des Gruppenprozesses formulierte der Therapeut gedanklich wie folgt: Herr Schmidt genießt in der Gruppe, auf jeden Fall auf der Station der Klinik, eine Art Sonderstellung; er ist der Alpha, der Führer, der Boß auf dieser Station (SCHINDLER 1968) und zwar dadurch, daß er sich das Monopol der narzißtischen Bestätigung bzw. des Bestätigungsentzugs, das Recht auf Aufwertung und auf Abwertung der anderen verschafft hat. Dazu befähigt ihn die Struktur seiner Persönlichkeit und die Delegierung einer solchen Funktion von seiten der anderen Patienten nach Art des interaktionellen Abwehrmechanismus der projektiven Identifizierung (OGDEN 1982; KÖNIG 1992). Auf diese Weise wird Herr Schmidt für die anderen zum Exekutor eines solchen Bewertungsverfahrens. – Einige Gruppenteilnehmer »genießen« auch insgeheim die Art von Herrn Schmidt, andere auf- und abzuwerten.

Der Gruppentherapeut formuliert sodann gedanklich die folgende Verlaufsdiagnose: In den letzten beiden Wochen hat sich in der Gruppe eine Struktur entwickelt, die in gewisser Weise den auf der Station unter den Patienten bestehenden Strukturen und Funktionsverteilungen entspricht. In der therapeutischen Gruppe sind zwei Untergruppen entstanden, eine kleinere, der vier Patienten angehören (Herr Schmidt, Herr Paul, Frau Hahn, Frau Müller), und eine größere Untergruppe, die sich aus den anderen sieben Patienten zusammensetzt. Die kleinere Untergruppe wird von Herrn Schmidt repräsentiert, dem die drei anderen sich eng anschließen, so daß aufgrund der so entstandenen Kohäsion eine Art Block entsteht; diese Gruppierung beansprucht in der Gruppe eindeutig die Dominanz. Die andere Untergruppe, deren Mitglieder nur lose miteinander verbunden sind, weicht gegenüber diesem Anspruch zurück; sie entwickelt bislang keine Gegeninitiative. Vermutlich dominiert die kleinere Gruppe auch im Stationsalltag; dies wurde in den Gruppengesprächen deutlich. Sie gibt auch auf der Station den Ton an, kann sich überall die größte Lautstärke erlauben, ihre Mitglieder sitzen im Aufenthaltsraum nahezu immer beisammen und sind als geschlossener Block für die anderen deutlich erkennbar. Die Betreffenden zeigen durch ihr Verhalten, daß sie sich besonders gut untereinander verstehen und eine »geschlossene Gesellschaft« bilden.

In der Gruppe ist also eine zweigliedrige Struktur von »Oberen« und »Unteren« entstanden. Zu den besonderen, selbst angemaßten Rechten der »Elite-Gruppe« gehört auch die Wahl des Stationssprechers, der nicht nach dem Mehrheitswahlrecht oder sonst nach einer allgemein anerkannten Prozedur bestimmt wird, sondern von Herrn Schmidt, dem Führer der nach Herrschaft strebenden Untergruppe. Die drei anderen Mitglieder stimmen ihm ohne weiteres zu, so daß die Mitglieder der größeren Untergruppe gar nicht auf den Gedanken kommen, irgendeinen Einspruch dagegen zu erheben. Als dann doch jemand aus der Gruppe der »Unteren« etwas schwach den Vorschlag macht, einen Gegenkandidaten aufzustellen, wird dies von Herrn Schmidt leichthin als unnötig bezeichnet und damit abgetan, was von seinen drei Gefährten verbal, und nonverbal durch Kopfnicken, beifällig aufgenommen wird. Niemand wagt daraufhin mehr, gegen die »Anordnung« zu opponieren, in dieser Gruppensitzung nicht, aber auch hinterher auf der Station nicht, wie später zu erfahren war. – Es wird also eine Art dyadischer Beziehung zwischen einer dominierenden kleineren Untergruppe und einer machtlosen größeren Untergruppe hergestellt. Unter dem Aspekt der Affektexpression geht es nur um Pro- und Contra-Gefühle bei den einzelnen Gruppenmitgliedern, wobei die drei Gefolgsleute von Herrn Schmidt ohne jede differenzierende Nuancierung einhellig Zustimmungsaffekte kundtun, während aus der anderen Untergruppe lediglich Affekte eines schwachen Protestes kommen, geäußert nur von einem ihrer Mitglieder; dieser Affekt wird sofort zurückgenommen, als Herr Schmidt den Vorschlag eines Gegenkandidaten »locker« vom Tisch wischt. – Wie man hört, führen die Mitglieder der Dominanz-Untergruppe auf der Station auch sonst das große Wort; sie sind besonders laut, ohne daß einer der anderen wagte, ihnen Einhalt zu gebieten.

Der Ablauf der Gruppensitzung ist lebhaft, etwa drei Viertel aller Mitglieder beteiligen sich aktiv, inhaltlich geht es dabei um die Abwahl des bisherigen Stationssprechers und um die dann erforderliche Neuwahl, wobei die Vereinzelung der sieben Mitglieder der größeren Untergruppe noch auffälliger wird.

Gruppendynamisch auffallend war für den Therapeuten das Phänomen der schwachen Position der Majorität von sieben

Gruppenmitgliedern; diese sind sowohl als Einzelne schwach wie auch in ihrem Zusammenhalt untereinander. Ferner waren für ihn auffällig die angemaßten Rechte der Mitglieder »der Elite«, weil sie eigentlich auf der Station keinerlei Mandat hatten; die »Ernennung« des Stationssprechers durch sie, die Bestimmung der Funktionsverteilung im Stationsalltag, die Sitzordnung im Aufenthaltsraum, die Festlegung der Zeiten für die Küchenbenutzung, das Monopol über die Lautstärke des Rundfunkgerätes wie auch der Unterhaltung, und nicht zuletzt das Monopol der Sympathieverteilung, oder genauer der Verteilung narzißtischer Bestätigung. Herr Schmidt teilt die Mitglieder dieser Gruppe in zwei Kategorien ein, in den wertlosen Durchschnitt der größeren Untergruppe und in die wertvollen Mitglieder um ihn herum. Die angemaßten Rechte halten sich im Rahmen der Station übrigens durchaus in Grenzen; es wird sorgfältig darauf geachtet, nicht in Kollision mit der Hausordnung oder dem Pflegepersonal zu geraten. Die Mitglieder der Dominanzgruppe verstehen es, dank der Regie von Herrn Schmidt, offenkundige Verstöße gegen die Hausordnung zu vermeiden. – Dieses Verhalten spricht für eine einigermaßen intakte Realitätsprüfungsfunktion vor allem bei Herrn Schmidt, dafür, daß er weiß oder spürt: Die Hausordnung dürfen wir nicht verletzen, da könnten wir Ärger kriegen, die Klinik ist da doch stärker als wir. Dieses Gespür für Machtverhältnisse ist bei narzißtischen Persönlichkeiten nicht selten; dies mag einer der Gründe dafür sein, daß sie es in der sozialen Hierarchie, Begabung vorausgesetzt, oft weit bringen.

Die Interventionen des Gruppentherapeuten

Der Gruppentherapeut verfolgte beim interaktionellen Intervenieren folgende Ziele: Er wollte die Aufmerksamkeit der Teilnehmer auf die entstandene Untergruppenstruktur lenken. Außerdem ging es ihm darum, die in der Therapiegruppe wie auf der Station vorherrschenden Beziehungen und Beziehungsmuster erkennbar werden zu lassen. Der Therapeut hatte auch die Absicht, zu einer stärker interaktionsfördernden Atmosphäre in der Gruppensitzung beizutragen, in der Hoffnung, daß sich eine solche dann auch auf der Station ausbreite.

Er hatte ferner im Sinn, den Modus der interaktionellen Spannungsverarbeitung (Spannungen zwischen unverträglichen Positionen) anzusprechen, der Spannung zwischen einer Untergruppe von Überprivilegierten und einer Untergruppe von Unterprivilegierten, also die Einführung eines Zweiklassensystems von Patienten. Es handelt sich dabei um eine Externalisierung, eine gruppendynamische Darstellung von inneren Unverträglichkeiten der Teilnehmer, so von Unverträglichkeiten von Selbstüberschätzung auf der einen (grandioses Selbst) und von Selbstabwertung (entwertetes Selbst) auf der anderen Seite. Ist, so gesehen, die projektive Identifizierung vom Übertragungstyp wirksam, so findet auch in Gruppen häufig eine Externalisierung von archaischen Teilobjekten oder auch von unerträglichen Selbstanteilen mit einer Reinszenierung der entsprechenden Beziehungen statt. Solche Reinszenierungen dienen der Entlastung: Es konnte hier noch nicht darum gehen, diese den intragruppalen, den interpersonellen Unverträglichkeiten bei den einzelnen zugrundeliegenden inneren Positionen erlebbar werden zu lassen und damit die Errichtung von inneren Konfliktspannungen zu ermöglichen. Hier ging es dem Therapeuten darum, die gruppeninterne Konfrontation mit interpersonellen Unverträglichkeiten zwischen einer Untergruppe von Überprivilegierten und einer Untergruppe von Unterprivilegierten zu fördern und zwar besonders unter Berücksichtigung und Einbeziehung der dabei auftauchenden Affekte wie Ärger, Haß und Wut, Widerwillen und Verachtung, Angst, Freude, Stolz, Ressentiments, Neid und Eifersucht, Schuld und Scham und anderer; es erschien wichtig, daß die Gruppenteilnehmer solche bei ihnen auftauchenden Affekte erlebten und aus dem affektiven Erleben heraus einen Handlungsanreiz spürten. Es ging dem Therapeuten darum, das Erleben des Gruppenprozesses bei den Patienten zu intensivieren, um so die Voraussetzung dafür zu schaffen, ihnen Beziehungen zwischen ihrem gruppeninternen und ihrem gruppenexternen Verhalten, insbesondere ihrem Verhalten auf der Station zugänglich zu machen. Es ging ihm ferner darum, die bei strukturell gestörten Patienten häufig dominierenden (apersonalen) Teilobjekt-Beziehungsmuster sowie die Defizite an Ich-Funktionen, die für Weltbewältigung und Lebensmeisterung wichtig sind, den Patienten erlebbar werden zu lassen.

Der Therapeut sprach zunächst die beiden die Gruppenkonstellation bestimmenden Untergruppen an; er sagte: »Ich bin schon erstaunt, ja verblüfft, daß ich das erst jetzt sehe; ich bin erstaunt darüber, daß ich diese Zweiteilung der Gesamtgruppe in eine dichtere kleinere und in eine losere größere Untergruppe nicht schon früher erkannt habe.«

Aussage wie Affektäußerung des Therapeuten bezogen sich auf beide Untergruppen, wobei er sich nicht nur verbal, sondern auch nonverbal an die eine wie an die andere Untergruppe wandte. Er wollte die Unterscheidung wie die Zusammengehörigkeit der beiden Untergruppen auch nonverbal deutlich machen.

Er sprach die beiden Untergruppen als solche und nicht in ihren einzelnen Vertretern an. Hätte der Therapeut zum Beispiel den Führer der um Dominanz bemühten Untergruppe, Herrn Schmidt, angesprochen, so hätte dieser sich in diesem Stadium des Gruppenprozesses wahrscheinlich blamiert gefühlt. Der Behandler beachtete die bei einem Spielsüchtigen, also einer narzißtischen Persönlichkeit, besonders geringe Kränkungs- und Demütigungstoleranz – Demütigung als eine Kränkung in der Öffentlichkeit verstanden. Bei urteilenden, also unterscheidenden interaktionellen Interventionen ist die Toleranzgrenze von strukturell gestörten Patienten besonders zu beachten. Bei Patienten mit einem ins Grandiose gesteigerten Selbst ist mit einer großen Empfindlichkeit gegenüber Kritik jedweder Art zu rechnen. Kritik wird von ihnen häufig als Abwertung erlebt und löst Selbstabwertung aus, die dann nicht selten durch einen Gegenangriff abgewehrt wird. Ein in der Gruppe auftretender wütender Gegenangriff oder eine Reaktion der Verzweiflung oder auch eine plötzlich einsetzende stille Resignation kann ein Hinweis darauf sein, daß der Therapeut die Kritiktoleranz der Betreffenden überfordert hat.

An die Majorität gewandt, sagte der Gruppentherapeut weiterhin – erstaunt: »Jetzt versteh' ich erst, warum Sie, zumindest einige von Ihnen, sich so sehr bemühten, eine Beziehung zu Herrn Schmidt und den drei anderen herzustellen. Sie stehen den vieren gegenüber, ohne untereinander in engerer Verbindung zu sein, wenn ich das richtig sehe.« Er spricht also diese Untergruppe insgesamt an; er vermeidet es, einen einzelnen, etwa Herrn Meyer, anzusprechen, eben um ihn nicht zu kränken oder gar zu demütigen.

In der psychoanalytisch-interaktionellen Gruppe steht der Therapeut wie in jedweder Gruppentherapie vor der Frage, ob er eine Intervention an die Gesamtheit der Gruppe, an eine Untergruppe oder an einen einzelnen Teilnehmer richten soll, wobei er im Auge behalten muß, daß er, unabhängig davon, an wen er die Intervention adressiert, immer auch alle anderen indirekt erreicht. Dabei ist grundsätzlich im Auge zu behalten, daß der als einzelner in einer Gruppe Angesprochene verletzbarer ist als er es wäre, wenn man ihn zusammen mit einer Untergruppe anspräche.

Zu beachten sind die Toleranzen für die Frustration von Triebbedürfnissen, von narzißtischer Bedürftigkeit, insbesondere des Bedürfnisses nach Bestätigung, von Bedürfnissen nach Nähe oder Distanz. Die Beachtung der Toleranzgrenzen ist eine der wichtigsten Erfordernisse der Therapie strukturell gestörter Patienten. Die Toleranzen (BELLAK; HURVICH; GEDIMAN 1973, S. 125–141) betreffen übrigens die Frustration im allgemeinen, also die Lust-Unlust-Regulierung, dann im speziellen die für Kränkung, Demütigung, Depression, Verachtung, Abscheu und Angst vor zu großer Nähe oder zu großer Distanz.

Der Gruppentherapeut konstatiert also das Bestehen von zwei Untergruppen und gibt mit seiner affektiven Antwort, nämlich dem Ausdruck des Erstaunens, des Verblüfftseins zu verstehen, daß er die Neigung der Majorität, sich der dominierenden Minorität anzunähern, erst jetzt begreift. Er hält die Mitteilung seines Überraschtseins deswegen für therapeutisch angebracht, weil sie ihm geeignet erscheint, die auch auf ihn (nicht nur auf Herrn Schmidt) projizierten Omnipotenzerwartungen der Gruppenmitglieder zu relativieren und sie zu Kritik, zu Diskriminierungsversuchen, zu eigener Einflußnahme zu motivieren. In der vorangegangenen Sitzung war dem Therapeuten aufgefallen, daß die Gruppenteilnehmer geneigt waren, seine Interventionen aus einer Einstellung von Gläubigkeit heraus kritiklos hinzunehmen, daß sie also, wie er vermutete, an seine Person Omnipotenzerwartungen knüpfen. Die Mitteilung seines Affekts von Erstaunen und Verblüfftheit sollte den Teilnehmern außerdem nahebringen, daß er am Gruppenprozeß beteiligt war, daß er sich von der Gruppe und ihren Mitgliedern affizieren ließ. Nach Mitteilung dieses Affekts hatten im übrigen die Mitglieder der Minoritäts-Untergruppe, der »Elite«-Gruppe auf der Station, non-verbal reagiert, zwei von ihnen hatten deutlich bejahend gelächelt, zwei andere hatten genickt.

Es sei bemerkt, daß es sich bei den Affekten von Überraschung, Erstaunen, Betroffenheit, Neugier und ähnlichen um informationsverarbeitende Affekte handelt, mit denen neuartige Reize, Informationen über bislang Unbekanntes oder Unerwartetes beantwortet und einer inneren Verarbeitung zugänglich gemacht werden (s. dazu KRAUSE 1990). – Überraschung heißt propositional: Was bist Du? Was bedeutest Du für mich? Dieser Affekt ist ein Nachfolger des Orientierungsreflexes und ist meist nur von kurzer Dauer (vgl. KRAUSE 1988).

Der Therapeut bot sich mit seiner Intervention auch als Hilfs-Ich an, und zwar durch Übernahme der Urteilsfunktion; er wollte auf diese Weise zeigen, wie unterscheidend, differenzierend, beurteilend mit dem Gruppenprozeß umgegangen werden kann, um vermutete Funktionsdefizite, Lücken im Erleben und Verhalten der Gruppenteilnehmer modellhaft aufzufüllen (es darf darauf hingewiesen werden, daß die Funktion des Urteilens dem Sekundärprozeß angehört; der Urteilsfunktion werden als deren Subfunktionen die Antizipation und das Gespür für Angemessenheit zugeordnet; vgl. BELLAK, HURVICH u. GEDIMAN 1973, S.96).

Überraschung wie Neugier und auch Interesse sind informationsverarbeitende Affekte (KRAUSE 1988, 1990, S. 670f.), das heißt Affekte, mit denen der Betroffene eine Außeninformation in seinem Inneren beantwortet. Diese Affekte zeigen eine Beziehung zwischen der äußeren Neuheit und der inneren Verarbeitungsfähigkeit an, die im allgemeinen mit einem gewissen Wohlbefinden verbunden ist. Neugier und Interesse setzen voraus, daß die Reize der Umgebung assimilierbar sind; Nachlassen von Neugier und Interesse bedeutet indirekt ein erhöhtes Maß an unveränderlichen oder so erscheinenden Weltgegebenheiten.

Gegen Ende dieser Sitzung konnte man den Eindruck haben, daß die Mitglieder der größeren Untergruppe neuen Mut gefaßt hatten; der neue Mut führte in den folgenden Sitzungen dazu, daß die Mitglieder dieser Untergruppe mehr miteinander kommunizierten, wobei sie sich freilich noch nicht auf eine gemeinsame Einstellung gegenüber der anderen Untergruppe verständigen konnten.

Eine Veränderung zeigte sich am Nachmittag des Sitzungstages bei Frau Hahn, die zu der kleineren Untergruppe gehörte, als sie im Gang der Klinik dem Gruppentherapeuten zufällig begegnete. Sie sagte spontan: »Jetzt ist ja endlich was losgewesen in der Gruppe! Ich bin direkt froh«. Therapeut: »Ja? Worüber denn?« Darauf die Patientin: »Ja, vorher stand das alles im Raum ... und man wußte nicht was, und man wußte nicht wie. Jetzt ist es klarer!« – Und sie strahlte dabei den Therapeuten an. Auch andere Gruppenmitglieder äußerten sich in der nächsten Gruppensitzung ähnlich.

Nach der erörterten Sitzung war auf der Station einiges an Klärung passiert. Mehrere Patienten hatten sich erinnert, daß an ihren Arbeitsstätten ähnliche festgefahrene Situationen entstanden waren; sie schöpften frischen Mut, vielleicht doch noch einiges verändern zu können.

Literatur

ARENDT, H. (1960): Vita activa oder vom tätigen Leben. Piper, München.

ARGELANDER, H. (1963/64): Die Analyse psychischer Prozesse in der Gruppe. Psyche 17: 450–470 und 481–515.

ARGELANDER, H. (1968): Gruppenanalyse unter Anwendung des Strukturmodells. Psyche 22: 913-933.

ARGELANDER, H. (1972): Gruppenprozesse: Wege zur Anwendung der Psychoanalyse in Behandlung, Lehre und Forschung. Rowohlt, Reinbek.

BELLAK, L.; HURVICH, M.; GEDIMAN, H.K. (1973): Ego functions in schizophrenics, neurotics, and normals. Wiley, New York.

EHLERS, W.; TSCHUSCHKE, V.; ARDJOMANDI, M.E.; KOECHEL, R. (1993): Das Praxisfeld der analytischen Gruppenpsychotherapie in der Sektion »Analytische Gruppenpsychotherapie« des DAGG: Deskriptiv-statistische Auswertung einer Befragung von Mitgliedern. Gruppenpsychotherapie und Gruppendynamik 29: 21–41.

ENKE, H. (1968): Analytisch orientierte, stationäre Gruppenpsychotherapie und das psychoanalytische Abstinenzprinzip. Gruppenpsychotherapie und Gruppendynamik 1: 28–40.

FINGER-TRESCHER, U. (1985): Die primärnarzißtische Repräsentanzenwelt in der Gruppe. In: KUTTER, P. (Hg.), Methoden und Theorien der Gruppenpsychotherapie. Frommann-Holzboog, Stuttgart, S. 145–162.

FINGER-TRESCHER, U. (1991): Wirkfaktoren der Einzel- und Gruppenanalyse. Frommann-Holzboog, Stuttgart.

FOULKES, S.H. (1964): Therapeutic group analysis. Allen & Unwin, London (Dt.: Gruppenanalytische Psychotherapie. Kindler, München 1974).
FOULKES, S.H. (1978): Praxis der gruppenanalytischen Psychotherapie. Reinhardt, München.
FREUD, S. (1916/17): Vorlesungen zur Einführung in die Psychoanalyse. Ges. Werke, Bd. XI. Fischer, Frankfurt a.M., S. 1–482.
GRINBERG, L.M.; LANGER, M.; RODRIGUE, E. (1960): Psychoanalytische Gruppentherapie. Praxis und theoretische Grundlagen. Klett, Stuttgart.
HEIGL, F. (1972): Indikation und Prognose in Psychoanalyse und Psychotherapie. Vandenhoeck u. Ruprecht, Göttingen.
HEIGL, F. (1981): Psychotherapeutischer Gesamtbehandlungsplan. In: BAUMANN, U. (Hg), Indikation zur Psychotherapie. Urban & Schwarzenberg, München, S. 41–51.
HEIGL, F.; HEIGL-EVERS, A. (1978): Indikation zur analytischen Gruppenpsychotherapie. In: HEIGL, F., Indikation und Prognose in Psychoanalyse und Psychotherapie. Vandenhoeck u. Ruprecht, Göttingen, 2. Aufl., S. 148–227.
HEIGL, F.; HEIGL-EVERS, A. (1991): Basale Störungen bei Abhängigkeit und Sucht und ihre Therapie. In: HEIGL-EVERS, A.; HELAS, I.; VOLLMER, H.C. (Hg), Suchttherapie. Vandenhoeck u. Ruprecht, Göttingen, S. 128–139.
HEIGL-EVERS, A. (1966): Die Gruppe unter soziodynamischem und antriebspsychologischem Aspekt. In: PREUSS, H.G. (Hg), Analytische Gruppenpsychotherapie. Urban & Schwarzenberg, München/Berlin/Wien.
HEIGL-EVERS, A. (1967 a): Gruppendynamik und die Position des Therapeuten. Zeitschrift für psychosomatische Medizin 13: 31–38.
HEIGL-EVERS, A. (1967 b): Zur Behandlungstechnik in der analytischen Gruppentherapie. Zeitschrift für psychosomatische Medizin 13: 266–276.
HEIGL-EVERS, A. (1968 a): Einige technische Prinzipien der analytischen Gruppenpsychotherapie. Zeitschrift für psychosomatische Medizin 14: 282–291.
HEIGL-EVERS, A. (1968 b): Prägruppale Bezogenheiten in der analytischen Gruppenpsychotherapie. Gruppenpsychotherapie und Gruppendynamik 1: 81–104.
HEIGL-EVERS, A. (1978): Konzepte der analytischen Gruppenpsychotherapie. Vandenhoeck u. Ruprecht, Göttingen. 1. Auflage 1972.
HEIGL-EVERS, A.; GFÄLLER; G.R. (1993): Gruppenpsychotherapie – eine Psychotherapie sui generis? Gruppenpsychotherapie und Gruppendynamik 29: 333–358.

HEIGL-EVERS, A.; HEIGL, F. (1968): Analytische Einzel- und Gruppenpsychotherapie: Differentia specifica. Gruppenpsychotherapie und Gruppendynamik 2: 21–52.

HEIGL-EVERS, A.; HEIGL, F. (1970 a): Gesichtspunkte zur Indikationsstellung für die analytische Gruppenpsychotherapie. Gruppenpsychotherapie und Gruppendynamik 3: 179–198.

HEIGL-EVERS, A.; HEIGL, F. (1970 b): Gesichtspunkte zur Indikationsstellung für die kombinierte Einzel- und Gruppenpsychotherapie. Gruppenpsychotherapie und Gruppendynamik 4: 82–99.

HEIGL-EVERS, A.; HEIGL, F. (1972): Rolle und Interventionsstil des Gruppentherapeuten. Gruppenpsychotherapie und Gruppendynamik 5: 152–171.

HEIGL-EVERS, A.; HEIGL, F. (1973): Gruppentherapie: interaktionell-tiefenpsychologisch fundiert (analytisch orientiert) – psychoanalytisch. Gruppenpsychotherapie und Gruppendynamik 7: 132–157.

HEIGL-EVERS, A.; HEIGL, F. (1975): Zur tiefenpsychologisch fundierten oder analytisch orientierten Gruppenpsychotherapie des Göttinger Modells. Gruppenpsychotherapie und Gruppendynamik 9: 237–266.

HEIGL-EVERS, A.; HEIGL, F. (1976): Zum Konzept der unbewußten Phantasien in der psychoanalytischen Gruppentherapie des Göttinger Modells. Gruppenpsychotherapie und Gruppendynamik 11: 6–22.

HEIGL-EVERS, A.; HEIGL, F. (1979 a): Konzepte der analytischen Gruppenpsychotherapie. In: HEIGL-EVERS, A.; STREECK, U. (Hg.), Die Psychologie des 20.Jahrhunderts, Bd.8: Lewin und die Folgen. Kindler, Zürich.

HEIGL-EVERS, A.; HEIGL, F. (1979 b): Interaktionelle Gruppenpsychotherapie. In: HEIGL-EVERS, A; STREECK, U. (Hg.), Die Psychologie des 20.Jahrhunderts, Bd.8: Lewin und die Folgen. Kindler, Zürich, S. 850–858.

HEIGL-EVERS, A.; HEIGL, F. (1979 c): Die psychosozialen Kompromißbildungen als Umschaltstellen innerseelischer und zwischenmenschlicher Beziehungen. Gruppenpsychotherapie und Gruppendynamik 14: 310–325.

HEIGL-EVERS, A.; HEIGL, F. (1983 a): Das interaktionelle Prinzip in der Einzel- und Gruppenpsychotherapie. Zeitschrift für psychosomatische Medizin 29: 1–14.

HEIGL-EVERS, A.; HEIGL, F. (1983 b): Die projektive Identifizierung – einer der Entstehungsmechanismen psychosozialer Kompromißbildung in Gruppen. Gruppenpsychotherapie und Gruppendynamik 18: 316–327.

HEIGL-EVERS, A.; HEIGL, F. (1984): Was ist tiefenpsychologisch fundierte Psychotherapie? Praxis der Psychotherapie und Psychosomatik 29: 234–244.

HEIGL-EVERS, A.; HEIGL, F. (1985): Das Göttinger Modell der Gruppenpsychotherapie. In: KUTTER, P. (Hg.), Methoden und Theorien der Gruppenpsychotherapie. Frommann-Holzboog, Stuttgart, S. 121–144.

HEIGL-EVERS, A.; HEIGL, F. (1994): Das Göttinger Modell der Anwendung der Psychoanalyse in Gruppen unter besonderer Berücksichtigung der psychoanalytisch-interaktionellen Methode. (Im Druck)

HEIGL-EVERS, A.; HEIGL, F.; OTT, J. (1993): Lehrbuch der Psychotherapie. Fischer, Stuttgart.

HEIGL-EVERS, A.; HENNEBERG-MÖNCH, U. (1985): Psychoanalytisch-interaktionelle Psychotherapie bei präödipal gestörten Patienten mit Borderline-Strukturen. Praxis der Psychotherapie und Psychosomatik 30: 227–235.

HEIGL-EVERS, A.; HENNEBERG-MÖNCH, U. (1990 a): Die Bedeutung der Affekte für Diagnose, Prognose und Therapie. Psychotherapie, Psychosomatik, Medizinische Psychologie 40: 39–47.

HEIGL-EVERS, A.; HENNEBERG-MÖNCH, U. (1990 b): Arbeitsbeziehung in der psychoanalytisch-interaktionellen Gruppenpsychotherapie. Gruppenpsychotherapie und Gruppendynamik 25: 217–229.

HEIGL-EVERS, A; HENNEBERG-MÖNCH, U; ODAG, C. (1986): Die Anwendung der psychoanalytisch-interaktionellen Gruppenpsychotherapie in der Tagesklinik. In: HEIGL-EVERS, A.; HENNEBERG-MÖNCH, U.; ODAG, C.; STANDKE, G. (Hg), Die Vierzigstundenwoche für Patienten. Vandenhoeck u. Ruprecht, Göttingen, S. 166–176.

HEIGL-EVERS, A.; OTT, J. (1990): Begegnung und Entfremdung in Therapiegruppen mit schwer gestörten Patienten. Gruppenpsychotherapie und Gruppendynamik 25: 61–67.

HEIGL-EVERS, A.; ROSIN, U. (1984): Steuerung regressiver Prozesse in Therapiegruppen. Zeitschrift für Psychosomatische Medizin 30: 134–149.

HEIGL-EVERS, A.; SCHULTE-HERBRÜGGEN, O.W. (1977): Zur normativen Verhaltensregulierung in Gruppen. Gruppenpsychotherapie und Gruppendynamik 12: 226–241.

HEIGL-EVERS, A.; SCHULTZE-DIERBACH, E. (1985): Gruppenpsychotherapie. In: TOMANN, B.; EGG, R. (Hg), Psychotherapie. Ein Handbuch. Bd. 2, Kohlhammer, Stuttgart, S. 154–189.

HEIGL-EVERS, A.; STREECK, U. (1978): Analytische Gruppenpsychotherapie. Zum psychoanalytischen Proreß in therapeutischen Gruppen. In: PONGRATZ, L.J. (Hg), Handbuch der Psychologie, Bd. 8/2. Hogrefe, Göttingen.

HEIGL-EVERS, A.; STREECK, U. (1983): Theorie der psychoanalytisch-interaktionellen Therapie. In: KNISCHEWSKI, E. (Hg.), Sozialtherapie in der Praxis. Nicol, Kassel, S. 5–20.

Heigl-Evers, A.; Streeck, U. (1985): Psychoanalytisch-interaktionelle Therapie. Zeitschrift für Psychotherapie und medizinische Psychologie 35: 176–182.
Höck, K. (1981): Konzeption der intendierten dynamischen Gruppenpsychotherapie. In: Höck, K.; Ott, J.; Vorwerg, M. (Hg), Theoretische Probleme der Gruppenpsychotherapie. Psychotherapie und Grenzgebiete. Bd. 1. Barth, Leipzig, S. 13–34.
Homans, G.C. (1950): The Human Group. Harcourt & Brace, New York (Dt.: Theorie der sozialen Gruppe. Westdeutscher Verlag, Köln/Opladen, 1960).
Kernberg, O.F. (1983): Borderline-Störungen und pathologischer Narzißmus. 2. Auflage. Suhrkamp, Frankfurt a.M.
Kernberg, O.F. (1985): Objektbeziehungen und Praxis der Psychoanalyse. Klett, Stuttgart.
König, K. (1974): Arbeitsbeziehungen in der Gruppenpsychotherapie – Konzept und Technik. Gruppenpsychotherapie und Gruppendynamik 8: 152–166.
König, K. (1976): Übertragungsauslöser – Übertragung – Regression in der analytischen Gruppe. Gruppenpsychotherapie und Gruppendynamik 10: 220–232.
König, K. (1982): Der interaktionelle Anteil der Übertragung in Einzelanalyse und analytischer Gruppenpsychotherapie. Gruppenpsychotherapie und Gruppendynamik 18: 76–83.
König, K. (1992): Projektive Identifizierung. Gruppenpsychotherapie und Gruppendynamik 28: 17–28.
König, K. (1993): Einzeltherapie außerhalb des klassischen Settings. Vandenhoeck u. Ruprecht, Göttingen.
König, K.; Lindner, W.-V. (1991): Psychoanalytische Gruppentherapie. Vandenhoeck u. Ruprecht, Göttingen.
Kohut, H. (1981): Narzißmus. Suhrkamp, Frankfurt a.M., 3. Aufl.
Krause, R. (1988): Eine Taxonomie der Affekte und ihre Anwendung auf das Verständnis der »frühen« Störungen. Psychotherapie und Medizinische Psychologie 38: 77–86.
Krause, R. (1990): Zur Psychodynamik der Emotionsstörungen. In: Scherer, K. (Hg.), Psychologie der Emotionen. Enzyklopädie der Psychologie, Bd.C/IV/3. Hogrefe, Göttingen, S. 630–705.
Krause, R. (1992): Die Zweierbeziehung als Grundlage der Psychotherapie. Psyche 7: 588–612.
Krause, R. (1993): Über das Verhältnis von Trieb und Affekt am Beispiel des perversen Aktes. Forum der Psychoanalyse 9: 187–197.
Krause, R.; Steimer-Krause, E.; Ullrich, B. (1992): Anwendung der Affektforschung auf die psychoanalytisch-psychotherapeutische Praxis. Forum der Psychoanalyse 8: 238–253.

Kutter, P. (1971): Übertragung und Prozeß in der psychoanalytischen Gruppentherapie. Psyche 25: 856–873.
Kutter, P. (1976): Elemente der Gruppentherapie. Vandenhoeck u. Ruprecht, Göttingen.
Kutter, P. (1985): Methoden und Theorien der Gruppenpsychotherapie. Frommann-Holzboog, Stuttgart.
Lindner, W.-V. (1989): Indikation und Ziele in der analytischen Gruppenpsychotherapie. Gruppenpsychotherapie und Gruppendynamik 25: 35–39.
Lindner, W.-V. (1992): Die Bedeutung der Gruppe für die psychotherapeutische Versorgung. Gruppenpsychotherapie und Gruppendynamik 28: 337–348.
Mentzos, S. (1988): Interpersonale und institutionalisierte Abwehr. Suhrkamp, Frankfurt a.M.
Ogden, T.H. (1982): Projective identification and psychotherapeutic technique. Aronson, London.
Ohlmeier, D. (1975): Gruppenpsychotherapie und psychoanalytische Theorie. In: Uchtenhagen u.a. (Hg), Gruppenpsychotherapie und soziale Umwelt. Huber, Bern, S. 548–557.
Palmowski, B. (1992): Zur Bedeutung von Scham und Selbsterleben für Indikation und Verlauf in der analytischen Gruppenpsychotherapie. Forum der Psychoanalyse 8: 134–146.
Rüger, U. (1981): Stationär-ambulante Gruppenpsychotherapie. Springer, Berlin.
Schindler, R. (1957/58): Grundprinzipien der Psychodynamik in Gruppen. Psyche 11: 308–314.
Schindler, R. (1960/61): Über den wechselseitigen Einfluß von Gesprächsinhalt, Gruppenposition und Ich-Gestalt in der analytischen Gruppenpsychotherapie. Psyche 14: 382–392.
Schindler, R. (1968): Dynamische Prozesse in der Gruppenpsychotherapie. Gruppenpsychotherapie und Gruppendynamik 2: 9–20.
Schindler, W. (1955): Übertragung und Gegenübertragung in der »Familien«-Gruppentherapie. Praxis der Kinderpsychologie und Kinderpsychiatrie 4: 101–105.
Schindler, W. (1980): Die analytische Gruppentherapie nach dem Familienmodell. Reinhardt, München.
Schoeck, H. (1969): Kleines soziologisches Wörterbuch, Herder, Freiburg/Basel/Wien.
Schultz-Hencke, H. (1951): Lehrbuch der analytischen Psychotherapie. Thieme, Stuttgart.
Schwidder, W. (1972): Klinik der Neurosen. In: Kisker, K.P. (Hg.), Psychiatrie der Gegenwart, Bd. II. Springer, Berlin.

STOCK-WHITAKER, D.; LIEBERMAN, A. (1965): Psychotherapy through the group process. Tavistock, London.

STREECK, U. (1980): »Definition der Situation«, soziale Normen und interaktionelle Gruppenpsychotherapie. Gruppenpsychotherapie und Gruppendynamik 16: 209–221.

STREECK, U. (1983): Abweichungen vom »fiktiven Normal-Ich«: Zum Dilemma der Diagnostik struktureller Ich-Störungen. Zeitschrift für Psychosomatische Medizin 29: 334–349.

WINNICOTT, D.W. (1949): Mind and it's relation to psycho-soma. In: Ders. (1958), Collected papers. Tavistock, London.

Die Autorinnen und Autoren

ANNELISE HEIGL-EVERS
Prof. em. Dr. med., geboren 1921. Studium zunächst der Germanistik und Kunstgeschichte, später der Medizin an den Universitäten Jena, Tübingen, Gießen und Göttingen von 1938 bis 1944. Ärztliches Staatsexamen und Promotion zum Dr. med. 1944 in Göttingen.
Tätigkeiten in der Allgemeinen Inneren Medizin sowie in der Experimentellen und Klinischen Kardiologie. Weiterbildung in der Psychotherapie und Psychosomatik in der Niedersächsischen Landesklinik Tiefenbrunn sowie am Institut für Psychoanalyse und Psychotherapie in Göttingen. Langjährige ärztliche Tätigkeit in Tiefenbrunn sowie als Lehr- und Kontroll-Analytikerin am Institut Göttingen. 1971 Habilitation für das Fach Psychotherapie an der Universität Göttingen. Aufbau und Leitung einer Forschungsstelle für Gruppenprozesse an der Universität Göttingen von 1974 bis 1977. Aufbau und Leitung eines klinischen Lehrstuhls für Psychotherapie und Psychosomatik an der Universität Düsseldorf von 1977 bis 1989. Gründung eines Weiterbildungsinstituts für Psychoanalyse und Psychotherapie in Düsseldorf.
Publikationen u.a.: Konzepte der analytischen Gruppenpsychotherapie, 2. Aufl. 1978. Ursprünge seelisch bedingter Erkrankungen (hg. mit H. SCHEPANK), Göttingen 1980. Die Vierzigstunden-Woche für Patienten (hg. mit U. HENNEBERG-MÖNCH, C. ODAG, u. G. STANDKE), Göttingen 1986. Der Körper als Bedeutungslandschaft (mit B. BOOTHE vorm. WEIDENHAMMER), Bern 1988. Lehrbuch der Psychotherapie (mit F. HEIGL u. J. OTT), Stuttgart 1993.

FRANZ S. HEIGL
Prof. em. Dr. med., geboren 1920. Studium der Medizin von 1940 bis 1945 in München. Ärztliches Staatsexamen und Promotion zum Dr. med. 1946 in München.
Tätigkeit in der Pathologischen Anatomie. Ausbildung zum Psychoanalytiker in den Instituten für Psychoanalyse und Psychotherapie in München und in Berlin. Gründung eines Weiterbildungsinstituts für Psychoanalyse und Psychotherapie (zusammen mit G. KÜHNEL

und W. SCHWIDDER) in Göttingen 1954. Tätigkeit als Lehr- und Kontrollanalytiker der DGPT. Freiberuflich tätiger Psychotherapeut und Psychoanalytiker in Göttingen. Von 1971 bis 1985 Ärztlicher Direktor der Fachklinik für psychogene und psychosomatische Erkrankungen Tiefenbrunn (Niedersächsisches Landeskrankenhaus). Sekretär der Internationalen Arbeitsgemeinschaft Psychoanalytischer Gesellschaften.

Publikationen u.a.: Indikation und Prognose in der Psychoanalyse und Psychotherapie. 3. Aufl. 1978. Lernvorgänge in psychoanalytischer Therapie (zus. mit A. TRIEBEL), Bern 1977. Psychotherapie im Krankenhaus (hg. mit HEINZ NEUN), Göttingen 1981. Lehrbuch der Psychotherapie (mit A. HEIGL-EVERS u. J. OTT), Stuttgart 1993.

BERND NITZSCHKE

Dr. phil., geboren 1944. Studium der Psychologie in Marburg (Dipl. Psych. 1976). Promotion in Bremen (Dr. phil. 1979).

1979 bis 1987 Wissenschaftlicher Mitarbeiter am Institut für Psychosomatik und Psychotherapie der Heinrich-Heine-Universität Düsseldorf. Seit 1988 Psychoanalytiker (DGPT) in eigener Praxis. Dozent und Lehranalytiker am Institut für Psychoanalyse und Psychotherapie in Düsseldorf.

Publikationen u.a.: Der eigene und der fremde Körper. Bruchstükke einer psychoanalytischen Gefühls- und Beziehungstheorie, Tübingen 1985. Die Liebe als Duell ... und andere Versuche, Kopf und Herz zu riskieren, Reinbek, 1991.

JÜRGEN OTT

Dr. med. Dr. rer pol. Studium an der Humboldt-Universität Berlin. Arzt für Neurologie und Psychiatrie, Psychotherapie und Psychoanalyse. Oberarzt in der Klinik für Psychotherapie und Psychosomatische Medizin der Universität Düsseldorf.

Arbeitsschwerpunkte: Theorie und Praxis der Psychotherapie, Stationäre Psychotherapie, Wirkfaktoren in der Gruppentherapie, Aus- und Weiterbildung in der Psychotherapie, Theorie und Praxis der psychoanalytisch-interaktionellen Methode.

GERHARD REISTER

Priv.-Doz. Dr. med., geboren 1951. Studium zunächst der Philosophie, Theologie und Rechtswissenschaft an der Universität Tübingen, später der Medizin an den Universitäten Würzburg, Göttingen und Bremen von 1970 bis 1978. Promotion zum Dr. med. 1978 in Bremen.

Psychoanalytiker (DGPT, DAGG). Leitender Oberarzt der Klinik für Psychosomatische Medizin und Psychotherapie der Universität Düsseldorf. Forschungsschwerpunkte: Epidemiologie psychogener Erkrankungen, Erfassung und Messung von Abwehrmechanismen, Klinische Fragestellungen, Protektionsforschung und seelische Gesundheit.

Publikationen u.a.: Schutz vor psychogener Erkrankung, Göttingen (im Druck).

ULRICH ROSIN

Prof. Dr. med. Dr. phil., geboren 1942. 1963 bis 1968 Studium der Psychologie an der Universität Freiburg (Dipl. Psych. 1968). Studium der Medizin und Soziologie von 1968 bis 1972 an der Universität Freiburg. Ärztliches Staatsexamen und Promotion zum Dr. med. 1972 in Freiburg. Promotion zum Dr. phil. 1977 in Freiburg.

Arzt für Neurologie und Psychiatrie. Psychoanalytiker. Ärztlicher Direktor der Werner-Schwidder-Klinik für Psychosomatische Medizin in Bad Krozingen. Arbeitsschwerpunkte: Stationäre Psychotherapie, psychoanalytisch orientierte Weiterbildung in Balint-, Selbsterfahrungs- und Supervisionsgruppen, Konzeptualisierung der psychiatrisch-psychotherapeutischen Weiterbildung, Fortbildung zur psychosomatischen Grundversorgung, Grundbegriffe der psychoanalytischen Behandlungstechnik.

Publikationen u.a.: Balint-Gruppen: Konzeption, Forschung, Ergebnisse, Berlin 1989.

ULRICH SACHSSE

Dr. med., geboren 1949. Studium der Medizin an der Universität Göttingen 1968 bis 1973. Dr. med., Arzt für Psychiatrie, Psychotherapie, Psychoanalyse.

Medizinaldirektor, Leiter der Akutpsychiatrie II: Psychotherapie und Tagesklinik der Fachklinik für Psychiatrie, Niedersächsisches Landeskrankenhaus Göttingen. Lehr- und Kontrollanalytiker am Lou-Andreas-Salomé-Institut für Psychoanalyse und Psychotherapie (DPG), Göttingen. Dozent des Instituts für katathym-imaginative Psychotherapie der AGKB. Lehraufträge im Aufbaustudiengang Soziale Therapie der Universität Gesamthochschule Kassel und im Fach Psychiatrie der Medizinischen Fakultät der Georg-August-Universität Göttingen. Arbeitsschwerpunkt: Klinische Anwendungen der Psychoanalyse bei schweren Persönlichkeitsstörungen.

Publikationen u.a.: Selbstverletzendes Verhalten, Psychodynamik – Psychotherapie, 1992.

ULRICH STREECK
Prof. Dr. med., geboren 1944. Studium der Medizin, Soziologie und Sozialpsychologie an den Universitäten Marburg, Düsseldorf, Göttingen und Heidelberg-Mannheim von 1963 bis 1970. Promotion 1970. Habilitation 1983.

Arzt für Psychiatrie, Psychoanalyse und Psychotherapie. Mitgliedschaften: DGPT, DPG, DAGG, DKPM, Society Psychotherapy Research. Ärztlicher Direktor der Klinik Tiefenbrunn (Krankenhaus für Psychotherapie und psychosomatische Medizin des Landes Niedersachsen). Apl. Professor für Psychotherapie und psychosomatische Medizin an der Universität Göttingen. *Arbeitsschwerpunkte*: Stationäre analytische Psychotherapie, therapeutische Interaktion, qualitative Psychotherapieforschung, Berufs- und Gesundheitspolitik.

Publikationen u.a.: Herausforderungen für die Psychoanalyse (mit H.-V. WERTHMANN), 1990. Lehranalyse und psychoanalytische Ausbildung, 1992. Das Fremde in der Psychoanalyse, 1993. Die Psychoanalyse schwerer psychischer Erkrankungen (zus. mit K. BELL), 1994. Heilen, Forschen, Interaktion. Psychotherapie und qualitative Sozialforschung (zus. mit M.B. BUCHHOLZ), 1994.